시민교육과 정치교육

: 참여하는 시민의 역량 발달

Copyright © 2020 by BRILL

이 책의 한국어판 판권은 BRILL과의
독점 계약에 의해 한국문화사에 있습니다.

Korean Translation Copyright © Hankook Publishing House 2020

시민교육과 정치교육
: 참여하는 시민의 역량 발달

머레이 프린트(Murray Print) 편저
김국현 옮김

한국문화사

시민교육과 정치교육: 참여하는 시민의 역량 발달

1판 1쇄 발행 2020년 4월 30일
1판 2쇄 발행 2021년 7월 6일

원 제	CIVIC AND POLITICAL EDUCATION
편 저 자	머레이 프린트(Murray Print)
옮 긴 이	김국현
펴 낸 이	김진수
펴 낸 곳	한국문화사
등 록	제1994-9호
주 소	서울시 성동구 아차산로49, 404호(성수동1가, 서울숲코오롱디지털타워3차)
전 화	02-464-7708
팩 스	02-499-0846
이 메 일	hkm7708@hanmail.net
홈페이지	http://hph.co.kr

ISBN 978-89-6817-879-5   93370

· 이 책의 내용은 저작권법에 따라 보호받고 있습니다.
· 잘못된 책은 구매처에서 바꾸어 드립니다.
· 책값은 뒤표지에 있습니다.

시민교육과 정치교육
편집자: 머레이 프린트(Murray Print) 호주 시드니 대학교

이 책은 점점 더 중요해지는 시민교육과 정치교육 분야의 여러 가지 주요한 쟁점을 다룬다. 기본적으로 이 책은 미래 시민을 준비시키는 것에 관한 것인데 이것 자체가 쟁점이라 할 수 있다. 시민교육은 미래의 시민을 발달시키는 데 어떤 기능을 해야 할까? 어떤 형태의 시민교육과 정치교육이 시민 스스로 미래를 잘 준비하도록 하는 데 필요할까? 어떤 교육과정이 적합할까? 비형식 교육과정은 어떤 역할을 할까? 시민교육과 정치교육에서의 학습을 어떻게 평가할 수 있을까? 이와 관련한 질문으로 다음과 같은 질문을 들 수 있다. 젊은이들은 민주주의를 무엇으로 이해하는가? 젊은이들은 정치에 어떤 관심을 가지고 있는가? 그리고 젊은이들은 시민으로서 참여하는 데 관심이 있는가?

정치학, 교육학, 사회학, 청소년학 등 다양한 학문을 대표하는 세계의 학자들은 이 책에서 시민교육과 정치교육의 핵심 주제를 여러 학문의 관점에서 기술한다. 이 책은 새로운 증거를 제시할 뿐만 아니라 시민교육과 정치교육에 대한 세계의 선행연구들을 성찰하고 논의한다. 그리고 다음 세대 젊은 시민을 어떻게 교육할지 고민하는 국가들에게 정보를 제공하는 가장 좋은 사례와 혁신 방안을 제시한다.

이 책은 학자, 연구자, 학생, 선거기관, 국제기구와 관련된 정책 입안자나 집행자에게 유용할 것이다.

─── 목차 ───

감사의 말 ··· viii

서문 ··· ix

번역 서문 ··· xiii

1부 민주시민의 역량

1. 민주시민성을 가르치고 배우며 실천하는 역량 ·············· 3
   힘멜만 (GERHARD HIMMELMANN)

2. 시민성과 일상의 적극적 시민성 현실 ···························· 11
   반 데스 (JAN W. van DETH)

3. 민주주의가 시민에게 요구하는 것은 무엇인가? ············ 29
   적극적 시민성에 필요한 자질 확인과 가치 명시
   호스킨스 (BRYONY HOSKINS)

4. 유럽의 민주시민성 역량 ··· 47
   프린트 (MURRAY PRINT)

5. 시민 역량에 대한 비판적 성찰 ······································· 65
   얀마트 (JAN GERMEN JANMAAT)

6. 청년의 정치사회화, 시민 의식, 정치에 대한 관심: ······ 83
   독일의 경험적 증거와 이론적 함의
   랑게와 옹켄 (DIRK LANGE and HOLGER ONKEN)

2부 시민교육 적용과 프로그램

7. "사회는 어떻게 구성되어 있는가, ·· 101
   그리고 어떻게 구성해야 하는지" 학습하기:
   상호작용적인 논쟁 교수 전략의 필요성과 결과
   페트릭 (ANDREAS PETRIK)

8. 민주주의 학습을 위한 교수 ·· 129
   라인하르트 (SIBYLLE REINHARDT)

9. 역량, 민주주의 체계 안정화, 자기권한부여 ······························ 145
   지글러 (BÉATRICE ZIEGLER)

10. 결정적 사건을 사용한 시민성 역량 평가 ································ 163
    압스와 피카 (HERMAN J. ABS and TINA PYKA)

11. 민주시민성 역량의 개념화: 델파이 접근법 ···························· 199
    프린트 (MURRAY PRINT)

저자 소개 ·· 219
역자 소개 ·· 224
참고문헌 ·· 225

감사의 말

편집자들은 저자들이 중요한 논문을 기고해 준 것에 감사한다. 저자들은 하노버에서 개최된 초청 학술대회에 기고한 논문을 수정해 이 책에 실었다. 또 폭스바겐 재단이 이 프로젝트를 지원한 것에 감사한다. 독일 하노버 라이프니츠 대학과 호주 시드니 대학은 이 프로젝트를 지원하고 후원했다.

Murray Print / University of Sydney
Dirk Lange / Leibniz Universität Hannover

프린트와 랑게
(MURRAY PRINT and DIRK LANGE)

서문

민주주의는 우리 모두에게 달려 있다. 자유의 댓가는 에이브러햄 링컨이 말한 '영원한 경계'일뿐 아니라 영원한 활동이기도 하다.(Bernard Crick, 2008)

현대 민주주의는 특히 위기 시에 스스로를 유지하는 능력을 포함하는 많은 도전에 직면한다. 문화, 국가 및 정치 전통이 다양한 유럽은 지난 몇 년간 민주주의를 유지하는 데 많은 어려움을 겪었다. 그러나 모든 유럽 민주주의의 공통 주제는 민주주의를 유지할 적극적이고 충분한 정보를 가진 시민의 필요성이다.

미래 유럽의 민주주의가 젊은이를 교육하는 데 달려있음을 인정하면서, 유럽 사회는 미래의 민주시민을 준비시키는 몇 가지 형태의 교육 경험에 참여해 왔다. 젊은이들은 일반적으로 의회와 법원 같은 기관을 지지하지만 정치인과 정당을 불신한다는 많은 증거가 있다. 젊은이들은 정부라는 개념과 정부가 필요하다는 것을 지지하지만, 정부를 반응하지 않고, 유연하지 않으며 정당의 이념과 특수한 관심사에 의해 이념적으로 움직이는 것으로 언제나 인식한다.

젊은이들이 무시하는 전통적인 대의민주주의 과정의 많은 요소는 젊은이들이 허약한 시민성을 갖추게 할 수 있다. 젊은이들은 전보다 투표를 덜 하고 정당에 거의 참가하지 않으며 정치인들과 접촉하지 않으며 선거 때 정치인들을 지지하지 않다. 유럽의 젊은이들이 21세기에 적극적 시민이 되기 위해 필요한 역량은 무엇인가?

학술대회에 초청된 유럽의 주요 시민교육자와 정치교육자뿐 아니라 사회과학자와 교육행정가들은 두 가지 주요 문제를 통해 위에서 언급한 문제를 다루었다.

1. 미래 유럽 젊은이들의 적극적 시민성에 필요한 핵심 역량을 확인한다.
2. 이러한 역량을 교육과정과 교수 전략 형태의 학교 기반 활동들로 바꾼다.

초청된 연구자들은 이러한 문제를 다루기 위해 폭스바겐 재단의 후원으로 독일 하노버에서 3일간 개최된 학술대회에 참가했다. 그리고 참가자들은 역량에 대한 의견 일치도를 판정하기 위해 (이 책 뒷부분에서 설명한) 수정된 델파이 조사에 참여했다. 이 책은 그것이 어떤 역량이고, 특히 유럽 상황에서 학교 시민교육과 어떻게 관련되는지를 살펴본다.

이 책의 저자들은 학술대회와 델파이 조사에 참여하면서 유럽 학교 시민교육 맥락에서 유럽 시민의 역량에 관한 논문을 준비해야만 했다. 이 책은 두 부분으로 나뉜다. 1부는 청소년의 정치참여를 다루는 중요한 쟁점을 개요한다. 2부는 시민교육의 몇 가지 접근을 다룬다.

1장에서 힘멜만(Gerhard Himmelmann)은 "민주시민성을 가르치고 배우며 실천하는 역량"이라는 제목의 논문을 통해 배경 지식을 제공한다. 그는 학술대회의 논문들이 두 가지 핵심 요인을 반영한다고 주장한다. 첫째, 바람직한 결과인 적극적 민주시민성을 향한 시민교육 분야의 변화이다. 둘째, 시민교육에 유용한 민주주의 이론에 대한 새로운 이해이다.

제2장에서 만하임대학교의 반 데스(Jan van Deth)는 시민성 개념의 기초를 일상생활에서의 시민 참여에 둔다. 그는 민주주의를 강화하기 위해서 시민의 참여를 시민교육을 통해 향상하고 정교하게 해야 한다는 일련

의 제안을 주장한다.

3장 호스킨스(Bryony Hoskins)가 쓴 장에는 역량 분야에서 일한 경험이 아주 분명히 나타난다. 그녀는 "민주주의가 시민들에게서 필요로 하는 것은 무엇인가?"라고 자극적으로 묻는다. 그녀는 명백히 요구되는 가치에 초점을 맞추어 적극적 시민성에 필요한 자질을 밝힌다. 그러면서 적극적 시민성에 필요한 가치를 분명하게 진술하는 시민 역량 목록을 만들기 위해 시민성의 주요 모델을 검토한다.

4장에서 프린트(Muray Print)는 먼저 역량이 무엇인가라는 핵심 문제를 다루고, 다음으로 민주주의에서 시민이 필요로 하는 역량이 무엇인지 다룬다. 문헌을 검토하면서 지식, 기술, 가치, 태도, 성향을 중심으로 3개의 주요 분류를 발견한다. 이 분야의 연구들은 이 분류들에서 '유능한 시민'의 구성 요소에 관한 몇 가지 일치된 영역을 발견했다.

5장에서 런던대학교 교육연구소의 얀마트(Jan Germen Janmaat)는 역량을 비판적으로 숙고했다. 그는 시민 역량의 논쟁적 성질을 확인하고 1999년 국제교육성취도협회(International Association for the Evaluation of Educational Achievement IEA)의 시민교육 연구를 이용해 자신의 주장을 펼친다. 또 제기한 문제에 비추어 시민교육을 제안한다.

6장에서 랑게와 옹켄(Dirk Lange and Holger Onken)은 사회적 특성과 사회심리적 요인이 젊은이들의 정치적 태도와 시민의식에 미치는 영향을 살펴본다. 두 사람은 약 1,200명의 응답자를 대상으로 한 설문조사를 근거로 사회경제적 지위가 태도와 의식에 큰 영향을 미친다고 설명한다. 또 다른 분석 결과는 개인의 미래에 대한 기대와 열망된 교육 성취가 정치적 관심에 매우 중요한 영향을 미친다는 것을 뜻한다.

7장에서는 역량 개념을 학교 시민교육에 적용하는 것을 검토한다. 이장에서 마틴루터대학교의 페트릭(Andreas Petrik)은 역량들에 대한 대안적 접근을 시민교육과 연결하고, 다음으로 그러한 역량들에 필요한 지식, 기술, 가치와 연결한다. 그 다음 이러한 개념을 민주적 학습을 형성하기 위한 시뮬레이션 교육 전략에 적용한다.

8장에서 독일의 교육자 라인하르트(Sibylle Reinhardt)는 민주적 학습을 위한 교수를 주장한다. 민주주의는 학생들이 유능한 민주시민이 되도록 돕는 특별한 교수 전략이 필요하다고 주장한다. 그녀는 민주적 학습을 위한 3가지 기본 원리를 포함한 시민교육 교수 전략을 위해 1970년대의 보이텔스바흐 협약(Beutelsbach Consensus)를 이용한다.

9장에서 스위스 아라우(Aarau) 지역 민주주의센터 공동 소장인 지글러(Beatrice Ziegler)는 역량, 민주주의 안정 그리고 자기역량 강화의 관계를 조사한다. 그녀는 시민교육의 역량이 학문 분야들과 연결되어 학교 교육과정의 모델이 되었다고 주장한다. 그녀는 역량을 기초로 공민교육과 구별되는 시민교육의 본질에 관한 8가지 도발적인 아이디어를 제시한다.

10장에서 기센대학교 교수 압스(Hermann Abs)와 대학원생 피카(Tina Pyka)는 시민 역량을 측정하기 위해 결정적 사건(critical incidents)을 사용하는 어려운 과제를 다룬다. 그들은 반세기 전에 고안된 결정적 사건 방법(critical incident methodology)을 시민교육의 현대적 문제에 적용한다.

11장에서 프린트(Murray Print)는 이 프로젝트의 연구 도구로 델파이 방법을 사용한 것에 대해 발표한다. 델파이 방법은 두 가지 방식으로 수정했다. 3일간의 집중적인 학술대회와 학술대회 참가자 모두가 발표하는 조건 그리고 시민 역량 진술을 델파이로 발전시키는 과정을 수행하기 위해 인터넷과 이 메일 등 현대과학기술을 사용했다.

번역 서문

이 책에는 시민교육을 연구하고 가르쳐 온 학자들이 탐구하고 조사한 학교 시민교육 비전, 역량, 교육 방법, 그리고 연구와 교육경험에 대한 성찰을 통해 끌어 낸 시민교육의 과제에 대한 생각이 담겨 있습니다. 이 책의 내용을 여러 번 읽으면서 책을 번역해 여러분과 함께 읽으면 좋겠다고 생각했습니다. 번역하는 과정에서 시간의 촉박함 같은 약간의 어려움은 있었지만 시민, 시민의 역량에 대한 매우 구체적인 생각이 담겨 있어서 저자들의 생각을 따라가며 때로는 그들이 그리는 시민의 모습을 상상할 수 있어서 행복했습니다.

물론, 이 책에 담긴 생각들이 우리나라와 다른 역사, 문화, 교육체계, 학교 풍토 등에서 나온 것이어서 우리나라 맥락에 어떻게 변환해 적용할 수 있을지에 대해 더 많이 고민해야겠다는 생각을 했습니다. 그럼에도 저자들이 자신의 경험을 성찰하면서 얻은 시민교육에 대한 통찰을 되새길 수 있었습니다. 모든 시간과 장소에서 항상 중요한 역량, 모든 시간과 장소에서 시민 역량을 잘 발달시키는 단 하나의 시민교육 방법, 시민의 여러 가지 역량을 한꺼번에 발달시킬 수 있는 만병통치약 같은 단 하나의 방법이란 없다는 통찰이 바로 그것입니다.

그렇다면 이 책에 담긴 저자들의 생각에서 저와 여러분이 어떤 의미를 찾을 수 있을까요? 저는 저자들의 생각과 경험이 우리나라 시민교육의 과거와 현재를 비추어 보는 거울이자 우리나라 시민교육의 미래를 이끌어갈 방향을 가리키는 수단들 중의 한 가지가 될 수 있다고 생각합니다.

거울은 자기 모습을 볼 수 있게 합니다. 매일 우리는 거울에 비친 자기를 확인하고 다듬습니다. 이와 같이 다른 문화권의 사람들이 생각한 바가 담긴 이 책 내용을 거울로 삼아 우리나라 시민교육을 살펴볼 수 있습니다. 특히 '왜' 우리가 시민교육을 하는지 성찰할 수 있습니다. 시민교육의 궁극적 목적은 사람 자체이지 정치, 정책, 제도가 아닙니다. 시민교육은 각 사람이 공동체에서 살아가는 이유와 의미를 잘 알고 다른 사람들과 함께 일하고 관계를 맺으면서 행복하게 사는 데 필요한 능력과 기능을 발달시킬 수 있도록 돕는 것입니다. 그래서 국가의 특정 정부나 지도자가 지향하거나 중시하는 어떤 관점이나 목표가 중심이어서는 안 됩니다. 이런 점에서 이 책 내용은 우리나라 시민교육이 무엇을 목적으로 하는지, 왜 시민교육을 하는가를 성찰하는 거울이 될 수 있습니다.

또 이 책의 내용은 우리나라 시민교육의 이상적 시민상, 시민 역량, 교육의 목표, 내용, 방법, 평가와 관련한 사항을 어떻게 보완할지 특히 앞으로 우리나라 시민교육이 나갈 방향을 다시 생각하게끔 하는 수단입니다. 다른 문화권의 시민교육에 대한 자료들은 우리나라 시민교육의 강점과 차별성뿐 아니라 약점과 과제를 해결할 수 있는 단서를 함축합니다. 특히 이 책에 담긴 여러 가지 자료는 우리나라 시민교육이 고민하는 문제, 즉 시민 역량개념 및 틀에 대한 학제적 접근의 이론화, 우리나라 시민의 지식, 기술, 가치와 태도, 성향 등에 대한 정치이념을 넘어선 사회적 합의 형성, 청소년 시민의 역량에 대한 비당파적인 경험연구 및 연구 결과를 학교 시민교육에 객관적으로 적용하는 방안 정립 문제 등을 풀어나갈 수단입니다. 특히 이 책에 담긴 도덕적 시민, 도덕적 시민 역량 관련 내용은 그리 길지 않지만 정치, 이념, 선거와 투표 등 민주주의 제도와 구조가 중심이 되는 차가운 시민성, 분열의 시민성이 아니라 도덕성을 토대로 하는 따스한 시민성, 통합의 시민성을 통해 우리나라 시민교육을 변환하는 게 중요하다는 의미를 찾을 수 있습니다. 여러분이 이 책에 담긴 시민 역량의 지식, 기술, 가치와 태도, 성향, 시민교육 방법과 시민 역량 조사결과를 우리나라 시민교육을 향상하는 데 의미 있는 도구로 바라볼 수 있기를 바랍니다.

저와 여러분이 이 책의 내용의 의미를 이렇게 공유할 수 있다면 제가 이 책을 번역한 목적과 이유는 어느 정도 달성될 것이라 생각합니다. 우리나라 국가 및 지방자치단체의 시민교육 정책, 학교교육에서 도덕과 교육과 사회과 교육을 통한 시민교육 실행, 예비교사와 현직교사를 위한 시민교육 역량 강화 교육과 연수, 시민성에 대한 학술 연구와 저술은 시민교육의 역사가 상대적으로 짧지만 매우 풍부하고 튼튼합니다. 그러나 시민교육을 '왜' 하는가에 대한 폭넓은 대화와 합의, '무엇을' 시민 역량으로 삼고 교육 내용으로 선정 및 조직해야 하는가에 대한 학제적 합의, 시민 역량의 발달을 '어떻게' 도울 것인가에 대한 새로운 접근은 매우 제한적이고 닫혀 있습니다.

가장 큰 문제점은 시민교육 정책 결정자, 시민교육 연구자 및 교육자들이 시민 역량의 개념도를 공유하고 있지 않다는 것입니다. 시민교육과 관련한 많은 사람이 시민 역량과 시민교육에 대해 많은 이야기를 해왔지만 가만히 살펴보면 집단독백 같은 현상이 되풀이됩니다. 이론화와 풍부한 경험연구 결과를 축적하기보다 정책이 시민교육을 주도하고, 특정 교과가 시민교육의 고유한 교과인 냥 타성에 젖은 생각이 널리 퍼져 있습니다. 우리나라의 시민교육은 이제 시민들, 연구자와 교육자들, 특히 '학교 시민'인 학생들이 중시하는 시민상, 시민 역량, 시민교육에 대한 의견을 모으고 분석해 우리나라 시민을 위한, 우리나라 시민에게 맞는 이론과 교육 방안을 함께 만들어갈 수 있기를 기대합니다.

이 책을 읽으려고 여러분은 아마 매우 바쁜 일상에서 귀한 시간을 내었

으리라 생각합니다. 그래서 여러분이 저자들의 글 내용뿐 아니라 글 뒤에 놓인 고민과 열정을 공감적으로 상상하며 읽으시길 기대합니다. 특히 잘못 번역해 읽기에 어려움이 없기를 바랍니다. 오늘날의 우리나라 민주주의를 만든 많은 시민과 도덕적 시민을 기르는 데 헌신하는 많은 선생님들께 감사의 말씀을 드립니다. 특히 교육에 대한 소명감으로 이 책을 출간해주시는 한국문화사의 김진수 사장님, 조정흠 선생님, 좋은 글을 끝까지 잘 다듬어주신 김세화 선생님께 감사합니다.

2020년 4월
역자 김국현

1부
민주시민의 역량

1. 민주시민성을 가르치고 배우며 실천하는 역량
   힘멜만(Gerhard Himmelmann)

2. 시민성과 일상의 적극적 시민성 현실
   반 데스(Jan W. van Deth)

3. 민주주의가 시민에게 요구하는 것은 무엇인가?
   적극적 시민성에 필요한 자질 확인과 가치 명시
   호스킨스(Bryony Hoskins)

4. 유럽의 민주시민성 역량
   프린트(Murray Print)

5. 시민 역량에 대한 비판적 성찰
   얀마트(Jan Germen Janmaat)

6. 청년의 정치사회화, 시민 의식, 정치에 대한 관심:
   독일의 경험적 증거와 이론적 함의
   랑게와 옹켄(Dirk Lange and Holger Onken)

힘멜만
(GERHARD HIMMELMANN)

1. 민주시민성을 가르치고 배우며 실천하는 역량

이 장에서는 하노버에서 열린 학술대회에서 다루어진 두 가지 기본적인 측면에 주목하고자 한다. 이 장은 그래서 이 책 다른 장들의 머리말 역할을 한다. 첫째, 시민교육 분야의 관심과 개념이 적극적인 민주시민성으로 이동하는 것이다. 둘째, 민주시민교육에 유용한 민주주의의 기본 이론에 대한 새로운 이해이다.

시대의 변화

지난 10년에서 15년 간 학교와 교육체계에서 시민교육의 전통을 바꾸거나 회복하기 위한 노력을 목격했다. 공민교육(civic education)을 개혁하거나 변화시키자는 요구도 제기되어 왔다. 그러한 요구는 종종 시민교육 분야의 여전한 무관심과 무시를 개탄하고 "공민(civics)"을 넘어서 새롭고 특별한 형태의 "민주시민교육(democratic citizenship education)", 제도적인 정치 환경을 가르치는 것을 넘어서 "민주주의를 가르치는" 새로운 방법 그리고 교사 중심의 정치 수업을 넘어서 "민주주의의 교육, 민주주의를 위한 교육, 민주주의를 통한 교육"이라는 새로운 교육을 요구했다.

그래서 유럽연합은 '적극적 시민성'이라는 가장 중요한 용어를 언급했고, 유럽의회는 '민주적 시민성' 모델을 강조했으며 유리다이스 네트워크(Eurydice Network)는 "책임 있는 시민성"을 지침어로 내세웠다. 1995년 이후 세계의 많은 국가는 민주시민교육을 승인하는 새로운 교육법과 새로운 국가 교육과정을 통과시켰다.

이런 모든 노력과 계획은 종교적 근본주의뿐만 아니라 실제 세계의 정치, 경제, 윤리의 불안한 발전을 각각 저마다 특별한 방식으로 반영한다.

유럽 공산주의 정권 붕괴는 1989년에 시작했고 그럼으로써 서구뿐 아니라 동구 국가들에게도 큰 도전이 되었다. 경제와 문화의 세계화, 새로운 형태의 미디어 커뮤니케이션, 테러, 사회 분열, 인종 차별, 외국인 혐오라는 새로운 위험 등은 다른 요인들이었다. 이 모든 발전은 개발도상국가들의 민주화 모델로서 여전히 기능하고 있지만 서구 민주주의의 도덕적, 윤리적, 시민적 자기 이해에서 불안정과 모호함을 낳았다.

민주시민교육에 대한 새로운 지지는 한편으로 1989년 이후 정치와 경제의 광범위한 변화에 강하게 부응해야 한다고 주장한다. 다른 한편으로 우리의 전통적인 정치, 사회, 문화적 삶의 바라지 않은 결함과 결점을 보완하기를 원한다. 우리가 개인의 인권뿐 아니라 사회 전체의 공적 안전을 유지하면서, 즉 개인주의와 공동의 요구의 균형을 잡으면서 새로운 형태의 사회통합을 찾고 있다는 것이 요점이다.

시민교육 분야에서 쓰는 용어의 변화는 민주주의 사회의 현실 및 미래 과제를 충족하기 위해 고안된 시민성 개념과 시민성에 대한 관심 변화와 일치한다. 어휘와 접근 방식이 다를뿐 아니라 현대 시민교육의 초점도 단순한 주 중심, 국가 중심 또는 매우 좁은 정치 '수업'(instruction)에서 더 넓은 "시민교육"으로, 특히 새로운 "민주시민교육"으로 이동했다.

이러한 발전은 시민교육에서 이루어진 개념 변화의 두 가지 유형을 나타낸다. 첫째, 지식 그리고 특히 지역사회, 지방자치단체나 국가의 정치제도에 관한 수업이 교수의 최우선 목표였던 접근에서 개인의 태도 그리고 개인의 도덕적, 사회적 행위 뿐 아니라 갈등이 가득한 세상에서 민주적 '공생(living together)'과 인권을 충분히 고려하는 시민 성향과 공통 가치를 강조하는 접근으로 변한 것이다. 둘째, 이러한 변화로 말미암아 시민교육 분야의 내용이 상당히 확장했다. 정치제도와 정치에서의 민주적 의사결정 과정은 우선순위가 여전히 높지만, 공동체 생활의 어떤 측면도 시민교육과 무관하다고 생각되지 않는다. 그러나 민주시민교육에 대한 요구는 시민교육에서 종종 경시된 도덕적 접근과 정서적 접근을 동시에 강조한다. 이러한 요구는 학교를 넘어서고 전통적으로 단일 교과에 국한했던 시민교육을 넘어선다.

수동적이고 긍정하는 학습을 촉진하는 것 대신에 적극적, 사회적, 협력적, 비판적 학습을 강조한다. 지배 권력에 대한 더 큰 복종과 충성을 요구하는 것 대신에 시민교육의 새로운 개념은 학습자의 경험적이고 실제적인, 사회적이고 도덕적이며 책임감 있는 자치(self-government)와 사회 참여를 목표로 노력한다. 민족주의적, 애국적, 민족적, 부족적, 인종적 또는 단일 종교에 대한 학습 대신에 상호문화교육, 환경교육, 평화교육, 도덕적 및 사회적 학습, 미디어 학습을 요구한다. 앞으로의 시민교육은 단순 지식의 축적과 시험 대신 (1) 민주적 지식과 이해, (2) 민주적 가치, 태도, 공동 인식에 대한 충분한 노력을 강조해야 한다. 이러한 역량에는 (3) 문제 해결, 갈등 해결 등의 실제적인 기술, 봉사학습, 기업가적 학습(entrepreneurial learning) 또는 프로젝트 학습, 시민 참여가 수반되어야 한다.

그래서 우리는 다음과 같은 역량의 조합들을 볼 수 있다.

-인지적, 사회적, 정서적 역량
-지식, 기술, 이해

-지식, 기술, 태도,

-지식, 이해, 기술, 태도, 가치, 성향

-지식(what/about), 인식(why), 기술(how).

현대 시민교육의 많은 개념은 앞서 언급한 달성해야 하는 조합을 따를 뿐 아니라 다소 구체적인 내용 기준, 변경할 수 있는 수행 기준을 설정하려고 한다. 이러한 기준은 최소한 초점이 다른 4개의 핵심 단계를 포함해야 한다. 4개의 핵심 단계는 확립된 학습 기준을 초등학교, 중등학교 I, 중등학교 II, 대학의 학교 급별 학습자들의 재능, 능력, 역량과 관련시키기 위해서 분명히 필요하다. 문헌에서 가장 덜 논의된 문제는 교사를 위한 기준 문제였다.

관련된 민주주의 이론

세계적으로 높아지는 민주주의 교육에 대한 관심은 좋은 민주주의 교육의 필수 요소가 무엇인지에 관한 물음을 포함하는 새로운 사고를 자극했다.

나는 이 논문에서 2001년에 발간되고 2004년 유럽평의회(Council of Europe)의 문화협력협의회가 채택한 민주주의에 대한 설명을 그대로 사용한다.

민주주의 교육의 첫 번째 주제는 민주적 헌법에 의해 설정되고 인권에 의해 승인되고 인민주권 원리에 근거한 민주적 정부에 의해 조직된 "민주주의에 대한 지식"을 체계적이고 지속적으로 교수·학습하는 것을 강조하는 것이다. 여기에는 자유, 공정, 공개, 평등, 경쟁 선거에서 선출된 인민이 정부를 대표하는 것이 포함된다. 또 법치, 다수결, 소수자 보호가 포함된다. 그리고 권력 분립과 균형, 효과적 정당체계 등이 포함된다.

이렇게 민주주의를 제도적으로 이해하는 것은 민주주의를 다소 형식적, 최소로 또는 기본적으로 이해하는 것이다. 그것은 민주주의의 주요 제도 그리고 지역사회, 지방자치단체, 국가 수준의 민주적 정치 의사결정 절차에 집중한다.

이러한 정치 민주주의 제도와 절차를 '정부 형태로서의 민주주의'라는 말로 설명하는 것이 적절할 것이다.

그러나 더 넓은 수준의 사회를 포함하지 않는다면 중요한 해석은 민주주의를 설명할 수 없고 가르칠 수도 없다. 민주주의를 더 넓게 이해하는데 제도적 민주주의의 기초인 사회적 전제 조건이 포함되어야만 한다. 다원적 정당체계, 이익 집단 또는 시민 발의(civic initiatives), 자유롭고 다원적이며 다중적인 미디어 체계, 시민사회 활동의 광범위한 공적 영역, 사회적으로 조절된 자유 시장경제체계, 노사 관계 영역의 평화적 갈등체계, 사회보장체계에서 약간의 자치가 그러한 예이다.

이러한 정치민주주의의 사회적 전제 조건을 "사회 형태로서의 민주주의"라는 말로 표현하는 것이 적절할 것이다. 정치민주주의는 민주적인 사회 형태라는 기초가 없다면 실제로 항구적으로 기능할 수 없다. 효과적인 민주적 정부는 민주적 사회에 의존한다.

세 번째 입장에서 정부 형태로서의 민주주의와 사회 형태로서의 민주주의 어느 것도 민주주의를 시민 개인의 태도 및 시민들의 관계와 결합하는 기본적인 인간적 요인이 없다면 실제로 항구적으로 기능하지 않는다는 것을 기억해야만 한다. 이러한 점에서 시민의 덕과 책임이 눈에 들어오기 시작한다. 시민의 실제적이고 일상적인 '공생'으로서의 민주주의는 관용, 용기, 공정성, 자비, 타인에 대한 동정심, 타인에 대한 공손함, 존중 등의 민주적 습관과 성향이 필요하다. 이러한 행위 특성은 민주시민성과 민주주의의 도덕을 구성한다.

이 세 번째 수준의 민주주의를 "생활 형태의 민주주의"라는 말로 특징짓는 것이 적절할 것이다.

이러한 민주주의 수준들 중 어떤 것도 과대평가되거나 과소평가되어서는 안 되며, 어떤 수준도 다른 수준으로부터 고립되거나 분리되지 않아야 한다는 것을 꼭 강조한다.

이러한 민주주의 세 가지 수준 또는 형태는 민주주의 학습의 역량이나 목표의 초점이 다른 초등학교, 중등학교 I, 중등학교 II 수준의 민주주의 교수 개념으로 쉽게 변형될 수 있다. 이러한 역량은 다음과 같이 결합해야 한다.

-초등학교 수준에 초점을 맞춘 자아 학습과 자아 역량
-중등학교 I 수준에 초점을 맞춘 사회적 학습과 사회적 역량
-중등학교 II 수준에 초점을 맞춘 정치적 학습과 민주적 역량

부록

-민주주의의 형태와 시민교육에서의 적용

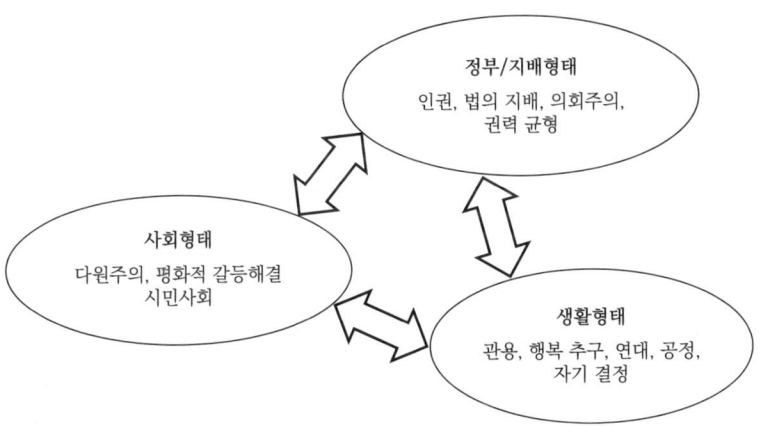

그림 1. 교육 맥락에서의 민주적 역량.

출처: Duerr, K.(2004). 학교-민주적 학습공동체. 유럽평의회, DTIV/EDU/CIT(2003) 23, 최종, 4월 26일 스트라스부르(pp. 17-19)

표 1. 학습 과정의 요소로서 민주주의 형태

...로서의 민주주의	생활형태	사회형태	지배형태
	민주적 학습의 목적		
학교 급	자아학습 자아역량	사회적 학습 사회적 역량	정치적 학습 민주적 역량
초등학교	XXX	XX	X
중등학교 I	XX	XXX	X
중등학교 II	X	X	XXX

x -초점의 정도

출처: Duerr, K.(2004). 학교-민주적 학습공동체. 유럽평의회, DT1V/EDU/C1T(2003) 23, 최종, 4월 26일 스트라스부르(pp. 17-19)

반 데스
(JAN W. van DETH)

2. 시민성과 일상의 적극적 시민성 현실

적극적 시민성

민주주의는 시민이 참여하지 않으면 민주주의라는 이름을 누릴 자격이 없다. 페리클레스(Pericles) 이후 이러한 주장이 옹호되고 논의되어 왔다. 시민들이 민주적 의사결정 과정에 관여해야만 하는가가 아니라 활력이 넘치는 민주주의를 위해 어느 정도의 참가와 참여가 필요한가가 요점이다. 그러나 시민이 참여하는 것을 당연한 것으로 여길 수 없다. 그것은 자원, 동기 및 사회적 접촉에 크게 의존하기 때문이다. 민주주의를 강화하는, 결국 민주적 경험에 의해 강화되는 시민의 정향(orientations)과 활동은 적극적 시민성이라는 명칭으로 요약된다. 유럽평의회는 적극적 시민성을 사회에서 자신의 민주적 권리와 책임을 행사하고 보호하며, 다양성을 소중히 여기며 민주적 생활에 적극적으로 참여하는 인민의 권력으로 간략히 정의한다. 시민들이 특수한 역량을 갖지 않는다면 이러한 야심 찬 임무를 적절히 완수할 수 없다. 시민들은 "적극적 시민이 될 수 있게 해주는 여러 가지 지식, 기술, 태도, 가치"를 충분히 소유할 필요가 있다(Hoskins, Barber, Nijlen et al., 2011, p. 84). 최근 많은 국가에서 이러한 역량을 증진하기 위한 다양한 시민교육 프로그램이 개발되었다.

경험 연구는 적극적 시민성 및 적극적 시민이라는 이상 그리고 발전한 민주주의에 속한 일반 시민의 정치적 정향과 활동 사이에 상당한 간극이 있음을 보여준다. 이 논문은 시민성과 "시민의 일상생활 현실"(Kennedy, 1997, p. 3)을 연결하기 위해 이러한 경험 연구 결과 일부를 간략히 요약한다. 이 논문은 적극적 시민에게 요구되는 정치 지식, 기술, 태도, 가치 및 활동의 광범위한 목록에서 시민성의 규범, 그리고 시민성의 중요한 태도와 행동 측면인 정치참여와 사회참여 각각에 초점을 맞춘다. 시민들이 시민성을 어떤 이미지로 생각하는가? 시민성 규범은 민주주의에서 어떻게 확산하는가? 이러한 물음에 답하는 데 활용할 수 있는 경험 연구 정보는 아직 많지 않다. 이런 상황은 사회참여와 정치참여에 더 적합한 것 같다. 그러나 정치적 정향과 행동에 대한 유효한 증거는 유럽과 북미의 자유민주주의에 중점을 둔다. 이장 마지막 부분은 제시된 경험적 연구 결과와 관련된 "시민교육"의 기회와 과제를 간략히 논의한다.

시민성의 규범들

시민의 관점에서 시민성의 규범 측면은 '시민성의 규범들'에 대한 지지를 살펴봄으로써 조사할 수 있다. 시민성의 규범은 공적 생활에서 적극적이고, 다른 사람들에게 개방적이고 관대하며, 다른 사람들과 연대하는 것 등 다양한 규범을 지지하는 것을 특징으로 하는 '좋은 시민'의 이미지를 말한다. 세금과 공공요금 납부, 법률과 규정 준수 등 더 실제적인 규범을 지지하는 것도 좋은 시민의 특징으로 생각할 수 있다. 사람들이 정말로 관대하거나 실제로 법을 준수하는지는 요점이 아니다. 여기서는 민주적 정치체계에서 시민의 태도와 활동을 규범 측면에서 고려하는 데 주목한다(참조: van Deth, 2007).

좋은 시민'을 특징짓는 규범은 무엇인가? 이런 규범들이 대중민주주의(mass democracies) 국가들의 시민들에게 널리 확산해 있는가? 코노버(Pamela Johnston Conover)와 동료들은 영국과 미국 시민의 시민성에 대한 생각을 조사하기 위해 초점집단(focus groups)을 활용했다(Conover, Crewe, & Scaring, 1991, 2004; Conover, Leonard, & Searing, 1993). 이 연구 결과들은 시민성에 대한 사고방식, 시민성 규범과 관련한 생각을 잘 표현하기 위해 쓰는 언어에 대한 매우 흥미로운 정보이다. '좋은 시민'은 자신의 권리를 시민권(civil rights 미국) 또는 사회적 권리(영국)로 주로 이해하며 정치적 권리를 동등하게 중요한 것으로 생각하지 않는다(미국과 영국 모두). 의무를 시민의 삶을 유지하는 데 필요한 책임으로 생각한다. '좋은 시민'은 사회참여와 공동체 문제에 적극적으로 관여하는 것을 분명히 소중히 여기지만, 이러한 활동을 하는 이유에 대해서는 의견이 일치하지 않는다. 자유주의의 이러한 시민성 이해는 시민의 권리와 의무를 주로 개인의 권리와 의무로 이해하기 때문에 매우 편협하다. 그러나 영국과 미국의 학술대회 참가자들이 사회적 관심과 집단행동 필요성에 대한 더 정교한 주장을 빈번히 언급하는 점도 주목해야 한다.

코노버와 동료들이 보여준 것처럼 시민성의 규범에 대한 지지는 초점집단을 활용함으로써 효과적으로 조사할 수 있다. 당연히, 이 접근법은 대중민주주의에서 다양한 측면의 시민성 규범에 대한 지지가 확산하는 것에 관한 정보를 주지는 않는다. 대표조사(representative surveys)와 구조화된 면접(structured interviews)만 이러한 증거를 알려줄 수 있다. 그러나, 활용할 수 있는 경험적 증거의 양은 다소 기대에 미치지 못한다. 민주적 정치에 속한 인구의 시민성 규범에서 일부 면이라도 다루는 국제연구의 주요 사례는 시민성, 참여, 민주주의 프로젝트(Citizenship, Involvement, Democracy project)와 제1차 유럽사회조사(European Social Survey)이다.

이 연구들은 처음부터 직설적인 질문을 통해 응답자들이 시민성 개념의 논쟁적 의미뿐 아니라 좋은 시민에 대한 의견에 주목하게 한다.

알다시피, 좋은 시민이 되기 위해 필요한 것이 무엇인가에 대한 의견은 다르다. 따라서 고려할만한 특성들을 살펴보길 바란다. 여러분이 개인적으로 생각하는 것, 또 그것이 얼마나 중요한지 생각해 보자.

사용된 쇼카드(showcard)에는 '…자기보다 더 가난한 사람들과의 연대를 보여주거나 조직에 적극적으로 참여하는 것' 등 좋은 시민의 많은 측면이 열거되어 있다. 응답자는 "매우 중요하지 않음"(0)부터 "매우 중요함"(10)까지 11점 척도로 각 측면에 대한 자신의 의견을 표시한다.

이러한 질문들에 대해 여러 유럽 국가들에서 얻은 결과는 [그림 1]에 요약되어 있다. 다른 항목과 다른 국가들을 사용했음에도 두 연구의 결과는 상당히 유사하다. 자율성과 준법은 응답자의 약 70%가 전적으로 지지하지만, 투표와 연대는 60% 정도가 중요하다고 생각한다. 다른 한편, 자발적 결사에 참가하는 것이 좋은 시민이 되는 데 중요한 측면이라는 토크빌(Alexis de Tocquevill)과 같은 생각은 응답자 4명 중 1명만 지지한다. 더 놀라운 것은 좋은 시민이 정치에 적극적으로 참여해야 한다는 생각에 대한 지지가 명백히 부족하다는 것이다. 좋은 시민은 일반적으로 투표를 넘어서 정치에 적극적인 시민이라는 규범을 응답자의 10%만 지지한다.

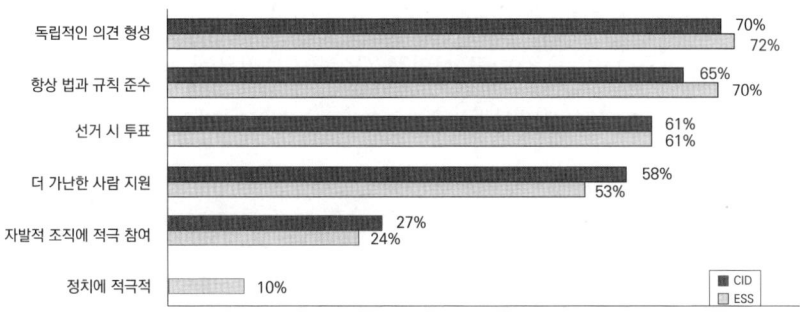

그림 1. '좋은 시민'(CID 및 ESS-1)의 측면들. 8점, 9점 또는 10점 응답자 비율. 국가 규모에 대한 가중치 및 설계 가중치 부여

[그림 1]에서 알 수 있듯이, 많은 시민은 좋은 시민을 공적인 정치 문제에 개입하는 사람이 아닌 투표하는 사람으로 본다. 대표조사 결과는 민주주의 정치의 대다수 시민은 연대, 준법, 자율성과 관련된 규범과 의무를 개인 관점과 사회 관점 모두에서 지지함을 보여준다. 시민성의 참여 측면에 대한 지지는 훨씬 낮다. 즉 분명히, 사람들은 좋은 시민의 핵심 측면인 사회참여와 정치참여 양자에 큰 가치를 두기 꺼린다(참조: Dekker & Hart, 2002; Rossteutscher, 2004, p. 184; Theiss-Morse & Hibbing, 2005, pp. 242-245; van Deth, 2007). 유럽 국가들의 유사한 결과를 분석하면서 덴터스와 반 더 콜크(Denters and van der Kolk)는 "... 정치에 적극적으로 참여하는 좋은 시민에 대한 일반적 진술은 대체로 모든 유럽 국가에서 가장 낮은 지지를 받는다."(2008, p. 138)고 결론 짓는다. 투표를 넘어선 정치 활동이 시민성의 다소 중요하지 않은 측면으로 간주된다는 사실도 그 이유에 반영된다.

미국 정치 활동가들은 정치적 소극성(political inactivity)의 이유를 제시한다. "여유가 없다."는 중립적 반응, "공동체나 국가를 걱정하기 전에 나 자신과 가족을 돌봐야 한다.", "내 삶의 중요한 것들은 정치와 무관하다."(Verba, Schlozman, & Brady, 1995, p. 129)는 순서로 이유를 제시한다. 달톤(Russel Dalton)은 미국 시민들 사이에서 "의무에 기초한 시민성"에 반대되는 "참여적 시민성"이 증가하는 것을 강조하지만, 그의 연구 결과 역시 "사회적이거나 정치적인 결사에 적극적으로 참여한다." 그리고 "정치적, 윤리적 또는 환경적인 이유로 제품을 선택한다."에 대한 가장 낮은 지지 수준을 분명히 보인다.(Dalton, 2008, p. 30). 모든 연구 결과는 많은 시민이 현저히 제한적인 시민성 개념을 지지하거나 적어도 페리클레스와 플라톤부터 바버(Benjamin Barber)에 이르는 정치이론가들, 그리고 유럽평의회 관계자들이 제안한 생각과 동떨어진 개념을 지지한다는 것을 시사한다.

참여

앞서 말한 것처럼, 민주주의는 시민이 참여하지 않는다면 그 이름을 누릴 자격이 없다. 모든 확립된 민주주의에서 1950년대 이후 참여 양식이 급격히 확대했다. 이는 현대사회에서 시민을 위한 정부와 정치의 관련성 증가, 시민들의 기술과 역량 향상, 정치와 비정치 영역의 구분이 흐릿해지는 현상이 증가한 것을 반영한다. 1940~1950년대에 정치참여는 주로 투표와 캠페인 활동으로 제한되었다. 1960년대 초반까지 정치참여는 정치인과 정당의 캠페인 관련 활동, 시민과 공무원의 접촉으로 넓게 이해되었다. 1960년대 후반과 1970년대 초반에 공동체 집단들과 시민, 공무원, 정치인의 직접 접촉이 증가함으로써 정치참여 양식은 더 확대했다. 또 정치참여는 널리 인정된 형태로만 구성된다는 생각에 이의가 제기되었다. 시위와 항거는 모든 풀뿌리 집단(grassroots groups)과 사회운동이 사용한 활동으로서 참여 영역에 합쳐졌다. 1990년대에 정치와 비정치 분야의 경계가 사라지고 신 토크빌주의(neo-Tocquevillean)와 공동체주의 접근이 부흥하면서 자원봉사와 사회참여 등 '시민(civil)' 활동을 포함하는 정치참여가 확대했다. 가장 최근의 정치참여 확대는 정치적 소비(political consumption), 플래시 몹(flash mob) 또는 게릴라 가드닝(guerrilla gardening) 등 개별화된, 윤리나 도덕에 기초한 참여 행동이 확산하는 특징이 있다. 1940년대의 투표와 캠페인을 넘어 21세기의 정치적 참여는 이제 거의 모든 가능한 활동 형태를 포함한다(참조 : Norris, 2002; van Deth, 2010).

민주주의 사회에서 시민의 정치 행동 목록이 급속히 확대한 것은 투표를 넘어선 정치 활동들이 많은 사람의 주요 관심이 되었다는 것을 의미하지 않는다. 반대로 1974년부터 지난 10년간 많은 국가의 더 상세한 정보를 제공한 설문조사 결과를 요약한 〈표 1〉에서 알 수 있듯이, 투표는 국가 선거에서 투표하는 인구의 약 70%에게 널리 퍼진 유일한 참여 양식이다. 다른 모든 양식은 정당 활동이나 시위에 참여하는 낮은 비중의 시민들에게만 있는 소수집단 현상이다(참조 : Teorell, Torcal, & Montero, 2007, p. 349; van Deth, 2010, 2012, pp. 118- 121). 최소 한 가지 참여 방식을 사용하는 사람들의 비율이 지난 선거에서 투표한 사람들보다 약간 높다는 사실은 '새로운' 참여 양식의 확대가 제한적이라는 것을 분명히 보여준다. 정치참여에 대한 많은 국제 비교연구를 이용할 수 있지만, 장기적인 발전에 대한 결론을 경험적으로 검증하는 것은 쉽지 않다. 〈표 1〉은 1974년과 2002년 사이에 정치적 이유로 불매운동(boycotts)을 사용하는 것만 강하고 유의미하게 증가했음을 보여준다. 그러나 최근 상대적으로 높은 수준에서 안정화한 것은 이런 행동을 정치 활동으로 사용하는 것이 계속 증가할 것이라는 기대에 의구심을 제기한다. 적극적 시민의 비율은 1974년부터 2010년까지 다른 모든 참여 양식보다 더 급격히 감소했다. 많은 국가의 발전을 정교하게 분석한 결과에 따르면 특히 젊은이들은 오늘날 '제도적(institutional)' 참여(투표, 정당 관련 활동 등)에 덜 참여하고 '비제도적(non-institutional)' 참여(시위, 정치적 소비 등)에 더 참가한다. 그러나 1970년대와 비교해 현재 젊은이들의 참여 수준은 두 가지 참여 양식 모두 낮다. 결과적으로, 많은 국가에서 평균 참여 수준이 낮아지고 있다. 왜냐하면 '비제도적' 참여 양식의 사용이 '제도적' 활동의 감소를 상쇄하지 않기 때문이다(Garcia Albaceta, 2011).

표 1. 유럽의 참여 형태(정치행동연구와 유럽사회조사)

	PA 1974	ESS 1-5				
		2002	2004	2006	2008	2010
지난 선거 참여	77	73	71	69	72	67
접촉한 정치인	28	15	12	12	11	12
정당에서 활동	15	4	4	4	3	4
다른 조직에서 활동	—	14	12	11	10	13
배지/스티커 부착	—	8	8	6	5	6
청원 서명	26	26	21	20	17	20
시위 참가	9	9	10	7	7	7
불매운동	3	17	14	13	13	15
적어도 한 가지 양식 사용	86	83	81	77	79	77
어느 양식도 사용하지 않음	14	17	19	23	21	23
N(가중치)	10,869	37,793	47,799	49,207	58,456	45,819

〈표 1〉에서 백분율은 응답자 총수 중 '실행자' 비율이다. 유럽사회조사(ESS)는 국가 규모에 대한 가중치와 설계 가중치를 부여했다. PA는 가중치가 없음. ESS-5는 2011년 11월 20개국에서 발표됨.

지난 20년간의 신 토크빌주의 부흥에 따라 확대된 참여 행동 목록에는 결사, 클럽, 사회운동에서의 자원봉사활동도 포함된다(참조 : Verba, Schlozman, & Brady, 1995; Putnam, 2000; van Deth, Montero, Westholm, 2007). [그림 1]에서 보듯이, '좋은 시민'의 특징으로서 결사 참여를 지지하는 것은 시민성의 다른 측면을 지지하는 것보다 훨씬 낮다. "정치에 적극적으로 참여", "자발적 조직에 적극적으로 참여"는 목록에서 맨 아래에 있다. 자발적 결사에 참여하는 것은 국가마다 매우 다르다(참조: Rossteutscher, 2008; Wollebæk & Strømsnes, 2008; Morales, 2009). [그림 2]는 열거한 한 개 또는 두 개 이상의 결사에서 활동하는 여러 국가의 사람 수를 나타낸다(종교 조직, 운동 또는 여가 조직, 다른 조직 등 총 8개 또는 9개 조직이 제시됨). 표에서 볼 수 있듯이, 결사 참여는 특히 북서유럽 시민들에게 널리 퍼져 있다. 그러나 국가별 차이가 분명하고 많은 국가에서 인구의 절반 이상이 한 개 이상의 결사에 참가한다. 프랑스와 독일은 참여 수준이 상대적으로 낮다. 모랄레스와 게얼츠(Morales and Geurts)는 결사 참여도와 범위를 고려한 훨씬 더 정교한 분석을 바탕으로 "시민들이 시민사회에 고도로 통합된" 북유럽과 중부유럽 그리고 "동유럽의 신생 민주주의"와 "참여가 훨씬 낮은" 남부유럽으로 구분한다"(Morales & Geurts, 2007, 153쪽). 이 두 집단의 차이점은 "... 인상적이다"(ibid). 이러한 연구 결과는 자발적 참여를 설명하는 데 맥락 요인이 관련된다는 것을 시사한다.

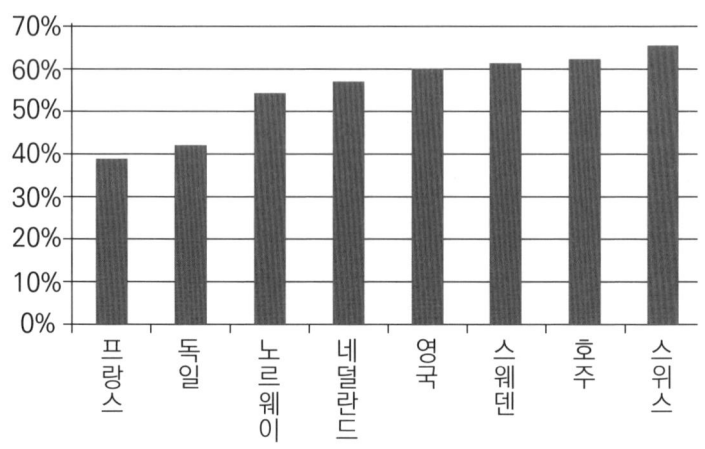

그림 2. 자발적 결사 참여(WVS-4). 적어도 한 개의 자발적 결사에서 활동하는 사람의 비율

시민 행동 목록에서 가장 최근의 발전은 개인적으로 사용하는 참여 양식, 즉 어떤 형태의 조직이나 조정이 필요하지 않은 참여 양식이 증가한 것과 관련된다. 예를 들어 우림 파괴 등에 대한 불만을 표현하기 위해 특정 제품이나 브랜드 구매를 거부하는 것은 조직이나 집단행동이 필요하지 않다. 많은 사람이 비슷하게 행동하는 것이 분명히 도움이 되지만 모든 사람이 개별적으로 행동할 수 있다. 인터넷 기술은 이러한 참여 양식을 매우 매력적이게 하고 전통적인 조정 및 조직 양식을 쓸모없게 만든다. 이러한 참여 양식을 사용해 조직 비용을 대폭 줄이면 이전에는 나타나지 않았을 모든 종류의 관심과 목표가 명확해 질 수 있다. 미첼레티(Micheletti, 2003)는 독신 시민이 사용하며 윤리적이고 도덕적인 추론이 대체로 주도하는 참여 양식, 특히 정치적 소비에 대해 "개별화된 집단행동(individualized collective action)"이라는 문구를 만들었다. 이러한 참여 양식에서 중요한 것은 의사결정 과정에 참여하는 것보다 의견을 발표하는

데 중점을 두고(Newman & Bartels, 2010) 시민 각자가 "...세계 시민으로서 정의감을 표현할 수 있게" 해준다는 점이다(Follesdal, 2004, p. 19).

개별화된 참여 양식을 사용하는 시민을 자세히 살펴보면 주목할 만한 면이 드러난다. 이런 참여의 특징은 시민성 규범을 상대적으로 낮은 수준으로 지지하는 것이다(van Deth, 2012, p. 134). '책임 이행'에 대한 그들의 생각은 분명히 자기중심적이며 자신의 의견을 결정하는 규범을 명확히 지지하는 것, 연대와 사회적 참여를 지지하기 꺼리는 것에 기초한다. 결과적으로, 개별화된 참여 양식의 확산은 시민성 규범의 지지 약화를 동반할 수 있다. 사적 업무와 공적 업무의 경계선이 소멸할 것이라는 유행하는(포스트모던의) 주장에도 불구하고, 개별화된 참여 양식을 사용하는 사람들은 좋은 시민이라는 이미지보다 전형적인 소비자와 공통점이 많은 특징을 보이는 것 같다. 그러나 정치참여와 쇼핑, 또는 정치적 행동과 개인적 행동을 단순히 구별하는 것은 여기서 큰 도움이 되지 않는다. 다음 글에서 서드선(M. Schudson)이 가장 명확히 상기시키는 것처럼 두 현상의 유사점과 차이점에 주의를 기울여야 한다.

> 시민과 소비자를 구분하는 것은 자아중심(the self-centered)과 공공정신(the public-spirited)의 차이를 대신한다. 그러나 이것은 오해하기 쉽다. 소비자 선택과 정치적 선택 모두 공공적이거나 그렇지 않을 수 있다. 소비자 행위와 정치적 행위 모두 평등주의적이고 관용적이며 타인을 존중할 수 있거나 그렇지 않을 수 있다(Schudson, 2007, p. 247).

민주주의 국가의 시민들이 이용할 수 있는 행동 목록이 빠르게 상당히 확장했다는 것은 광범위하게 증명되어 왔다. 유사하게, 참여에 관한 경험 연구 결과 중 가장 잘 입증된 한 가지는 사회 불평등이 참여의 영속하는 특징이라는 것이다. 이것은 반복해서 확인되었다. 모든 유형의 참여는 교육 수준이 높은 집단 또는 더 일반적으로 사회경제적 지위가 높은 시민들에게 여전히 더 흔하다. 또 여성은 남성보다 여전히 덜 참여한다. 이민 경력이 있는 시민은 토착민(autochthones)보다 덜 참여한다(Verba & Nie, 1972; Schlozman, Verba, & Brady, 1999; Stolle & Hooghe, 2010). 놀랍게도, 지난 수십 년 간 이루어진 급속한 행동 목록 확장은 권력이 작은 집단의 참여 증가를 동반하는 결과를 낳지 않았다. 더 오래된 참여 양식과 관련된 명백한 사회적 불평등은 '제도화와 무관한(non-institutionalised)' 더 새로운 참여 양식에서 다소 덜 뚜렷한 것 같다. 이는 특히 성과 연령에 따른 불평등을 감소하는 데 기여한다(Marien, Hooghe, Quintelier, 2010). 최근에 스톨과 우게(Stolle and Hooghe)는 경험적 증거를 다음과 같은 강한 어조로 요약한다. "전반적으로, 최근 만들어진 정치적 행동 목록은 전통적 행동 목록보다 더 배타적이지 않은 것이 분명하다"(2010, p.139). 특히 문화요인과 동원요인(mobilizing factor) 외에 기술과 역량의 차이는 이러한 영속하는 사회적 및 정치적 차이를 설명하는 것 같다. 이런 결론은 새로운 참여 수단으로서 인터넷의 제한된 기능을 통해 분명히 나타난다. 인터넷은 동원(mobilization)을 위해 주로 사용되며 새로운 참여 양식으로는 거의 사용되지 않는다. 다시 말해, 'Net Delusion'(인터넷 망상)(Morozov, 2011)이 일반 시민들의 참여 습관이 급격히 변하는 것보다 가능성이 더 큰 것 같다.

시민교육을 위한 기회와 도전

일반적으로, 선진 민주주의 사회 시민의 시민성 정향과 참여에 관한 경험 연구 결과는 많은 사람이 적극적 시민이라는 모호한 이상을 충족하지 않았다는 것을 보여준다. 유럽평의회는 적극적 시민성을 촉진하려고 시도하면서, 민주시민교육을 발전시킬 필요가 있다고 강조한다. 이러한 필요성이 간략한 개요에 기술한 것처럼 많은 국가 시민들이 적극적 시민성을 다소 제한적으로 지지하는 데 근거하는지 여부는 이 논문에서 명확히 할 수 없다. 유럽평의회의 민주시민교육 역시 다음과 같이 대단히 넓고 야심 찬 개념이다.

…학습자들에게 지식, 기술 및 이해를 가르치고 학생들의 태도와 행동을 발달시킴으로써 사회에서 민주적 권리와 책임을 행사하고 방어하는 역량을 스스로 강화하고, 민주주의 증진과 보호 및 법의 지배를 위해 다양성을 소중히 여기고 민주주의 생활에서 적극적으로 역할하게 하는 교육, 훈련, 의식 제고, 정보, 실천, 활동.

시민교육의 영향에 관한 드문 경험 연구는 시민교육 프로그램들이 젊은 시민들의 참여 의도에만 간접 영향을 미친다고 시사한다(참조: Lopes, Benton, & Cleaver, 2009; Schwarzer & Zeglovits, 2009). 또, 반드시 시민교육은 아니지만 형식교육은 민주적 정향에 영향을 미친다(참조, Dee, 2004; Milligan, Moretti, & Oreopoulos, 2004; Hoskins, D'Hombress, & Campbell, 2008). 시민교육의 가망성에 대한 그다지 많지 않은 경험적 증거는 이러한 노력의 주요 목표에 다시 초점을 맞추는 데 유익한 출발점이 될 수 있다. 이를 위해, 여기 제시한 선진 민주주의 사회 시민의 시민 정향과 정치참여에 관한 경험 연구 결과는 미래 시민교육 발전을 위한 몇 가지 논의 사항을 진술하는데 사용할 수 있다. 참여에서 지속하는 사회적 불평등과 함께 특히 사람들이 자신을 시민보다는 소비자로 이해하는 것이 증가하는 것은 가장 중요한 도전을 의미하는 것 같다. 민주시민성을 더 발전시키는 것에 대한 주요 논점을 다음 여섯 가지 제안으로 요약할 수 있다.

첫째, 우리는 현재의 민주주의 국가들에서 좋은 시민상의 중요한 측면들이 널리 공유되고 지지되는 것을 보았다. 그러나 투표 외의 사회참여와 정치참여는 좋은 시민상에 거의 속하지 않는다. 상대적으로 적은 인구만 좋은 시민이 정치에 적극적이거나 자발적 결사에 관여해야 한다는 규범을 지지한다. 또 개인 중심의 규범이 사회적 권리와 의무에 관한 규범보다 중요한 것 같다. 분명히 많은 시민은 개인 중심의 규범과 의무 그리고 사회 중심의 규범과 의무 사이의 긴장을 해소하는 능력과 지식이 부족하다. 민주시민교육은 좋은 시민의 주요 특성을 시민들이 다소 좁게 보는 것에 도전하는 시도를 포함해야 한다. 유럽평의회가 사용하는 용어, 특히 "교육, 훈련, 인식 제고, 정보, 실천, 활동"은 이런 목적에 사용할 수 있다.

> 제안 1: 시민성 규범에 대한 지지는 특히 (a) 투표 외의 민주적 의사결정 형태의 중요성, (b) 규범들 사이의 일관성과 충돌이라는 개념을 더 잘 이해하도록 함으로써 향상해야 한다.

두 번째 사항은 민주적 의사결정 절차에 시민들이 적극적으로 관여하는 것과 관련된다. 많은 정치참여 양식을 이용할 수 있지만, 대부분 시민은 여전히 투표에만 의존한다. 지난 수십 년 간 현재 민주주의 국가들에서 행동 목록이 급속히 광범위하게 확대하였으나 적극적으로 활동하는 새로운 인구 충원이라는 결과는 거의 일어나지 않았다. 이는 많은 새로운 참여 양식에 적용되는 것 같다. 적극적 시민성이라는 개념이 어떻게 정의된다 해도 민주적 정치활동과 사회활동이 4년 또는 5년 주기의 투표로 한정될 수 없다는 것은 분명하다. 또, 정치참여와 사회참여를 더 넓게 이해하는 것은 민주주의 사회에 대한 특정 참여 양식의 장단점을 평가할 수 있는 기회가 될 수 있다. 이러한 이유로 두 번째 제안은 다음과 같다.

> 제안 2: 정치참여가 주로 투표에 여전히 제한되어 있기 때문에 이용할 수 있는 다른 양식들을 강조해야 한다. 그리고 다른 정치참여 양식들(및 다른 형태의 참여들) 간의 일관성과 충돌도 강조해야 한다.

최근 개별화된 참여 양식, 특히 불매운동(boycotting) 및 구매운동(buycotting)이 증가하는 것은 시민교육의 세 번째 과제이다. 이러한 새로운 참여 형태는 윤리적 추론과 도덕적 추론에 기초하기 때문에 규범적 시민성 정향이 강화되리라고 기대할 수 있다. 그러나 경험 연구 결과들에 따르면 개별화된 참여 양식의 증가와 시민성 규범에 대한 지지 감소는 함께 나타난다. 놀랍게도, 개별화된 참여 양식을 사용하는 시민의 규범 정향은 시민보다는 소비자와 더 많은 공통점이 있다. 시민교육은 새로운 참여 양식을 무비판적으로 옹호하면 안 된다. 대신에 개별화된 참여 양식의 확산은 다른 정치참여 양식들과 그것이 민주주의에 미치는 결과 사이에서 일어날 수 있는 충돌을 해소함으로써 적극적 시민성의 중요한 측면들을 강화할 독특한 기회가 된다.

제안 3: 개별화된 참여 양식을 고무할 때에는 이러한 행동들이 일으킬 수 있는 파괴적인 측면도 유의해야 한다. 개별화된 참여 양식은 다른 참여 양식들의 대안이 아니라 다른 참여 양식들을 확장하는 것으로 볼 수 있다.

넷째, 민주주의 사회의 자발적 결사에 참여하는 것은 시민성의 중요한 측면이다. 사회참여와 시민사회의 관련성을 강조함으로써 시민성과 정치를 제도 중심의 전통적인 것으로 생각하는 것을 피할 수 있다. 그러나 많은 시민은 자발적 결사에 참여하는 것을 좋은 시민의 측면으로 크게 중시하지 않는다. 자발적 결사에 실제로 참여하는 것이 널리 퍼져 있는 것으로 보이지만 인구의 60% 정도에 불과하다. 또, 자발적 결사 참여에서 국가 간 차이는 분명하다. 북서유럽 국가에서는 현저히 높은 수준인 반면 동부와 남부유럽 국가에서는 훨씬 낮은 수준이다. 이러한 국가 간 수준 차이가 현저한 이유를 조사하는 것은 사회참여에 대한 지지를 강화하고 분명한 지정학적 편견을 방지할 수 있는 좋은 기회이다.

제안 4: 자발적 결사에 참여하는 것이 국가마다 매우 다르므로 북서 유럽의 상황을 이상적인 것으로 묘사함으로써 얻을 수 있는 것은 많지 않다. 대신에, 사회참여에 대한 지지를 강화하기 위해 문화 요인, 제도 요인 등 맥락 요인(contextual factors)을 고려해야만 한다.

다섯 번째, 중요한 경험 연구 결과가 오랫동안 입증되어 왔다. 시민들의 행동 목록이 빠르고 광범위하게 확대하고 있음에도 불구하고 사회참여와 정치참여는 여전히 불균등하게 분배된다는 것이 분명하다. 특권이 작은 집단은 적극적으로 활동하는 기술, 역량, 네트워크가 여전히 부족하다. 이러한 불평등을 줄이기 위한 일반적인 프로그램은 그다지 성공적이지 않다. 차별성 없이 제공되는 시민교육은 이러한 불평등을 강화하고 인정할 위험성이 있다. 특히 민주시민교육은 한편으로 실제의 불평등 그리고 그것이 민주주의에 미치는 사회적 영향과 정치적 영향 인식, 다른 한편으로 사회의 소외계층에 역점을 두는 것에 기초해야 한다.

> 제안 5: 사회참여와 정치참여는 여전히 편향적이고 사회적 불평등을 재생산한다. 시민교육은 소외계층(사회경제적 지위가 낮은 집단, 이민자, 소녀 등)을 위한 특별 프로그램 개발을 강조해야 한다.

마지막 제안은 시민성 정향 및 참여에 대한 경험 연구 결과에 직접적으로 근거하지 않는다. 당연히, 시민성 개념은 시민으로서 역할하는 사람들을 다룬다. 민주주의 사회 성원들이 시민성과 정치를 좁게 이해하는 것은 자신이 수행하는 다른 역할(부모, 통근자, 스포츠 팬, 채식주의자 등)이 적절함을 강조한다. 점차 사람들은 새로운 역할과 사회 분야의 지속적 분열(기능적 분화)에 직면한다. 특히 새로운 개별화된 참여 양식을 사용하는 시민은 자신의 역할을 시민의 역할이 아니라 소비자의 역할로 생각하거나 더 구체적으로 두 역할 사이 그리고 정치 분야와 경제 분야를 명확히 구분하는 것을 거부하는 경향이 있다. 그래서 시민교육은 시민들이 자신의 역할을 시민의 역할로만 한정하는 관점을 피해야 한다.

> 제안 6: 시민교육은 시민의 입장뿐 아니라 다른 유형의 자아 이해(특히 소비주의)도 다루어야 한다. 그리고 이런 다른 유형들 사이의 충돌뿐

아니라 시민성을 위한 기회도 다루어야 한다.

위의 6가지 제안에 요약된 시민교육의 과제는 무한하며 그중 일부만 실현하는 것도 매우 어려울 것이다. 그러나 이러한 과제는 유럽평의회가 제시한 "민주시민교육"의 목표보다 훨씬 더 제한적이고 훨씬 덜 야심차다. "적극적 시민성"을 고무함으로써 민주주의를 강화하려는 시도의 가치를 과대평가할 수는 없지만, 실제의 민주적 정향과 참여에 대한 경험적 증거를 고려하지 않고 너무 야심 찬 목표를 제시하면 많은 것을 얻지 못한다. 대신에, "일상생활의 현실"에 기초한 "현 상황을 토대로 한 단계씩 조금씩 그럭저럭 헤쳐나가는(muddling through)" 정책은 활력이 넘치는 민주주의의 발전과 민주주의에 대한 시민들의 적극적 지지에 더 크게 기여할 수 있을 것이다.

호스킨스
(BRYONY HOSKINS)

3. 민주주의가 시민에게 요구하는 것은 무엇인가?

적극적 시민성에 필요한 자질 확인과 가치 명시

서론

퍼트남(Putnam, 1993, 2000), 알몬드와 버바(Almond and Verba, 1963), 토크빌(A. De Tocqueville, 1863)에 따르면, 민주주의는 적극적 시민이 민주적 삶에서 견제와 균형(checks and balances)을 유지할 것을 요청한다. 이장은 적극적 시민이 되는 데 필요한 자질을 밝히는 데 중점을 둔다. 역량이라는 용어는 필요한 자질을 말하는 것으로 쓴다. 역량은 '특정 영역의 세계에서 효과적이고 구체적인 인간 행동을 낳는 지식, 기술, 이해, 가치, 태도 및 욕구의 복잡한 조합'을 의미한다(Hoskins & Deakin Crick, 2010, p. 120). 여기에서 영역(domain)은 적극적 시민성을 말한다.

시민 역량 목록 대부분은 참여에 대한 지식, 기술 및 성향에 초점을 맞추었다. 이장은 가치에 중점을 두고 시민성 이론을 검토하면서 시민 역량의 다양한 측면을 논의한다. 나는 참여를 지지하는 가치들이 민주주의에 결정적으로 중요하고, 이러한 가치를 자신 있게 명시해야 한다고 주장한다. 이장의 목표는 시민 역량의 가치 차원을 정의하는 규범적 근거를 확립하는 것이다.

이장은 민주주의의 시민이 필요로 하는 것을 설명하는 것으로 시작한다. 다음 단계에서는 세 가지 시민성 이론 모델인 자유주의, 공화주의, 비판적 모델에서 도출한 적극적 시민성에 필요한 자질을 숙고한다. 각 단계에서는 각 모델이 암묵적으로 또는 명시적으로 옹호하는 가치와 규범을 강조한다. 마지막 단계에서는 적극적 시민성에 필요한 가치를 포함한 자질을 설명하는 시민 역량의 목록을 개발한다.

민주주의의 요구

이론 및 경험 연구 학술 문헌에서 민주주의가 번영하려면 법적 권리와 제도만으로는 충분하지 않고(Honohan, 2002) 민주적 지배의 질은 시민의 참여와 덕에 의존한다(Putnam, 1993, 2000; Almond & Verba, 1963; De Tocqueville, 1863)는 사실이 강조되어 왔다. 활력이 넘치는 민주주의는 정치체계 안팎의 적극적 시민들이 민주적 과정을 점검하고 변화를 만들거나 변화에 저항하기 위해 기꺼이 행동하려 하고 행동할 수 있기(Crick, 2003)를 요구한다. 대의정치체계(representative political system) 밖의 적극적 시민들은 시민사회 안에서 비정부 조직 형태로 정부의 책무성을 보장하는 데 중요한 역할을 한다. 시민들은 캠페인, 청원, 저항 활동을 통해 시민들을 동원하는 자신들의 구조를 통해 사회정의 목표에 기초한 변화를 일으킬 수 있다. 이러한 활동은 참여 민주주의를 지지하는 사람들에 의해 증진된다(Barber, 2003). 또, 대의민주주의는 민주적 과정을 유지하는 데 중요한 역할을 한다. 투표, 선거 입후보, 국회의원 접촉 같은 행동은 민주적 체계를 유지하고 공정한 법을 유지하기 위해 똑같이 필요하다.

적극적 시민성이라는 용어는 참여 요소 및 대의제 요소를 결합하며, 인권과 민주주의에 따르고 상호존중과 비폭력을 특징으로 시민사회, 지역사회, 정치생활에 참여하는 것(Hoskins, 2006)으로 정의되었다. 이 정의는 적극적 시민성의 중요한 요소를 강조한다. 적극적 시민성은 참여 자체가 아니다. 민주주의 가치를 갖지 않거나 인권을 존중하지 않는 적극적인 사람들이 민주주의 제도와 다른 사회 집단들에 실제로 해를 끼칠 수 있기 때문이다. 그러나 대신에 이 정의는 민주적 가치와 인권에 기초한 원리들에 근거한 참여를 말한다. 적극적 시민성의 자질은 결정에 영향을 미칠 수 있는 개인의 지식과 기술에 기초한다. 유능한 적극적 시민의 자질은 시민 역량으로 표현되며 이장에서 논의하는 것의 초점이다.

서구 민주주의 국가들에서는 적극적 시민성이 쇠퇴하고 정치참여 부족이 민주주의에 위험이 된다는 우려가 있어 왔다(Putnam, 2000). 덜 참여하는 사람들은 일반적으로 젊은 세대라는 것이 발견되었고 젊은 사람들은 민주주의가 번영하는 데 필요한 의무, 특히 투표 행동을 할 용의가 없다고 기술된다(Wattenberg, 2012). 달톤(Dalton, 2009)은 이것에 대해 이의를 제기했다. 그는 젊은 시민들이 기성세대의 투표, 정당, 노농조합 활동을 등지고 자원봉사와 저항 활동으로 나아가면서 젊은이들의 참여 규범도 변했다고 말한다. 그럼에도 두 입장은 젊은이들이 전통적 정치에 덜 참여한다는 것과 이런 전통적인 민주적 과정이 대부분의 정책 결정이 내려지는 곳에 남아 있다는 것을 말한다. 또, 와텐버거(Wattenberg, 2012)는 젊은이들이 덜 참여한다는 일반적인 믿음 때문에 결과적으로 정치인들이 젊은 세대의 요구와 정치적 문제를 무시하는 경향이 있다고 언급한다.

유럽에서는 젊은 인구가 감소하고 고용, 교육, 건강, 안정된 은퇴 면에서 젊은이들의 기회가 줄어들고 신구 세대의 참여 수준 차이가 커졌다(Willetts, 2010). 경제위기와 이전의 공공 부문 지출을 유럽 대부분 국가가 더는 감당할 수 없다는 것이 현실화하면서 자원을 둘러싼 세대 갈등이

심화하였다. 국가가 개인과 시민사회에 대한 부담을 질 수 없다면 책임은 더 커진다고 이야기된다. 모든 희소한 자원에 대해서, 갈등 가능성, 이 경우엔 세대 갈등의 가능성이 높아졌다(Willetts, 2010). 이러한 맥락에서, 젊은 세대는 기성세대가 누린 모든 혜택을 잃지 않으려면 정치와 관련된 것을 잘 알아야 한다. 또, 젊은이들의 목소리는 소외보다는 정치적 대화에서 더 생산적일 수 있다. 따라서 위에서 말한 여러 가지 이유로 시민 역량의 학습을 촉진하기 위해 적극적 시민성에 필요한 시민 역량을 밝힐 필요가 있다고 주장할 수 있다.

시민 역량 이론

노동시장의 요구를 더 잘 지향하고, 고용주와 교장 및 교육과정 개발을 더 잘 연결할 방법을 논의하라고 정치인들이 교육체계에 요구하는 것은 비교적 흔한 일이다. 그러나, 시민사회와 정치 대표들이 학교에 더 많이 관여하고 민주주의에 필요한 역량을 기술하는 데 참여해야 한다고 요구한다는 이야기를 듣는 일은 특히 2011년 경제 위기에서 흔하지 않다. 또, 지식경제에서의 직업을 위한 자격 취득과 시험 합격에 초점이 맞추어짐에 따라 현재의 사회 문제와 정치 문제를 비판적으로 사고하기 위한 교육과정의 공간은 (적어도 영국과 미국에서) 도전받고 있다(Westheimer, 2008). 이러한 움직임은 민주주의가 존속하는 데 위험하며, 보다 권위주의적인 정권을 지향하기를 바라지 않는다면 조치를 취할 필요가 있다. 노동시장이 노동자들에게 요구하는 바를 숙고하는 사람들처럼, 이장은 민주주의가 시민들에게 요구하는 바를 숙고할 것이다.

시민의 덕을 확립하고 시민들에게 가르치는 것이 논란의 여지가 없지는 않으며 관용, 가치의 중립성과 다양성에 관한 자유주의 사고와 항상 잘 어울리는 것도 아니다. 동시에, 노동 시장을 위한 지식, 기술 및 가치를 가르치는 것은 좀처럼 문제가 되지 않는다. 예를 들어, 측정해야 할 역량을 확립할 때 PISA(국제학업성취도 검사)의 사회정치적 가치를 생각할 것 같지는 않다. 그럼에도 그렇게 생각해보는 것은 흥미로울 것이다. 예를 들어, 그 검사가 정말로 자유시장(liberal market)을 지향하는 가치를 품고 있는가? 만약 그렇다면 이러한 가치를 명시해야 하는가?

시민 역량을 확립하는 것은 여러 가지 이유로 논쟁거리이다. 특히 역량이 국가마다 상당히 다르고, 역동적이며 시간이 지나면서 '변화'하는 것으로 이해될 수 있기 때문이다(Fratczak-Rudnicka & Torney Purta, 2003, p. 71). 과거 동유럽 공산주의 국가들의 비민주적인 정권은 시민들을 공산주의의 기본 토대가 되게 가르치는 것을 목표로 다른 유형의 역량을 선별했다(Buk-Berge, 2006). 권위주의 정권과 일부 민주주의 국가는 시민들이 민족 국가를 유지하는 데 애국적인 역할을 하도록 국가주의적 시민교육 의제를 제시했다. 그러나 서유럽의 일부 자유민주주의 국가들에서 시민교육은 더 복잡했고 (실제로 달성되는 것이 아니더라도) 가치중립을 명시적으로 언급하는 경향이 있었다. 서양의 민주주의 국가들은 시민 역량을 정의하려는 다양한 시도를 했다. 적극적 시민성에 필요한 역량과 가치를 기술하는 것을 뒷받침하는 세 가지 이론적 접근으로 자유주의 모델, 시민 공화주의 모델, 비판적 모델이 있다.

자유주의 시민성 모델

적극적 시민성의 자유주의 모델은 대체로 최소 요구를 하는 것으로 간주된다. 자유민주주의의 원래 의미는 일반적으로 '얇은(thin)' 민주주의로 간주된다. 자유민주주의는 시민이 공적 생활에 최소로 참여하고 주로 투표를 통해 참여하는 것을 의미한다(Delli Carpini & Keeter, 1996). 그러나 이런 정치 활동도 의무는 아니며 대체로 선거에서 '합리적으로 생각하는' 소수 정당들 중에서 선택하는 것이다. 순수한 자유민주주의에서 정부는 일반적으로 권리와 재산 보호에 제한된 권한을 가질 수 있다.

그런 환경에서 시민들이 투표하도록 장려하지만, 투표를 해야만 하는 것은 아니다. 그리고 적극적 시민성 교육은 자기 이익을 지지하는 행동을 할 수 있는 자율적 시민을 만들고 이런 목적을 달성할 수 있는 기본적인 수준의 정치 지식과 기술을 향상하는 데 중점을 둔다(Delli Carpini & Keeter, 1996). 보편적 참정권 허용에 대해 자유주의 사상가들이 크게 관심을 가진 것 중 하나는 공적 또는 사적 이익을 위한 결정을 이해하는 시민 능력이 부족하다는 것이다. 이런 이유로 자유주의 철학에 기초한 시민교육은 지식과 기술에 초점을 맞춘다. 또, 더 최근의 자유주의 사상은 민주주의에 대한 지식과 기술이 사회에서 불균등하게 보급되는 것을 우려한다. 민주주의에 대한 지식과 기술의 불균등한 보급은 민주주의의 능력을 심하게 저하하고 그 결과 의사결정이 최대 다수의 최대 이익에 거의 근거하지 않기 때문이다(Carpini & Keeter, 1996).

자유주의 모델에서 적극적 시민성은 개인이 정치적으로 참여할 수 있는 권리를 강조한다. 경우에 따라서는 그렇지 않을 수 있다. 그러나 자유주의 모델은 국가가 최소로 유지된다면 시민사회가 번영할 것이라고 가정한다. 하지만, 원자화된 개인이라는 개념에서 나온 자유주의 이상은 최근 다시 해석되어 왔다. 최근 자유주의 사상가들은 이전의 자유주의 시민성 개념을 개인과 국가의 관계에만 초점을 맞추었다고 비판하고, 신뢰를 토대로 형성된 집단에서 인간이 상호 관계를 맺는 방법을 간과했다고 강조했다(Norman, 2010). 이런 이유로 자유주의 모델은 최근 퍼트남의 사회자본 이론의 영향을 받았다. 예를 들어 'Big Society'[1]에 관한 영국에서의 논쟁은 그러한 재해석의 산물로 이해할 수 있다. Big Society 관점에서 볼 때 시민들은 의무감뿐 아니라 관계를 형성할 때 얻는 기쁨, 감정적 애착이나 집단 소속감 형성 때문에 결사에 참여한다(Norman, 2010). 이러한 입장의 시민교육은 사회, 정치, 비판적 사고에 대한 깊은 숙고를 발달시키는 것보다 다양한 자원봉사 프로그램과 자선기금 모금 등 지역사회 사람들을 돕는 활동에 종종 더 큰 중점을 둔다.

시민 역량에 대한 자유주의 접근의 함의는 지식, 기술 및 참여 성향에 초점을 맞추는 것이었다. 이런 점에서 가치를 명시적으로 가르치는 것보다는 '객관적' 또는 가치중립적 지식(Halstead, 1996, p. 27), 참여에 중점을 두어 왔다. 명시적으로 진술된 최상의 가치들은 자유민주주의의 절차적 규칙(가치 다양성 수용과 관용)과 법 앞의 평등이라는 가치와 일치한다. 자기 이익을 이해하는 지식과 기술에 초점을 맞추는 접근을 통해 암묵적으로 가르쳐친다고 가정할 수 있는 가치들은 개인주의와 개인의 인권이다. 얼마 전부터 참여 성향의 학습을 촉진하는 것을 강조해 왔다. 그

---

[1] "The Big Society"라는 개념은 영국 캐머런(David Cameron) 총리가 집권 1년 전인 2009년 보수당 당 대회 연설에서 제시한 국가비전으로 범죄, 낙태, 과도한 복지 등 영국의 국가문제 해결을 위해서는 정부만이 아니라 가족, 이웃, 지역사회 등 Society가 함께 나서야 한다는 것이다. [출처] 박수영, 영국 캐머런 총리의 Big Society에 비춰본 우리 정책들.

런데 젊은이들이 지역사회 자원봉사활동을 하도록 지원하는 데 역점을 두었으나 사회 부정의 문제에 대한 비판적 사고나 정치참여는 훨씬 덜 중시했다.

자유주의 사고 관점에 속한다고 주장할 수 있는 한 연구는 개인이 정당의 정책 대안들에서 자기 이익을 확인할 수 있는 정도를 분석했다(Galston, 2001; Delli Carpini & Keeter, 1996). 능력 접근(capabilities approach)(Sen, 1980)도 능력(역량+자원에 대한 접근)을 사용함으로써 기능하는 평등한 시민을 강조하는 가치중립교육을 옹호하는 입장에 속할 수 있다. 듀이의 연구는 교육 과정(education process)의 목적이 공정한 공동체에서의 민주적 학습 과정이어야 하며 특정 가치를 전수하는 것이어서는 안 된다고 제안한 점에서 가치중립교육의 입장으로 생각할 수 있다. 듀이는 어떤 가치를 가르칠지 결정하는 것보다 민주적 의사결정 과정에 다양한 의견을 포함하는 게 중요하다고 강조했다.

그러나 나는 연구와 교육 어떤 것도 실제로 가치중립적일 수 없다고 주장한다. 교육과정(curriculum)의 지식과 기술, 그리고 교수 방법 선정은 젊은이들에게 가르치는 가치에 기초한다(Halstead, 1996; Sandstrom Kjellina, 2010). '강점, 약점, 대안의 합리성'을 근거로 논증을 평가하는 개인의 능력을 발달시키는 자유주의 교육은 포괄적인 도덕적 자유주의(comprehensive moral liberal)와 구분되지 않는 세계관을 가진 의식적으로 비판적인 개인을 발달시킨다(Parry, 2003, p. 41). 이것이 중요한가? 당신이 보수적인 종교의 입장이라면 그럴 수 있다. 그러나 이것을 논의하는 주요 목적은 자유주의 시민교육이 가치중립적이지 않다는 것을 이해하는 것이다.

시민교육 분야에서 이루어진 최근 논쟁들에서 시민교육 이면의 규범적 가치를 명시해야 한다는 요구가 제기되었다(Haste, 2010; Levine & Higgins-D'Alessandro, 2010). 국가 교육과정, 학교(가치 진술 형태) 및 핵심 역량의 목록은 가치를 대개 명시적으로 진술한다(Trier, 2003). 트리어(Trier, 2003)는 핵심 역량에 대한 OECD 국가들의 입장을 요약하면서 북유럽 국가, 독일 및 오스트리아 등 유럽의 여러 국가들이 자국의 핵심 역량 일부로 요구된 가치를 명시적으로 진술했다고 강조했다. 헤이스트(Haste, 2010)는 서구 시민교육에 포함된 암묵적 가치와 태도의 내용과 형식이 주로 자유주의적인 것이며 내용은 '특권, 다양성, 권리, 선택의 자유, 환경에 대한 관심'(Haste, 2010, p. 182)에 초점을 둔다고 설명한다. 그녀는 이런 입장에 두 가지 이의를 제기한다. 첫째, 현재의 경제 위기 때문에 더 보수적이고 이민에 반대하는 의제로 가치가 변화할 수 있다고 말한다. 그러한 환경에서도 시민교육이 명백히 자유주의적 내용을 받아들 수 있을까? 둘째, 서구 민주주의 국가들의 일부 보수적 종교집단(대다수 인구와 이민자 공동체의)은 평등이나 민주적 과정에 관한 기본적인 자유주의 가치를 가지고 있지 않다(Kymlicka, 2003). 민주주의의 절차적 가치와 평등을 받아들이지 않는다면, 이 가치들을 명시적으로 가르칠 필요가 있다고 나는 주장한다. 자유주의 입장에 대한 두 번째 의문은 다른 견해에 대한 관용이라는 자유주의 개념이 어떤 점에서 문화 상대주의에 적합하고, 사회집단의 계층과 성(gender)에 기초한 사회 부정의와 권력 관계의 문제점에 대한 책임을 무시하고 파기하는가이다.

    나는 이장에서 시민교육에 대한 자유주의 접근에 관련된 모든 질문에 답하려고 하지 않는다. 그러나 자유주의 입장에서 시민 역량, 민주주의에 대한 지식과 기술에 필요한 자질, 민주적 의사결정에서 평등의 가치에 관해 논의하고자 한다. 그러나 시민들이 민주주의와 우리의 인권을 옹호할 상황들에서 모든 가치를 관용하는 것에 대한 자유주의 접근에 계속 이의를 제기한다. 나는 이러한 가치들을 공개적으로 가르칠 필요가 있다고 주장한다. 또, 개인주의와 자기 이익을 강조하는 명시적 의제에 대해 계속 이의를 제기한다.

시민 공화주의 시민성 모델

서구 민주주의 국가들에서 적극적 시민성 개념은 때때로 시민 공화주의 전통으로부터 발전하기도 했다(Crick, 2003). 시민 공화주의 접근은 결과적으로 더 큰 자유를 보장하는 민주적 과정과 제도를 유지하는 것과 관련해 시민들에게 더 많은 것을 요구한다(Lovett, 2010). 이런 관점에서 시민은 사회 변화를 위한 실정법의 실행자이자 부패를 방지하는 수단이 된다(Lovett, 2010). 그리스로마 철학사상을 기초로 시민 공화주의는 시민들이 공적 영역에서 정치적으로 행동하고, 평등하고 자유로운 시민으로서 정치공동체에 적극적으로 참여할 필요성을 강조했다. 따라서 시민의 책임 개념은 이 관점에서 발전했다. 자유주의 전통과 비교해 이 접근은 정치참여와 정치적 의사결정에 관여할 의무와 가치를 더 많이 요구한다. 따라서 시민 역량 면에서 정부의 성과를 평가하는 데 필요한 자질, 부패를 인식하고 방지하는 데 필요한 기술, 공적 담론에 참여하는 성향과 기술 등 정치참여를 가능하게 하는 지식, 기술, 가치, 태도라는 자질이 가장 중요하다.

시민 공화주의 접근은 시민들이 공공 정신, 연대, 공동선을 위해 행동할 책임의 가치를 포함해 시민의 덕을 학습할 필요를 강조한다(Honohan, 2002, p. 147). 호노한(Honohan, 2002)은 시민의 덕이 없다면 자유주의 모델과 관련된 과도한 자기 이익은 부패로 이어질 수 있다고 주장한다. 이탈리아의 시민 공동체에 필요한 역량을 정의하는 퍼트남(1993)의 초기 연구도 시민 공화주의 전통을 차용한다. 퍼트남은 반필드(Banfield)가 제시한 몬테그라노(Montegrano)라는 매우 가난한 마을 사례를 인용한다. 반필드는 마을 주민들의 경제적 상황은 주민들이 공동 목적을 위해 협력하지 못하고 자기 가족의 이익을 초월할 수 없었던 사실 탓이라고 생각한다(Putnam, 1993, p. 91). 퍼트남은 시민들이 공동선을 위해 노력할 필요가 있음을 강조하기 위해 이 예를 사용한다.

흥미로운 일부 자유주의 학자들은 자기 이익에 따라서만 행동한다는 자유주의 개념의 몇 가지 문제점을 강조하면서 대중이 합리적으로 요구할 필요성을 중시하는 시민의 덕에 관한 논쟁에도 공헌했다. 예를 들어, 갤스톤(Galston, 1991, p. 224)은 시민들이 자기 자신을 위한 감세 조치에 찬성투표하는 동시에 자기 자신의 요구에 대한 정부 지출 증대에도 찬성투표할 때 나타날 결과를 강조하면서 정부가 '지불할 수 있는 것만 요구'할 수 있는 자질이 필요하다고 언급했다. 따라서 다른 사람들과의 연대 같은 몇 가지 핵심 개념이 필요한 것은 시민 공화주의 모델을 넘어서 관련되는 것 같다.

전통적인 자유주의 모델과는 달리, 시민 공화주의 모델에서 가치는 명시적이며 핵심이다. 이러한 가치는 공공 정신, 연대, 그리고 공동선을 위해 행동하는 책임, 정치참여가 중요하다는 신념이다. 이런 가치들은 내가 자유주의 모델 뒤에 암묵적으로 있다고 주장한 자기 이익과 개인주의의 암묵적 가치와 대조될 수 있다. 그러나 공동선이라는 가치 개념은 비판을 받아왔으며 이러한 논쟁은 이어지는 비판적 시민성 모델에서 이야기할 것이다.

비판적 시민성 모델

비판적 시민성은 특히 프레이리(Paulo Freire)가 표현한 사회정의와 권한 위임(empowerment)이라는 생각을 기초로 사회 행동과 정치 행동을 통한 사회 비판과 개선에 중점을 둠으로써(Abowitz & Harnish, 2006) 적극적 시민성을 다른 용어들로 표현하려 한 다양한 새로운 이론들을 '포괄하는' 명칭이었다(Johnson & Morris, 2010). 이 모델들은 비판적이고 참여적인 시민을 기반으로 하는, 사회정의를 향상하려는 명백한 가치 의제(values agenda)가 있는(Westheimer & Kahne, 2003) 그리고 권력 관계의 불평등을 줄이려는(Mouffe, 2005) 더 역동적인 민주주의관에 초점을 맞춘다. 비판적 모델들은 기본적이고 명시적으로 평등의 가치에 기초하며 현상 유지를 비판한다. 비판적 시민성에 대한 생각은 학술 문헌에서 주로 이론적으로 논의되어 왔지만, 학교 시민교육에 큰 영향을 미치지 않았다(Abowitz & Harnish, 2006). 비판적 시민성에 필요한 것으로 언급되는 시민 역량은 '사회 문제와 부정의'를 비판적으로 분석하는 능력, 예를 들어, 노숙자들에게 음식을 주기 위해 모금하는 것만이 아니라 그 사람들이 노숙자인 이유를 묻는 것(Westheimer & Kahne, 2004, p. 4) 그리고 공감과 배려 등 다른 사회적 가치들을 학습하는 능력이다(Veugelers, 2011). 비판적 시민성 모델에서 집단행동은 일반적으로 장려되지만, 개인행동보다는 사회적 변화를 만드는 사회운동의 맥락에 놓인다.

모든 비판적 형태의 시민성은 시민 공화주의의 시민성 개념을 두 가지 방식으로 반대한다.

첫째, 공동선 개념이 국가주의 가치를 증진한다고 말하며, 전쟁 같은 어려운 상황에서 지도자들은 인권을 침해하면서 충성을 조장하기 위해 공동선 개념을 사용해 왔다(Abowitz & Hamish, 2006). 공동선 개념을 역사상 이렇게 사용한 것 때문에 공동선은 전쟁을 지지하는 데 적용되어 왔다. 그러나 공동선은 국가주의 방식으로 적용될 필요는 없다. 또 정반대편에 있는 자기 이익을 해로운 것으로 생각할 수 있다. 시민 공화주의에 관해 앞에서 기술했듯이, 우리는 공동선 개념을 사익을 넘어서 보는 능력, 결정들이 다른 사람들에게 미치는 영향을 성찰할 수 있는 능력으로 말한다. 공동선의 이러한 유형은 지역사회, 지방(regional), 국가나 국제 수준의 지리적 경계를 나타낼 필요는 없다.

시민 공화주의에 대한 두 번째 주요한 비판은 시민성 개념이 역사적으로 지배집단, 일반적으로 백인, 남성에게 특권을 부여했고 다른 집단의 권리나 자유를 무시했다는 것이다(Honohan, 2002; Abowitz & Harnish, 2006). 영국에 도입된 시민교육개념을 발전시킨 크릭 보고서(Crick Report)(1998)는 여전히 백인이 대의정치를 지배하고 있으며, 사회를 더 평등하게 변화시킨다는 측면에서 사회정의의 문제가 존재함을 인식하지 못한다는 비판을 받았다(Arnot, 2003). 따라서 적극적 시민성 개념은 기존의 불공정한 조건을 비판하는 것이 필요하다는 점에서 비판적일 필요가 있고, 의사결정과 대의정치에서 여성, 하위계층, 소수민족이나 이민자 집단의 대표성과 참여를 높일 필요성도 포함한다.

다음 장에서는 이러한 다양한 모델에서 시민성에 필요한 가치들을 명시적으로 진술하는 시민 역량 목록을 끌어낸다.

시민 역량 모델

적극적 시민성에 필요한 자질을 담은 수많은 목록이 기술되었다 (Hoskins, 2008; Council and European Parliament, 2006; Abs & Veldhuis, 2006; Torney-Purta, 2003; Audigier, 2000; Crick, 1998; Veldhuis, 1997), 그러나 시민 공화주의, 자유주의, 비판적 시민성 모델에 대한 위의 논의로부터 필요한 기본적인 가치, 태도, 성향, 지식 및 기술이 있다고 나는 주장한다. 이장은 가치에 중점을 두지만, 관련된 다른 자질들도 언급한다. 이 목록을 개발하기 위해 평등한 참여권과 인권을 소중히 여기고 민주적 과정을 존중하는 자질을 자유주의 전통에서 차용하는 것으로 시작하지만 이러한 가치들에 더 분명히 초점을 맞출 것이다. 다음으로, 시민 공화주의 관점에서 정치참여에 대한 관심, 가치의 필요성, 그리고 정부의 성과를 평가할 수 있는 역량, 부패를 인식하고 방지하는 데 필요한 지식, 기술 및 태도, 공적 토론에 참여하는 성향과 기술 등 참여에 필요한 높은 수준의 자질을 시민 공화주의 관점에서 끌어낸다. 이러한 논의와 비판적 시민성 모델을 바탕으로 사회 부정의를 없애기 위한 집단행동에 대한 성향과 가치도 필요하다고 제안한다. 다음으로 시민 공화주의 전통에서 차용한 연대, 다른 사람들에 대한 관심, 공공 정신이라는 자질을 목록에 포함해야 한다. 이것은 국가주의적인 연대와 공동선 개념이 아니라 다른 사람들에 대한 관심과 자기 행동이 다른 사람들에게 어떻게 영향을 미치는지 이해하는 것을 말한다. 다음으로, 비판적 모델에서 모든 사회집단을 위한 사회정의와 평등, 그리고 공감과 배려의 자질을 목표로 하는 사회적 가치가 필요하다. 마지막으로 비판적 모델에서 사회구조와 권력 관계를 비판적으로 성찰하는 자질들이 필요하다.

위에서 설명한 이론에 근거한 자질들 외에, 경험 연구 결과로부터 도출된 현대 세계의 주요 과제들과 관련된 측면들을 추가할 필요가 있을 것이다. 첫째, 경험 연구와 관련해, 참여를 증진한다는 결과를 보인 분석 결과에서 도출된 지식, 기술, 가치 및 태도를 추가할 필요가 있다. 예를 들어, 변화를 일으킬 수 있다는 신념인 자기 효능감(self-efficacy)은 참여를 촉진하는 중요한 요소로 나타났다(Haste, 2004; Veugelers, 2011). 둘째, 디지털 세계의 주요 과제와 관련한 주제를 추가해야 한다. 여기에는 사람들을 거리로 동원하고 다른 사람들에게 정치 행동에 대한 정보를 알리는 데 오늘날 중요한 기능을 하는 소셜 미디어를 사용하는 새로운 기술이 포함된다. 또 기후 변화 같은 주요 과제를 중심으로 하는 주제와 관련된 지식도 포함된다. 또, 경제 위기는 시민성의 경제적 차원을 강조하고 은행의 책무성, 개인 및 정부 재정을 보장하는 기술의 중요성을 두드러지게 했다. 그러나 이장과 역량 목록은 이론에 기초하며 현재의 사회정지석 상황과 그것을 사용하기로 선택하는 연구자, 학습자 또는 실무자의 요구에 따라 만들어질 수 있는 기본 틀이다.

역량 목록을 만드는 과정에서 나는 의도적으로 시민 역량의 자질을 지식, 기술, 가치, 태도로 나누지 않았다. 그 모든 측면이 복잡하게 결합되어 있기 때문이다. 또 지식과 기술을 지식과 기술에 포함된 가치와 태도에서 뽑아내는 것이 실제로 가능하지 않다고 주장한 이장의 논리 때문이다.

제안된 시민 역량의 목록은 다음과 같다.

시민 역량 목록
- 인권에 대한 지식과 가치
- 평등한 참여에 대한 지식과 가치
- 정치참여의 중요성과 관심에 대한 태도와 가치
- 민주적 과정에 대한 지식과 존중
- 다음과 같은 것을 포함해 정치에 적극적으로 참여할 수 있는 성향과 결합된 높은 수준의 지식과 기술 소유
    - 정부 성과 평가
    - 부패 인식과 방지
    - 공개 토론 참여
- 사회적 부정의를 없애기 위한 집단행동을 조직하거나 참여하는 데 필요한 자질
- 사회적 가치
- 연대, 타인 인식, 공공 정신
- 공감과 배려
- 사회구조와 권력 관계를 비판적으로 성찰하는 데 필요한 자질

결론

나는 이장에서 시민 역량의 가치 차원을 강조하고 명시할 필요가 있다고 주장했다. 나는 자유주의 모델이 사익을 암묵적으로 소중히 여기면서 문화적 상대주의를 공개적으로 옹호한다고 비판했다. 나는 문화적 상대주의의 어떤 가치도 민주주의에 이롭지 않다고 주장할 것이다. 문화 상대주의 입장은 민주주의가 번영하기 위해 요구되는 민주주의의 필수적인 근본적 가치, 인권, 공공 정신을 확립하지 않는다. 사익에 암묵적으로 초점을 맞추는 것은 자신의 행동이 다른 사람들에게 미칠 영향을 고려하도

록 격려하지 않는다.

  시민 공화주의 시민성 모델과 비판적 시민성 모델 각각은 중시하는 가치에 대해 더 솔직하다. 어떤 의미에서 이러한 입장은 그들이 선언하는 것과 다르지 않다. 양자는 시민이 의사결정에 적극적으로 참여할 필요성과 사회적 가치 유형을 주장한다. 포이겔러스(Veugelers, 2011)는 공감, 배려, 사회정의 지향 등 다른 방식으로 표현된 사회적 가치를 기술한다. 그가 기술하는 가치는 타인에 대한 개방성부터 타인에 대한 관심을 거쳐, 타인을 위한 정의 실현까지 포함한다. 사회적 가치를 이렇게 이해하는 것은 연대와 사회정의를 명확하게 구분하는 것을 나타내지 않는다. 그러나 이장 앞부분에서 언급했듯이, 시민 공화주의가 국가주의 정책 면에서 공동선을 수행하게 했다는 사실 때문에 시민 공화주의에서 나온 연대와 공동선이라는 가치는 비판적 시민성 모델의 비판을 받았다. 이것은 부인할 수 없다. 그러나 공동선을 적용하는 국가주의 방법은 해결할 수 없는 조건보다는 다룰 수 있으며 변화할 수 있는 시민 공화주의의 역사적 수행과 발전의 결과이다. 비판적 시민성 모델은 사회정의와 평등의 가치를 더 명확히 주장하지만, 나는 이것을 조화할 수 없는 차이로 보지 않는다. 비판적 시민성 모델이 국가 시민교육과 시민 역량의 목록을 조직하는 데 미친 영향은 제한적이었다(Abowitz & Harnish, 2006). 이러한 조건을 다루기 시작하면서 나는 위의 시민 역량 목록에 이러한 가치들을 명시적으로 포함했다. 또, 전 유럽 젊은이들의 시민 역량 수준을 모니터링하는 지표를 만들기 위해 유사한 목록을 사용하는 연구를 완료했다(Hoskins, Villalba, & Saisana, 2012). 다음 단계는 실무자들과 함께 이러한 가치를 교수하는 방법을 개발하는 것이다.

프린트
(MURRAY PRINT)

4. 유럽의 민주시민성 역량

건강한 민주주의에 이바지하기 위해 시민들은 어떤 역량을 필요로 하는가? 이것은 수십 년간 정부, 정책 입안자, 연구자 및 다른 많은 사람들에게 던져진 다루기 어려운 물음이다. 현대 유럽 상황에서, 언어와 문화, 역사적 원한이 국가마다 다른 유럽 국가들이 효과적이고 광범위하며 통일된 민주주의를 구축하려고 노력하면서 그 물음은 더욱 더 어려워지고 있다. 이 문제를 다룰 때 핵심은 교육, 특히 학교교육이 건강한 민주주의를 유지하는 데 필요한 역량을 갖춘 참여적이고 적극적인 시민을 육성하기 위해 어떤 역할을 할 수 있는가이다.

유럽 상황에서 민주주의가 존속하기 위해 시민이 필요로 하는 역량과 민주시민교육에 대한 문제를 논의하기 위해 2011년 독일 하노버에서 초청 학술대회가 개최되었다. 이 학술대회는 현재와 미래 유럽 민주시민에게 중요한 역량이 무엇인가에 관한 생각을 고무하고 현대 유럽 민주주의에서 민주시민이 된다는 것은 무엇을 의미하는가를 논의하기 위해 기획되었다. 또, 일반적으로 학교 민주시민교육 그리고 특히 공민(*Civics*)과 민주시민교육의 역량 개발을 다루었다.

젊은이의 역량 및 시민교육과의 관계 그리고 민주시민성 형성을 고려하기 전에 개념을 명료화하고 유럽에서 적극적 시민성의 역량을 구성하는 요소가 무엇인지 고려하는 것이 중요하다.

역량이란 무엇인가?

학술대회의 목적을 위해 민주시민성의 역량을 구성하는 핵심 개념에 대해 합의하는 것이 중요했다. 합의하기는 어려웠지만, 우리는 문화와 국가 차이를 고려해 민주시민성을 다음과 같이 정의함으로써 합의를 이루려고 노력했다. 부분적으로 유럽 국가 전체에서 합의할 수 있으리라는 느낌 그리고 부분적으로 시민성에 대한 현재 연구를 반영하여 합리적인 합의가 이루어졌지만 어려움이 있었다.

역량은 능력(capacity), 잠재력(a potential) 그리고 현상에 참여하는 수단이나 능력(ability)이다. 역량은 어떤 영역에서 효과적이고 구체적인 인간 행동을 낳는 지식, 기술, 이해, 가치, 태도 및 욕구의 복잡한 조합을 말한다. 직장, 개인 관계 또는 시민사회에서의 성취는 이런 지식과 기술, 가치, 태도, 욕구 및 동기화의 조합과 그것이 특정 시점에서 특수한 인간 환경에 적용되는 것에 기초한다. 역량은 통제감(a sense of agency)[1], 행동 및 가치를 의미한다.

"시민 역량"이라는 용어는 시민생활과 정치생활에 참여하는 데 필요한 지식, 태도, 가치 및 기술을 말한다. 즉 역량은 개인이 시민으로서 역할하고 적극적 시민이 되는 데 필요하다. 오디저(Audigier, 2000)는 "... 민주시민성과 관련된 핵심 역량은 법률 즉 각자의 자유가 행사되는 틀을 규정하는 공동체 생활 규칙을 제정하는 권력, 그리고 모든 시민이 그 권력을 행사하는 사람의 임명과 통제를 감독하는 사회에서 자기 권리와 의무를 아는 자유롭고 자율적인 사람을 구성하는 데 필요하다."(p. 17)라고 언급한

---

[1] sense of agency(SA), or sense of control, is the subjective awareness of initiating, executing, and controlling one's own volitional actions in the world, WIKIPEDIA

다. 모든 역량이 긍정적이며 민주시민성이 된다고 가정할 수 있는가? 그리고 이런 역량이 '부정적이거나 파괴적인 시민성과 비교할 때 '좋은 시민성'이 되는가? 이 어려운 문제를 해결하는 한 가지 방법은 특히 긍정적으로 정의된 적극적 시민성을 고려하는 것이다.

유럽연합집행위원회(European Commission)의 적극적 시민성 정의는 호스킨스(Bryony Hoskins)가 정의한 것인데, 상호존중, 비폭력이 특징이며 인권과 민주주의에 따라 시민사회, 지역사회 및 정치생활에 참여하는 것"(2006, p. 6)으로 정의된다. 이런 맥락에서 적극적 시민성은 매우 넓게 이해된다. 이 때 참여는 투표, 정치 로비, 정당과 비정부기구 가입이라는 전통적 형태의 정치적 차원으로 제한되지 않는다. 오히려 참여에는 지역, 국가(그리고 국가 내의 지방), 유럽 및 세계 수준에서 행해지는 문화적이며 정치적인 환경 활동뿐 아니라 사이버 참여, 단일 쟁점 정치(one-off issue politics)[2] 및 사회적 책임과 환경에 대한 책임 같은 덜 전통적인 형태의 적극적 시민성도 포함된다. 적극적 시민성은 윤리에 의해 주도된다. 시민 활동은 공동체를 지원해야 하며 인권과 법치 원리를 위반하면 안 된다. 따라서 유럽연합집행위원회가 이해하는 것처럼, 불관용과 폭력을 조장하는 단체를 적극적 시민성의 이런 정의에 포함하면 안 된다.

적극적 시민성은 논쟁의 여지가 있는 개념이기도 하다. 그러나 여러 대륙에서 나온 문헌을 검토한 결과(Audigier, 2000; Dalton, 2009; Hoskins

---

2) 단일쟁점정치(single issue politics): 특정 소수 집단이 자신들의 열악한 처지를 타개하기 위해 한 가지 쟁점에만 '집중'하면서 다른 쟁점들을 그런 핵심 쟁점에 종속시키는 걸 의미한다. 그래서 핵심 쟁점에 대한 의견만 같다면, 또는 핵심 쟁점을 실현할 수 있는 출구만 열린다면, 이념적으로 자신과 정반대편에 있는 정치세력과 연대·연합하기도 한다. 심지어 극우와 극좌가 연합하는 경우도 있다.[네이버 지식백과] single-issue politics (교양영어사전2, 2013. 12. 3., 강준만)

& Deakin-Crick, 2010; Hoskins et al., 2011; Print et al., 2008)는 적극적 시민성에 다음과 같은 것이 포함된다고 제안한다.

- 자신이 사는 사회에 참여하고 참가하는 것
- 참여는 정치적이며 시민과 시민사회에 관련된다.
- 학교에서의 학습은 평생 경험의 일부이다.
- 능동적 요소와 수동적 요소 모두 포함된다.
- 기술 발달에서 나오는 시민성의 적극적 차원뿐 아니라 지식과 이해의 기초도 포함한다.
- 시민성은 자유주의, 공동체주의 및 시민 공화주의 전통을 배경으로 하는 이론적 접근 방식을 기반으로 하는 데, 시민 활동은 개인주의적이며 과제를 중심으로 접근하는 방식부터 집단주의적이며 집단 행동을 중심으로 하는 접근까지 다양하다.

'좋은' 시민의 역량

하노버 학술대회에서 사용된 표현처럼, 이장에서는 시민 역량을 민주시민성의 역량으로 표현한다. 그리고 민주주의는 역기능적 또는 '나쁜' 시민과 비교해 '좋은' 시민을 요구한다고 가정한다. 다시 말해, 민주주의가 실패하거나 시민들에게 제 기능을 하지 못하게 되는 것과 비교해, 민주주의가 작동하고 존속하기 위해서 시민들은 민주주의에 긍정적으로 기여해야 한다. 이것은 우리의 염원이다. 모든 시민이 긍정적으로 기여하는 것은 아니기 때문이다. 그런데도 학교의 공민 또는 시민교육 같은 민주시민성 프로그램은 학생들이 자기가 사는 민주주의에 긍정적으로 기여할 수 있도록 긍정적 결과를 장려하려고 노력한다. 그러한 시민은 어떤 모습일까? 존슨과 모리스(L. Johnson and P. Morris, 2010)는 시민교육 프로그램에서 시민을 만드는 두 가지 접근을 요약했다. 그들은 포이겔러스(2007)가 다음 그림처럼 시민교육의 시민성을 적응적 시민, 개인주의적 시민, 비판적인 민주시민 세 가지 범주로 개념화했다고 주장한다. 이러한 범주는 베스트하이머와 칸(Westheimer and Kahne, 2004)의 연구에 제시된 시민 유형과 비교할 수 있는데, 명칭은 다르지만 의미는 유사하다.

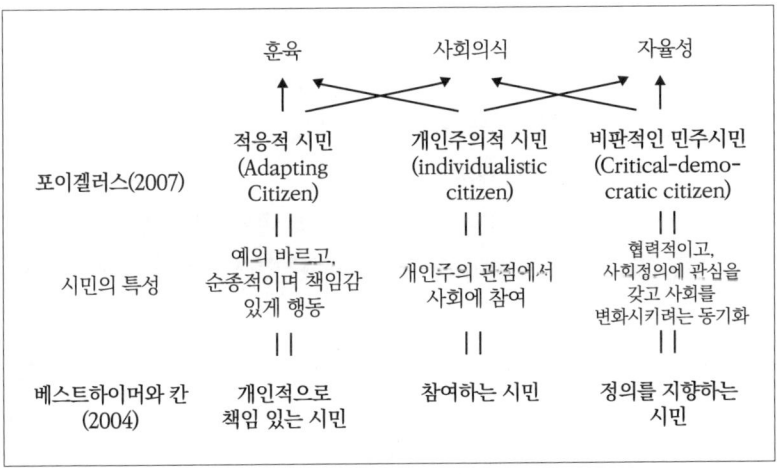

그림 1. 시민교육에서의 시민성 개념화,
출처 : Johnson & Morris(2010)

민주주의는 수동적 시민을 넘어서 책임감 있게 행동하고 순종적이며 예의 바른 사람을 필요로 한다는 의견이 현대에 반향을 불러일으킨다. 그보다는 인민의 삶의 질을 향상한다는 이유로 민주주의는 사회에 적극적으로 참여하는, 사회를 개선하려는 동기를 가진, 사회정의를 가진, 비판적인 민주적 시민인 참여적 시민이 필요하다고 주장할 수 있다. 베스트하이머와 칸(2004)은 이를 잘 논증하는 데, 포이겔러스(2007)의 비판적인 민주적 시민과 유사하다. 그런 시민이 되기 위해서, 젊은이들은 특히 학교 졸업 후 경험하는 성인사회에 적극적이고 효과적으로 참여할 수 있는 역량을 획득할 필요가 있다고 주장할 수 있다. 결국, 학교는 다음 세대의 성인 시민을 교육하기 위한 논리적이고 역사적인 원천이며 비당파적이며 비판적으로 성찰하는 시민교육 프로그램의 원천일 수 있다.

그럼 '좋은' 시민을 무엇으로 볼 수 있는가? 이것을 다루는 또 다른 방법은 핵심적인 '적극적' 행위들을 밝히는 것이다.

1. 투표, 정당 가입 및 선거 입후보 등 전통적 정치활동에 참가 및 참여
2. 자원봉사활동 참가. 이것은 노숙자 쉼터, 자선기금 모금 또는 지역사회 정화에 기여하는 것 등 복지기관과 협력할 수 있다.
3. 사회적 및 정치적 방향을 변화시키려는 활동과 운동에 참여. 그 대부분은 사회 문제에 대한 청원 서명 또는 적법 시위에 참여하는 것 등 긍정적인 의미로 이해된다. 일부는 불법 시위 또는 재산 피해 등 '부정적'이거나 불법적일 수 있다.
4. 재정 자립 같은 자기 주도적이고 이로운 행위 그리고 가정에서의 물 절약이나 에너지 효율화 같은 창조적 문제해결에 참여하는 것

어떤 사람들은 위의 모든 '유형'이 중요한 공헌을 하며, 상호 배타적이지 않으며 '좋은' 시민은 유형들의 몇 가지 조합을 나타낼 것이라고 주장한다. 그러나 '좋은' 시민에 대한 다소 다른 관점 및 시민교육에 대한 함의는 공공질서, 공동선, 기성세대 존중, 건전한 생활방식, 예의 바름, 공손 및 유사한 특성을 포함하는 일련의 다른 이해와 행위를 더욱 중시하는 아시아 국가 대부분에서 발견될 수 있다. 정치교육을 더 중시하는 서양의 관점과 실질적으로 다른 시민교육에 대한 이런 접근은 일본과 태국 등 민주주의 국가뿐 아니라 전 세계의 비민주주의 국가에서도 볼 수 있다.

'좋은' 시민의 또 다른 중요한 차원은 그들이 동료와 어떻게 인간관계를 형성할 수 있는가이다. 문헌 검토 결과에 따르면, '좋은' 시민은 문화 차이를 이해하고, 수용하고, 관용하는 관심과 의지, 비판적이고 체계적으로 생각하고 다른 사람들과 협력적으로 교류하며 자신의 사회적 역할과 의무를 책임지는 능력, 자신의 생활방식과 소비행위를 환경 보호에 맞추려는 의지, 비폭력적 갈등 해소에 대한 선호, 인권에 민감하고 인권을 지키는 능력을 보인다는 생각이 강한 지지를 받는다(ACARA, 2012 참조). 이런 속성은 존슨과 모리스 모델에서 자율적 관점의 '좋은' 시민 개념을 나타낸다(2010). 존슨과 모리스는 그러한 시민이 협력적이고 사회정의에 관심이 있으며 사람들이 더 잘 살 수 있게 사회를 변화시키려는 동기가 있다고 말한다.

호스킨스(Hoskins)와 동료들은 시민 역량에 대한 다른 관점을 제시하면서 국제시민성 및 시민의식 연구(ICCS) 자료를 사용해 시민역량 종합지표(Civic Competence Composite Indicator, Hoskins et al., 2011)를 만들었다. 15개의 척도(그림 2 참조)를 포함한 이 모델은 사회 정의를 핵심적인 조직 지표로서 중시하면서 가치와 태도를 강조한다. 이 연구는 위의 주장을 강화하고 더 나아가 시민 역량의 세 가지 정서적 차원을 구조로 전제함으로써 '좋은' 시민의 개념을 뒷받침한다.

그러나 이러한 접근의 근본적 약점은 분석에 사용된 자료이다. 이전의 CivicEd 자료들처럼 국제시민성 및 시민의식 연구 자료는 14세 학생의 지식과 태도에 기초한다. 자료의 통계 분석은 정교하고 타당하지만 14세 학생들의 견해를 과신하고 성인 수준의 자료에 외삽[3]하는(14세 학생들

---

3) (extrapolation) 이용할 수 있는 자료와 범위가 한정되어 그 범위 이상의 값을 구할 수 없을 때 관측된 값을 이용해 한계점 이상의 값을 추정하는 것

의 발언 관찰을 제외하고) 근본적인 우려를 극복하지 못한다. 시민 참여 같은 청소년 시민 행위의 추후 변화를 비교하기 위한 기준으로 국제시민성 및 시민의식 연구 자료를 사용한다면, 그 자료는 더 가치 있을 것이다.

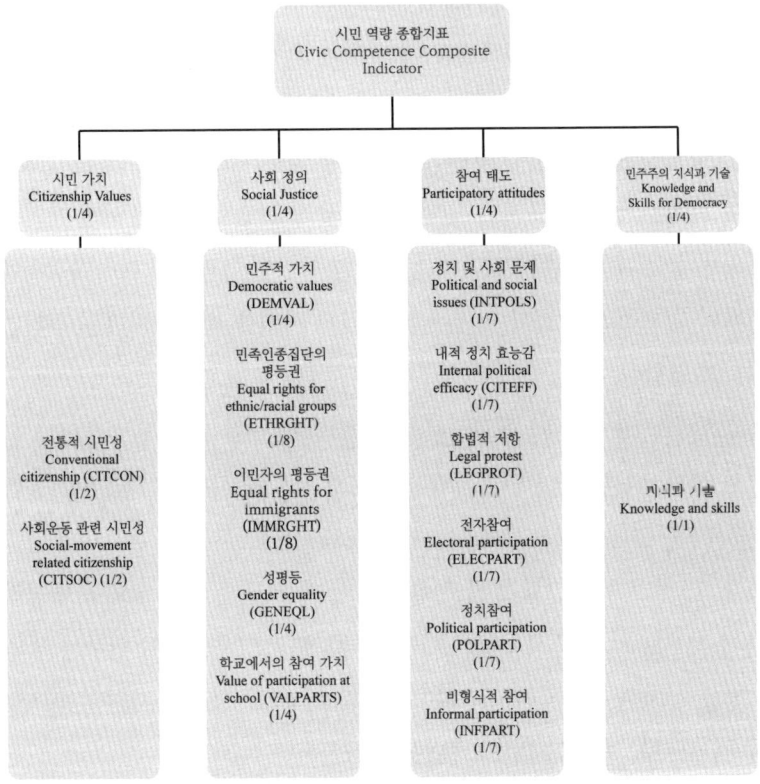

그림 2. 시민 역량 종합지표(Civic Competence Composite Indicator).
출처: Hoskins et al.(2011)

시민 역량의 기준

학교 시민교육을 통해 다룰 수 있는 적극적 시민성에 필요한 역량을 확인하고 주요 개념을 명료하게 하려면 출발점이 필수적이다. '좋은' 시민과

'역량' 두 개념은 논쟁의 여지가 있는 개념이지만 민주주의에서 적극적이고 효과적인 시민이 되는 데 필요한, 그래서 학교에서 다루어야 할 시민 역량을 4-5개 범주의 주요 요소로 도출해야 한다는 중요한 합의가 존재한다. 유럽연합집행위원회 시민 역량 교육문화총국을 위해 완료된 최근 연구에서(Regioplan, 2005), 적극적 시민성의 지식, 기술 및 역량 일부는 다음과 같이 밝혀졌다.

- 지식: 배경 지식, 사실 및 기술에 관한 지식
- 기술: 비판적 독해, 토론, 작문, 비판적 경청, 공감적인 사회적 기술
- 가치: 관용, 비폭력, 인권 인정, 법치 인정
- 태도: 정치 효능감, 정치에 대한 신뢰, 정치에 대한 관심

특히 시민교육 맥락에서 시민 역량에 의도된 행위와 성향 차원이 포함되어야 한다는 논의도 있다. 의도된 행위와 성향이라는 시민 역량은 민주주의를 존속하고 육성하기 위해 사회가 용인하는 방식으로 사회에 적극적으로 참여하려는 사람이 되려는 분명한 의도(모호한 생각과는 비교되는)로 구성된다. 그러한 사람을 수동적 시민과 구별되는 적극적 시민으로 생각할 수 있다.

호주 교육과정평가원(Australian Curriculum, Assessment and Reporting Authority)은 호주 교육과정의 일부로서 호주 모든 학교를 위한 새로운 공민 및 시민성 교육과정을 개발하면서, 학생들이 배우는 가치, 태도, 성향에 기초한 지식과 기술의 두 가지 핵심 영역을 확인했다(2012). 호주의 시민성 교육과정은 이 분야에서 이루어진 대부분의 발전을 반영하고 고도로 다문화된 성공적인 사회를 대표하며 인구통계학적으로 변화하는 유럽 국가들에게 통찰 기회와 유용한 지침이 되므로 분석적으로 검토할 만하다.

유럽연합집행위원의 자금 지원을 받으며 신뢰와 인정을 받는 '민주주의를 위한 적극적 시민성 CRELL 연구 네트워크'(Hoskins et al., 2006, 2008)는 적극적 시민성에 필요한 지식, 기술, 역량, 태도 및 가치 목록을 제안했다.

- 지식: 인권과 책임, 정치적 문해(literacy), 역사 지식, 시사, 다양성, 문화유산, 법적 문제, 정책과 사회에 영향을 미치는 방법
- 기술과 역량: 갈등 해소, 간문화(intercultural) 역량, 정보에 근거한 의사결정, 창의성, 사회와 정책에 영향을 미치는 능력, 연구 능력, 옹호(advocacy), 자율성/행위(agency), 비판적 성찰, 의사소통, 토론 기술, 적극적 경청, 문제 해결, 모호함에 대처, 다른 사람들과 함께 일하기, 위험 평가
- 태도: 정치적 신뢰, 정치적 관심, 정치적 효능, 자율성과 독립성, 회복력(resilience), 문화 이해, 다른 문화 존중, 의견 변화와 차이에 대한 개방성, 사회와 정책에 영향을 미치는 적극적 시민의 책임과 관여에 대한 개방성
- 가치: 인권, 민주주의, 성 평등, 지속 가능성, 평화와 비폭력, 공정과 공평(equity), 적극적 시민의 관여를 소중히 여김
- 정체성: 개인 정체성, 지역 정체성, 국가 정체성, 세계 정체성

유럽연합집행위원회의 평생학습 핵심 역량 맥락에서 위의 범주들은 지식과 기술 측면에서 확인되어 왔다.

민주주의, 시민성 및 시민권 개념에 대한 지식, 그리고 그러한 내용이 유럽연합의 기본권 헌장 및 국제선언에서 어떻게 기술되고, 지역사회, 지방, 국가, 유럽 및 세계 수준의 다양한 제도에 어떻게 적용되는지에 대한

지식을 포함된다. 유럽의 다양성이 가장 중요하다는 명확한 관점과 함께 자기 나라, 유럽 그리고 세계의 역사와 현재의 주요 사건, 동향, 변화 원인에 대한 지식, 또 사회운동과 정치운동의 목적, 가치, 정책에 대한 지식이 포함된다. 기술은 공적 영역에서 다른 사람들과 함께 효과적으로 참여하고, 지역사회 및 더 넓은 공동체에 영향을 미치는 문제 해결에 관심을 가지고 연대하는 능력과 관련된다. 기술에는 비판적이고 창조적인 성찰이 포함되며 특히 투표를 통해 지역사회부터 국가와 유럽의 모든 수준에서 생산적(constructive)이어야 한다는 것이 포함된다.

앞서 펠트휴이스(Ruud Veldhuis, 1997)는 민주시민교육 맥락에서 역량의 네 가지 차원을 상정했다.

- 정치 및 법적 차원은 정치체계 및 법률을 존중하는 권리와 의무를 다룬다. 그것은 법과 정치체계, 민주적 태도, 그리고 모든 수준의 공적 생활에 참여하고 책임을 다하는 능력에 관한 지식을 필요로 한다.
- 사회적 차원은 개인 간의 관계를 다루며 이러한 관계가 무엇에 기초하며 사회에서 어떻게 기능하는지에 대한 지식을 필요로 한다. 사회적 역량이 가장 중요하다. 이 차원은 연대 같은 가치들의 영향력을 통해 다른 차원, 특히 다음의 경제적 차원과 연결된다.
- 경제적 차원은 재화와 서비스의 생산 및 소비 세계와 관련된다. 그리고 노동과 노동 조직 방식, 노동의 생산 및 분배와 직접 연결된다. 또 경제적 역량, 즉 노동계를 포함한 경제계가 어떻게 기능하는지에 대한 지식을 필요로 한다.
- 문화적 차원은 집합표상(collective representations), 상상력, 공유 가치(shared values)를 말한다. 문화적 차원은 다른 차원들처럼 그

리고 때로는 다른 차원들보다 더 역사적 역량, 다양한 요소로 구성
된 공통 유산, 변하기 쉬운 유산, 다른 사람들과 교환하는 유산을
인식하는 것을 의미한다. 문화는 또 유럽 학교들의 기초가 되는 능
력, 즉 읽기와 쓰기, 하나의 언어 세계에 활동하는 그리고 다른 언
어를 습득하는 능력과 관련된다.

이와 유사하게, 민주시민교육을 검토하면서 오디저(Audigier, 2000)는 인지, 정서 및 행동 능력이라는 역량의 세 가지 범주를 확인했다. 민주시민성과 관련된 핵심 역량은 법률 즉 각 사람이 자유를 행사하는 틀을 규정하는 공동체 규칙 제정 권력, 그리고 권력을 행사하는 사람들의 임명과 통제를 모든 시민이 감독하는 사회에서 자신의 권리와 의무를 아는 자유롭고 자율적인 사람을 구성하는 데 필요하다.

1. 인지 역량(Cognitive competences)
    1.1. 법적 및 정치적 성질의 역량(집단의 집단생활의 규칙 및 규칙 제정의 민주적 조건에 관한 지식, 모든 정치생활 수준에서 민주적 사회의 권력에 관한 지식, 다시 말해 자유와 행동을 지배하는 규칙과 민주적 공공기관에 대한 지식 ...)
    1.2. 현재 세계에 대한 지식(공적 토론에 참여하고 민주적인 사회에서 제공되는 선택에서 올바른 결정을 내릴 수 있으려면 이야기되고 있는 것이 무엇인지 알아야 한다... 비판적 사회 분석 능력을 포함)
    1.3. 절차적 성질의 역량(인권의 가치와 원리에 비추어 가치와 이익 갈등 등에 관해 주장하고 성찰하는 능력)
    1.4. 인권의 원리와 가치 및 민주적 시민성에 대한 지식(각 개인의 자

유와 평등한 존엄성에 기초한 인간 이해)

2. 정서 역량(Affective competences)

윤리적 역량과 가치 선택(시민성은 권리와 의무의 목록으로 축소될 수 없다. 그것은 개인적이고 집단적인 감정 차원을 포함하며 자유, 평등, 연대가 중심이 되는 가치와 관련한다. 그것은 자신과 타인 인정(recognition)과 존중, 경청 능력, 사회 폭력의 장소 및 갈등 해결을 통해 폭력을 통제하는 방법에 대한 성찰을 의미한다).

3. 행동 능력(Capacities for action)

3.1 때때로 사회 역량(일상의 개인 생활과 사회 생활에서 솔선수범하고 사회에서 책임을 받아들이는 것)으로 알려진 것

3.2 타인과 함께 살 수 있는 능력(협력, 공동 프로젝트 구성 및 실행, 책임 수행능력으로 문화상호주의(interculturalism)에 기여)

3.3 민주적 법 원리에 따라 갈등을 해결하는 능력(사법 원리(judicial principles)에 따라 합의를 이끌어 내는 중재(mediation))

3.4 공적 토론에 참여할 수 있는 능력(실제 상황에서의 주장과 선택)

시민 역량의 차원들

위에서 제시한 문헌들이 밝힌 역량의 범위 내에서(Veldhuis, 1997; Audigier, 2000; Westheimer & Kahn, 2004; Abs & Veldhuis, 2006; Johnson & Morris, 2010, Hoskins et al., 2011) 재검토한 결과, 적극적 시민이 되는 데 중요한 시민 역량을 5가지 차원으로 잠정적으로 밝힐 수 있을 것이다. 5가지 차원은 유럽 상황에서 적극적 시민성을 촉진하는 것을 목표로

하는 민주시민교육에 통합적으로 접근할 때 기초가 될 수 있다. 확인된 역량들은 형식적 학교 교육과정과 비형식 학교 교육과정을 통해 학교 민주시민교육의 논리적 토대를 형성할 것이다. 토론과 논쟁을 거쳐야 한다는 점을 고려할 때, 5가지 차원에 잠정적으로 포함될 것은 다음과 같다.

지식:
- 정치체계와 법체계의 주요 요소(의회정치, 지역, 국가, 유럽, 세계 수준에서 투표의 중요성)
- 민주주의의 기본 제도들, 정당, 선거 프로그램, 선거 절차
- 시민의 권리와 책임(인권, 사회적 권리와 의무 포함)
- 미디어 리터러시(media literacy)와 개인 생활과 사회 생활에서 미디어의 역할
- 사회 집단 간의 사회적 관계(예: 사회계층)
- 자기 나라의 역사와 문화유산; 지배적인 규범과 가치
- 시역사회, 지방, 국가 맥락에서 존재하는 다른 문화
- 현재 정치문제에 대한 지식
- 국가, 유럽 그리고 세계 역사의 주요 사건, 동향 및 변화 원인
- 자발적 집단과 시민사회의 기능과 과업
- 주요 재정문제 및 관련된 경제적 문해(economic literacy)
- 지역과 세계의 지속 가능한 개발

기술:
- 입장이나 결정 평가, 입장 결정, 입장 방어 기술
- 의견과 사실 진술을 구별하는 기술
- 평화롭게 갈등을 해결하는 기술
- 미디어의 메시지를 해석하는 기술(관련된 이익과 가치체계 등, 미디어의 비판적 분석)

-재정 정보를 포함한 정보의 비판적 조사
-의사소통 기술(자기 생각을 말이나 글로 표현할 수 있는)
-투표를 포함한 정책 및 결정 모니터링 및 영향력 행사
-미디어의 적극적 사용(소비자가 아닌 미디어 콘텐츠 제작자로서)
-연합 구축과 협력
-다문화 환경에서 생활하고 일할 수 있는 것

태도:
-특히 다른 시민과의 관계에서 자기 결정과 행동에 대한 책임감
-정치참여에 대한 자신감
-민주주의 원리와 제도에 대한 신뢰와 충성
-차이, 자신의 의견 변화 및 타협에 대한 개방성

가치:
-법치 수용
-사회정의, 시민의 평능과 평등한 내우에 대한 신념
-성과 종교적 차이를 포함한 차이 존중
-편견, 인종주의, 차별 거부
-인권 (평등, 존엄성, 자유) 존중
-차이에 대한 관용
-민주주의가 중요하다는 신념
-환경보전과 지속 가능한 발전이 필요하다는 신념

의도된 행위와 성향:
-정치공동체에 참여하려는 의도
-지역사회에서 적극적으로 활동하려는 의도
-시민사회에 참여하려는 의도

시민성 교수

참여하는 민주시민의 역량 발달에 대한 논리적 결론은 역량을 일반적으로 학교 특히 공민 및 시민교육에 적용하는 것이다. 민주시민 역량을 학교와 연결하는 것은 학교가 당파 정치에서 자유롭고 가족과 가정의 영향을 받지 않는 기회를 주기 때문이다. 또 학교는 가족의 영향을 제외하면 학생의 학습에 가장 큰 영향을 미친다. 그러나 학교 맥락에서 시민성 교수(teaching)는 형식적 교육과정(formal curriculum)을 구성하도록 요구할 것이다. 이것은 영국(Keating et al., 2009)이나 호주(ACARA, 2012)의 시민교육 교육과정 형태가 될 수 있다. 이러한 교육과정은 위에서 확인한 참여적 민주시민의 역량에 기초할 수 있을 것이다.

유럽 교육체계 조사에서 유리다이스(Eurydice: Education, Audiovisual & Culture Executive Agency)는 형식적 시민교육이 "정치 문해, 비판적 사고, 특정 태도와 가치 그리고 적극적 참여의 발달"을 가르치는 데 중점을 둔다고 지적했다(Eurydice, 2005). 학술대회의 과제 중 하나는 유럽 교육의 맥락에서 이러한 견해를 확인하고 상세히 설명하는 것이었다. 학술대회 참가자들은 최근 부각하는 역량의 맥락에서 시민교육과 적극적 시민의 역량이 학교 교육과정을 통해 어떻게 다루어질 수 있는지 검토해달라는 요청을 받았다.

영국의 시민교육에 관한 종단 연구(Keating et al., 2009), 국제교육성취도평가협회의 공민 연구(IEA: International Association for the Evaluation of Educational Achievement Civics study)(1995-2002), 예비 결과를 발표한 국제교육성취도평가협회가 수행하는 국제 시민 및 시민교육 연구)(ICCS: International Civic and Citizenship Education Study)(Kerr et al.,

2010; Schulz et al., 2010) 등 학교 교육과정의 민주시민성에 관련한 조사 연구들이 많이 있다. 또, 비형식적 교육과정이 청소년 시민을 육성하는 데 미치는 영향을 조사하는 연구들이 있으며 적극적 시민 역량과의 연결을 포함한다(Print, 2008; Saha & Print, 2010).

민주시민성을 가르치는 다양한 접근이 있으며, 깊이와 엄밀성에서 문제가 있을 수 있지만, 관련 연구가 많이 이루어졌다. 다음에 든 접근에 국한하지 않지만, 민주시민성을 교수하는 접근으로는 프로젝트 기반 학습, 지역사회 봉사학습, 시뮬레이션과 워크숍, 활동가 역할모델 접촉, 지원 및 시민 실천 공동체 개발, 현대 사회문제와 갈등 또는 논쟁적 쟁점 조사가 있다. 미국의 많은 문헌에 따르면, 마지막 접근이 특히 효과적이지만 종종 학교에서 가장 적게 실행되는 것으로 나타났다. 정치 갈등과 문제 해결에 효과적이라는 평판을 받는 교수법을 교사들이 회피하는 이유는 그러한 교수 선략이 교실에서 분열과 불화를 만들 수 있으며 교수 전략 자체가 복잡하기 때문이다. 또 교사 스스로 정치 과정 및 교수법에 대한 지식 기반이 부족하다고 생각하기 때문이다. 분명히, 예비교사와 현직 교사 교육 모두 수업 실천을 개선하기 위한 중요한 장이며 정부, 학계 및 특별히 교사협회가 더 주목할 가치가 있다.

결론

이장은 유럽의 민주시민에게 적합한 역량을 밝히고 참여하는 시민을 만들기 위한 학교 교육과정으로 어떻게 전환할 수 있는지 모색했다. 이 주제에 대한 이론과 조사연구는 세 가지 모델을 통해 언급했지만, 역량 개념에 대한 상당한 논쟁이 존재하기 때문에 이 책의 다른 장들에서 더 실질적인 분석을 볼 수 있을 것이다. 현대 민주주의의 적극적 시민성 역량을 확인하는 것은 복잡한 종종 혼란스럽고 어려운 과제이다. 의심할 여지없이 이러한 접근과 위에서 밝힌 결과에 대한 비판이 있을 것이다. 그러나 시민교육이 다음 세대의 성인 시민을 준비하는 데 중요한 역할을 한다는 주장이 합리적이라면 이러한 시민들이 달성하려고 열망할 역량이 무엇인지 아는 게 가장 중요하다.

이번 그리고 다른 학술대회에 참여한 학자들의 연구에 따르면, 민주주의의 시민은 자신이 살고 있는 민주주의에 대해 잘 알아야 하고, 참여하는 기술 그리고 민주주의의 본질이며 시민으로서의 자기 행동을 이끄는 태도, 가치, 성향을 갖추어야 한다. 이런 시민들이 자신의 역량을 긍정적으로 사용하고 이를 위해 학교가 적극적으로 참여하는 시민을 만드는 데 중요한 역할을 할 수 있기를 기대한다.

얀마트
(JAN GERMEN JANMAAT)

5. 시민 역량에 대한 비판적 성찰

서론

시민 역량은 일반적으로 민주주의와 사회통합(social cohesion)에 중요한 것으로 인식된다. 또 학교가 시민 역량을 육성하는 데 중요한 역할을 한다는 가정이 널리 퍼져 있다. 예를 들어 유럽평의회(2011a)의 신념은 다음과 같다.

> 교육은 유럽평의회의 핵심 가치인 민주주의, 인권, 법치를 장려하고 인권 침해를 방지하는 데 가장 중요한 역할을 한다고 믿는다. 더 일반적으로, 교육은 폭력, 인종주의, 극단주의, 외국인 혐오, 차별, 편협 증가에 대한 방어 수단으로 점차 인식된다.

그러나 이 논문은 시민 역량 개념이 여러 가지 방식으로 문제의 여지가 있다고 주장한다. 시민교육 옹호자들은 시민교육의 도입이나 지속을 설득력 있게 주장하기 위해 이런 문제점을 해결할 필요가 있다. 이 논문은 주요한 4가지 문제점을 밝히고 시민교육 옹호자들이 이런 과제를 어떻게 해결할 수 있는지에 대해 제안한다. 한 가지씩 차례로 논의하는 문제점은 다음과 관련된다. (1) 시민 역량 개념의 논쟁적 성격 (2) 시민 역량이 나타내는 자질의 다양성 (3) 민주주의와 사회통합을 위한 시민 역량의 적실성

(relevance) (4) 시민교육이 시민 역량에 미치는 영향

논쟁적 개념으로서 시민 역량

많은 학자가 시민들이 자유 민주주의 사회에서 잘 기능하기 위해서 어떤 능력을 갖춰야 한다는 것에 동의한다(Verba, Scholzman, & Brady, 1995; Galston, 2001). 또, 민주주의가 효과적으로 운영되고 존속하기 위해서 대부분 시민이 이런 자질을 가져야 한다는 생각은 폭넓은 공감을 얻고 있다(Putnam, 1993; Inglehart & Welzel, 2005). 다시 말해, 민주주의가 유리되고 정치적으로 소외된 사람들에게 의존해야 한다면 민주주의는 존속할 수 없다.

그러나 시민의 역량을 밝히고 정의할 때 불일치가 시작된다. 일부 학자들은 투표 그리고 정당, 노조나 종교공동체에 적극적으로 가입하는 것 같은 전통적 방식의 정치참여와 시민참여에 큰 가치를 부여한다. 그들이 보기에 이러한 참여 형태는 민주주의를 위한 일종의 훈련장으로 기능해 신뢰, 절제, 갈등 해결, 연대, 협력 및 공공 정신 등의 자질을 기른다(예: Putnam, 1993). 또 정치인들이 국민의 정책 선호를 알고 진정한 대표자 역할을 하는 데 매우 중요하다고 생각된다. 1960년대부터 전통적 형태의 참여는 급격히 줄었다. 이는 개인화(individualization), 세속화(secularization), 여가 사유화(privatization)의 결과이다(Bellah et al., 1985; Putnam, 2000). 크로지에, 헌팅턴, 와타누키(Crozier, Huntington, Watanuki, 1975)에 따르면 이러한 과정을 거치면서 민주주의가 불안정해졌다.

그러나 다른 학자들은 전통적 참여 방식의 점진적 하락, 투표와 정당 가입의 대안으로서 청원, 시위, 거부 운동, 점거 같은 전략에 의존하는 새

롭고 더 비형식적이며 평등한 형태의 집단행동 증가에 의해 상쇄되었다고 주장했다(Lichterman, 1996). 1960년대와 1970년대의 새로운 사회운동, 성 평등과 인종 평등, 인권, 환경 보호, 세계 평화를 위한 캠페인은 새로운 형태의 시민 결사의 전형적 표본으로 여기고 민주주의 체계가 유권자들에게 더 잘 반응하도록 개선했다(Inglehart, 1990). 이러한 새로운 형태의 참여를 옹호하는 사람들은 종종 민주주의를 지지하는 핵심 덕으로서 시민의 평등과 관용을 언급한다. 그들이 보기에, 민주주의는 시민이 평등하다는 신념을 가지며 민주주의가 특정 민족 또는 종교 집단에 특권을 주고 다른 집단을 배제하는 체계로 퇴보하지 않도록 보장하는 문제에 대해 기꺼이 행동하는 시민을 필요로 한다. 시민이 자신과 다른 생각, 생활양식, 관심, 민족적 배경을 가진 사람들을 관용할 수 없다면 갈등을 평화적으로 해결하는 방법을 이해하기 어렵다는 점에서 관용은 민주주의에 매우 중요한 것으로 여겨진다.

다른 학자들도 비판적 참여(critical engagement)를 시민의 핵심적인 덕으로 본다. 왜냐면 비판적 참여는 시민들이 공공 정책을 면밀히 조사하고 정치인들에게 책임을 물을 수 있게 해주기 때문이다(Kymlicka, 2002). 이와 관련하여 갬슨(Gamson, 1968)은 정치인에 대한 신뢰가 아니라 정치인에 대한 건전한 회의주의가 민주주의의 질에 이바지한다고 언급했다. 또 다른 학자들은 정치적 지식과 기술 그리고 그리 많지 않은 태도와 행동을 주요 시민 역량으로 제안한다(Galston, 2001). 앞서 언급한 학자들이 제안한 모든 자질을 종합하면 인지 요소(정치 지식 및 기술), 정서 또는 가치 요소(관용, 시민 평등, 신뢰, 연대, 공공 정신, 소속감), 행동 요소(협력, 전통적 및 대안적 참여 형태)등 가지각색의 역량이 된다.

정책 입안자들도 이 문제에 대해 입장이 나뉜다. 정치적 좌파는 종종 비판적 참여, 시민의 평등 등 대안적 형태의 참여를 중요한 시민 역량으로 말하지만, 보수적 정치인은 소속감, 권위 존중, 신뢰, 의무감을 강조하는 경향이 있다. 좋은 시민성에 대한 반대 견해들을 절충할 필요성때문에 위에서 말한 많은 자질을 포함한 시민 역량은 매우 정교하게 해석되었다. 예를 들어 유럽평의회(2011b)에 따르면 "민주시민성"은

> 모든 사람이 필요로 하는 기술이다. 가장 실용적인 면에서, 시민성은 국가와 사회가 작동하는 방식에 대한 지식, 즉 정부가 기능하는 이유, 정보를 얻는 곳, 투표 방법에 대한 지식이다. 그러나 민주시민성은 투표함 이상의 것이다. 시민성은 가정과 지역사회에서 잘 사는 데 필요한 기술이기도 하다. 시민성은 친절하고 공정하게 분쟁을 해결하는 방법, 협상하고 합의점을 찾는 방법, 그리고 우리의 권리를 존중하는 방법을 나타낸다. 민주시민은 자신이 사는 사회의 기본 규칙과 자신이 존중할 필요가 있는 책임에 대해 안다.

또 유럽연합집행위원회의 교육체계에 관한 정보서비스인 유리다이스(Eurydice)는 "책임지는 시민성"을 다음과 같은 것으로 본다2005, p. 14).

> 시민의 권리와 책임에 대한 지식과 행사와 관련된 문제를 표현한다. 모든 국가는 이 개념을 책임지는 시민의 역할과 밀접히 관련된 특정 가치들에 연결한다. 이런 가치에는 민주주의, 인간 존엄성, 자유, 인권 존중, 관용, 평등, 법률 존중, 사회 정의, 연대, 책임, 충성, 협력, 참여, 영적, 도덕적, 문화적, 정신적, 육체적 발달이 포함된다.

비슷한 맥락에서, 유럽연합집행위원회의 CRELL 연구센터는 시민 역량을 "지식, 기술, 이해, 가치, 태도 및 성향의 복잡한 결합으로서 정체성과 통제감이 필요한" 것으로 생각한다(Hoskins & Crick, 2008, 8쪽).

정치적 관점에서는 이해할 수 있지만, 이러한 정교한 접근은 젊은이들의 시민 역량을 촉진하려는 교육자들에게 문제가 된다. 이런 접근은 일반적으로 역량들의 우선 순위를 설정하지 않고 교육자들로 하여금 가장 긴급히 집중적으로 다룰 역량을 판단하도록 한다. 더 심각한 것은, 역량의 논쟁적 성격때문에 교육자들이 어떤 역량을 분명히 선택하는 경우 숨겨진 정치적 의제를 추구한다는 비판을 받기 쉽다는 것이다. 자원봉사, 책임감, 공통의 정체성과 가치에 중점을 둔 학교는 우익으로 낙인 찍힐 것 같고, 평등, 관용, 비판적 사고를 촉진하는 학교는 좌익 이데올로기를 고무한다는 이유로 비난받을 것이다.

매우 다양한 시민 역량

시민 역량의 논쟁적 특성때문에 시민 역량들이 동시에 촉진될 수 있는가라는 의문이 제기된다. 일부 역량이 서로 무관하거나 더 나쁘게는 서로 배척하는 경우, 모든 역량에 동등하게 이로운 교육 접근이 개발될 수 있을 것 같지는 않다.

상식을 근거로 어떤 역량들이 상충할 수 있다는 것을 쉽게 알아챌 수 있다. 예를 들어 비판적 사고가 조사 대상에 대한 공정한 태도에 달려 있을 때 비판적 사고와 제도에 대한 신뢰는 어떻게 조화할 수 있는가? 마찬가지로, 다른 나라들보다 자기 나라에 특권을 부여할 것 같은 강한 국가적 연대가 인종에 대한 관용 및 시민의 평등과 결합할 수 있는가? 마지막으로, 정치인과 민주적 제도를 존중하는 것이 위계적인 관계와 권력이 불평등하다는 인식을 불가피하게 수반할 때, 한편으로 정치인과 민주적 제도 존중을 다른 한편으로 시민의 평등을 촉진하는 것은 문제가 없는가? 연구 결과는 어떤 역량들은 서로 무관하며 다른 역량들 예를 들면, 국가에 대한 자부심과 인종에 대한 관용이 서로를 배척한다는 사실을 증명했다(Green et al., 2006; Jackman & Miller, 2005; Janmaat, 2006, 2008).

또, 학자들은 시민 역량의 강도가 지역 내 그리고 지역 간에 현저한 편차가 있음을 발견했다. 호스킨스 등(2008)은 예를 들어 동유럽과 남유럽이 좋은 시민성에 대한 견해, 참여 태도 점수가 상대적으로 높지만, 서유럽과 남유럽은 사회정의 가치 점수가 더 높다는 것을 발견했다. 또, 각 지역 내에서 큰 차이가 있음을 발견했다. 폴란드는 시민 역량의 네 가지 측면 모두 우수했지만, 에스토니아는 평균 이하의 점수를 얻었다. 이런 차이는 다른 국가나 지역의 강약점에 맞게 만들어진 교육 프로그램이 몇 가지 획일적인 범 유럽 시민교육 프로그램보다 효과적이라는 것을 시사한다. 그러나 그 프로그램들은 채택되고 장려되는 마지막 프로그램임이 분명하다(예: 유럽평의회(Council of Europe)의 민주시민교육 프로그램)

시민 역량은 복잡성 외에 시간과 공간에 따라 전체 차원이 변할뿐 아니라 역량들의 상호 관계도 달라질 수 있다. 나는 이것을 1999년 국제학업성취도평가협회 시민교육 연구의 설문조사 자료 분석 결과로써 설명한다. 이 연구는 28개국의 14세 학생 3,000명의 시민 지식, 기술 및 태도 관련 자료를 수집했다. 나는 유럽 여러 지역을 대표하는 국가들에서 시민의 핵심적인 덕(제도 신뢰, 애국심, 성 평등, 인종 관용)으로 여겨지는 많은 개념들과 장래 예상되는 정치참여의 상관관계를 보여주었다(표 1 참조).

표 1. 다른 시민의 덕들과 장래 예상되는 정치참여의 상관관계

	제도 신뢰	애국심	성평등	인종 관용
덴마크	.13**	-.03	.02	.14**
영국	.21**	.02	.00	.06**
독일	14**	.05**	-.02	.06**
그리스	.09**	-.14**	-.12**	-.09**
슬로바키아	.11**	.02	.09**	.01

** .01 수준에서 유의미
주의: 상관관계는 2600명부터 3500명 사이의 응답자 표본에 기초한다.
출처: 1999년 국제학업성취도평가협회 시민교육 연구 설문조사 자료.

조사 결과는 예상되는 미래의 정치참여가 전반적으로 제도 신뢰와 정적 상관관계가 있지만 다른 개념들과는 다른 관계가 있는 것으로 나타났다. 슬로바키아에서는 성 평등과 정적 관계가 있지만, 그리스에서는 성평등과 부적 관계가 있다. 마찬가지로, 덴마크, 영국, 독일에서 미래 정치 참여는 인종에 대한 관용과 상관 관계가 있지만 그리스에서는 부적 관계가 있다. 참여는 독일에서 애국심과 정적 관계가 있지만, 영국에서는 애국심과 무관하며 그리스에서는 애국심과 부적 관계가 있다. 전반적으로, 개념들의 상관관계는 특별히 강하지 않다. 이는 시민 역량이 매우 느슨한 자질들의 집합이며 일부 학자들이 말하는 것처럼 "함께 움직이지(travel as a package)" 않는다는 것을 나타낸다(Rice & Feldman, 1997, p. 1150). 물론 14세 아동의 태도는 매우 변하기 쉽고, 이는 그들이 성인이 될 때 시민 역량이 더 일관된 가치들을 형성하는 것을 배제할 수 없음을 의미한다. 그러나 2009년 국제 시민 및 시민교육 연구(Cived를 이은)의 자료 분석에서도 같은 상관관계 유형이 나타나는 것은 흥미롭다. 이는 역량들이

상호 연관되는 방식의 세대 간 안정성(inter-generational stability)이 매우 높음을 시사한다.

어떤 시민 역량들이 상충할 수 있고, 유럽 전역에서 강점이 다르며, 지리적으로 편차가 있는 역량들의 상호 관계 모두 정책에 중대한 영향을 미친다. 즉 모든 시민 역량에 똑같이 이로운 교수 프로그램을 개발하는 것은 거의 불가능함을 시사한다. 예를 들어, 정치참여를 장려하는 프로그램은 제도 신뢰에는 기여할 수 있지만, 성 태도나 인종 관용에 큰 영향을 미칠 수 있을 것 같지 않다. 또, 이런 프로그램은 국가마다 다른 부작용이 있을 수 있다(일부 국가에서는 긍정적, 다른 국가들에서는 부정적).

시민 역량과 민주주의 및 사회통합의 관련성

시민교육 옹호자들은 시민 역량을 장려하는 것이 타당한지 여부를 묻는 물음을 종종 무시한다. 왜냐면 민주주의와 사회통합이 시민 역량에 결정적으로 의존하는 것이 명백하다고 생각하기 때문이다. 이는 특히 앞서 언급한 유럽평의회의 '민주시민교육' 계획에서 설명한 것처럼 민주주의와의 연결을 요청한다. 확실히, 시민교육 옹호자들은 그것을 위한 이론적 사례(첫 부분에서 강조된 바처럼)와 이러한 생각을 지지하는 경험적 근거(예를 들어, Almond & Verba, 1963; Inglehart, 1990; Putnam, 1993)를 고려할 때 민주주의와의 연결을 가정할만한 충분한 이유가 있다. 예를 들어 잉글하트(1990)는 정치효능, 정치 신뢰, 대인 신뢰의 평균 수준이 높은 국가들이 이러한 시민 문화 태도 수준이 낮은 국가들보다 안정적인 민주적 지배의 역사가 더 길다는 것을 발견했다.

그러나, 시민 역량과 민주주의의 밀접한 관계는 시민 역량이 민주주의의 원인이라는 것을 반드시 의미지는 않는다. 일부 학자들은 인과관계가 반대 방향일 수 있다고 주장했다. 즉 민주주의가 시민 역량을 형성한다는 것이다(예: Barry, 1978; Schmitter & Karl, 1991). 그들은 민주주의 제도가 이해 집단 간 권력 투쟁의 결과이며, 민주주의의 존속이 민주주의 생활경험에 대한 합리적이고 학습된 반응으로서 시민의 태도와 행동을 낳는다고 주장한다. 시민 문화(civic culture)가 민주주의를 형성한다는 주장이 민주주의가 시민 문화를 형성한다는 반대 주장보다 더 많은 경험적 지지를 받을 것 같지는 않다. 예를 들어, 경제 발전, 소득 불평등 및 인종 이질성 등 많은 거시사회 요인을 통제하고 시민 태도에 대한 많은 검사를 실시한 뮐러와 셸리그손(Muller and Seligson, 1994)은 시민의 핵심적인 태도인 점진적 개혁에 대한 지지만이 민주적 변화에 긍정적 영향을 미친다는 것을 발견했다. 그러나 효과의 강도는 소득 불평등의 강도에 비해 미미했다. 또 민주적 변화에 영향을 미치지 않지만, 대인 신뢰(interpersonal trust)는 결국 민주적 전통의 영향을 받았다. 따라서 연구 결과는 "시민 문화 태도가 민주주의의 원리라거나 주요 원인이라는 명제를 지지하지 않는다"고 결론 내렸다(Muller & Seligson, 1994, p. 647). 명백히, 시민 역량이 민주주의의 원인이 아니라 결과라면, 그리고 시민 역량이 다른 바람직한 결과들에 긍정적인 영향을 미친다는 것을 입증할 수 없다면, 시민 역량이 왜 촉진되어야 하는지 정당하게 물을 수 있다.

시민의 역량과 시민교육의 영향

특히 정책 분야에서 문제가 되는 다른 쟁점은 특정 교육 프로그램이 시민의 역량을 향상하는 데 도움이 된다는 광범위한 가정이다. 이러한 가정을 토대로 국제기구와 정부는 1990년대 중반 이후 시민교육 프로그램을 주장, 채택, 확대했다. 그러나 연구조사 문헌에 제시된 시민교육의 효과는 결정적이지 않다. 어떤 방식의 시민교육이 가장 유익한가에 대해 의견이 일치하지 않으며 일부 학자들은 시민교육이 거의 영향을 미치지 않는다고 주장할 것이다(예: Hagendoom, 1999). 이러한 다양한 의견을 복잡하게 만드는 것은 학자들이 시민교육의 영향을 평가할 때 일반적으로 다른 역량들에 대해 말하고 있다는 사실이다.

시민교육의 영향(그리고 더 일반적으로 교육)은 세 가지 주요 시민 역량 (1) 시민의 지식과 기술, (2) 참여와 참여 의도, (3) 인종 관용 및 상호문화이해와 관련하여 광범위하게 조사되었다. 시민의 지식과 기술에 중점을 둔 학자들은 시민교육의 가장 효과적인 방식에 대해 의견이 일치하지 않는다. 어떤 학자들은 공식적인 공민 수업(내용과 양 측면에서)이 아프리카계 미국인 같은 소외계층의(Langton & Jennings, 1968) 또는 전반적으로 시민의 지식(Niemi & Junn, 1998)을 크게 향상한다고 주장했지만, 다른 학자들은 시민 지식과 기술은 토론, 상호작용, 참여를 격려하는 환경에서 가장 잘 학습할 수 있다고 주장했다. 예를 들어, 토니-푸르타(Torney-Purta, 2002)는 1999년 국제학업성취평가협회 시민교육 연구(CIVED) 자료를 기반으로 한 연구에서 교실에서 사회문제와 정치문제를 토론하는 것에 대한 개방적 풍토와 학교의회(school parliaments)에 참여하는 것이 시민의 지식 및 기술과 강한 정적 관계가 있음을 발견했다. 유사하게, 호스킨스 등(Hoskins et al., 2011)은 같은 자료를 사용해 부모 및 친구들과 정치문제와 사회문제에 관해 대화하는 것이 다양한 국가 맥락에서 시민 지식과 기술에 긍정적 영향을 미친다는 것을 발견했다.

대화, 상호작용, 경험 학습은 청소년의 참여 의지와 헌신을 발달시키는 주요 방법으로서 발전해 왔다. 예를 들어 미국의 경우 칸과 스포르트(Kahne and Sporte, 2008)는 자원봉사, 교과 외 활동(extra-curricular activities), 시민 역할모델 접촉, 공개 토론이 지역사회에 참여하려는 의도를 가장 잘 예측한다는 것을 발견했다. 미국의 다른 연구에서도 자원봉사가 장래 삶에서의 참여 수준에 긍정적 영향을 미치는 것으로 나타났다(Verba, Schlozman, & Bardy, 1995; Campbell, 2006). 영국에서도 참여적 교수와 학교 밖 참여가 참여 의지를 긍정적으로 예언하는 것으로 밝혀졌다(Benton, 2008). 마지막으로 호스킨스 등(Hoskins, 2012)의 연구 결과에서 부모, 친구, 교사와의 정치문제 및 사회문제에 관한 토론과 학교운영위원회에의 참여는 매우 다른 5개 유럽 국가 전반에서 참여 태도와 강한 정적 상관을 보였다. 이는 대화와 경험 학습이 참여에 미치는 긍정적 효과가 보편적이라는 것을 시사한다.

그러나 특정 교육 프로그램이 인종 관용과 상호문화이해를 증진하는 데 도움이 될 수 있다는 생각을 입증하는 증거는 거의 없는 것 같다. 하겐둠(Louk Hagendoom, 1999, p. 5)은 다음과 같이 냉소적으로 말한다. "인종에 대한 관용교육 프로그램이 역효과를 낳았다는 경험적 증거는 없지만, 특히 효과적이라는 증거도 없다. 또 교육 프로그램에도 불구하고 미국에서 나온 자료는 최근 교육을 받은 청소년들이 세계 대전 이후의 청소년들보다 다른 인종에 더 관용적인 것은 아님을 보여준다."

대신에, 인종 관용에 대한 대부분의 교육 연구는 일반적으로 인종 혼합

학교교육과 교육 성취의 영향을 조사했다. 평등에 기초한 동료 간의 빈번하고 집중적인 문화 간 상호작용이 '다른 인종'에 대한 긍정적 감정을 향상하고 편견을 감소해야 한다는 접촉 이론의 전제(Allport, 1954; Pettigrew & Tropp, 2006)에 기초해 혼합 학교교육의 영향을 조사하는 대부분의 연구는 다양성(더 많은 문화 간 접촉을 낳을 것으로 가정된)과 다른 문화에 대한 상호문화적 이해 및 관용의 긍정적 관계를 발견했다. 프랑켄버그 등(Frankenberg et al., 2003) 그리고 홈 등(Holme et al. p. 14)이 미국에서 수행한 연구는 인종 혼합 학교교육 경험이 졸업생들이 다른 문화를 더 잘 이해하고 "인종이 혼합된 상황에서 편안함이 증가하는 결과를 낳았음을 발견했다. 엘리슨과 파워스(Ellison and Powers, 1994), 시겔만 등(Sigelman et al. 1996)은 인종이 통합된 학교에서 발달한 관용적 태도와 다른 인종 사이의 우정은 성인이 되어도 지속함을 보여준다. 홈 등(Holme et al. 2005)은 이런 점에서 인종이 혼합된 학교교육에서의 일상 경험이 다문화 교육과정이나 학생 교환 프로그램보다 훨씬 더 효과적이라고 주장한다.

영국에서 수행된 연구도 접촉이론의 관점을 지지하는 증거를 발견했다. 예를 들어, 런던과 버밍엄 소재 12개 초등학교 학생들의 다른 인종 간 우정을 조사한 브뤼겔(Bruegel, 2006)은 홈 등(Holme et al.)과 유사한 결론을 내린다. 그녀의 견해에 따르면, "아동들의 일상적인 접촉이 공동체 사이의 장벽을 무너뜨릴 가능성은 학교 자매결연 및 운동 시합보다 훨씬 더 크다"(p. 2)는 것은 특수한 프로그램보다 일상 접촉을 통해 관용을 향상할 수 있다는 생각을 지지한다.

그러나 접촉이론으로 고무된 모든 연구가 문화 간 상호작용의 긍정적 영향만 발견한 것은 아니다. 예를 들어, 레이(Ray, 1983)가 이 주제에 관한 연구를 검토한 결과 영어권 국가들에서 주목할 만한 차이를 발견했다. 미국과 캐나다에서 수행된 연구는 인종 간 접촉이 고정관념을 허무는 데 도움이 된다는 생각을 지지하는 증거를 제시했지만, 영국과 호주의 증거는 그 반대였다(흑인과의 접촉은 백인들에게 더 많은 편견을 낳는다). 마찬가지로 얀마트(Janmaat, 2010, 2011)는 영국에서 개인 또는 교실 수준의 다른 많은 조건을 통제했으나 교실의 인종 다양성과 개별 학생의 인종 관용 수준 간의 관계를 발견하지 못했다. 또, 여러 인종이 섞인 교실에서 소수 인종 학생들이 시민 지식과 기술 측면에서 평균적으로 잘 수행할수록 교실의 백인 친구들의 관용 수준이 더 낮아진다는 것을 발견했다. 그러나 독일과 스웨덴에서 교실 다양성과 인종 관용 간에 긍정적 관계가 있으며 소수 인종 학생들의 평균 성취와 원래 그 나라에서 태어난 교실 친구들의 관용 수준 간에는 어떤 관계도 관찰되지 않았다. 얀마트의 연구 결과는 학생들이 경쟁과 대립을 경험하는 환경에서 다양성은 관용에 기여하지는 않지만 경쟁과 대립을 실제로 약화한다는 것을 시사한다. 레이(Ray)의 발견과 함께 이러한 연구 결과들은 모든 조건과 모든 장소에서 작동하는 인종 관용을 촉진하는 표준 공식이 없음을 명백히 보여준다.

마지막으로, 많은 연구는 학력(educational attainment)이 높을수록 더 관용적인 태도를 보인다(Putnam, 2000; Emler & Frazer, 1999; Haegel, 1999)는 점에서 학력과 관용의 강한 관련성에 주목했다. 하겐둠(1999)에 따르면 교육이 사람들의 지식과 인지 능력을 향상해 이민 같은 새로운 현상들을 이해할 수 있게 하며 새로운 현상을 예측할 수 없는 위험으로 이해하지 않게 해준다고 간주되기 때문에 이런 긍정적 효과는 쉽게 이해할 수 있다. 교육은 또 "세계의 이상적인 상태에 관한 생각을 알림으로써"(p. 2) 다시 말해, 어떤 가치와 규범을 장려함으로써, 즉 이민자들을 자신들의 일부로 받아들이고 긍정적으로 인식하도록 촉진함으로써 관용을 높인다고 할 수 있다. 따라서, 사람들이 정규 학교교육을 받는 기간이 짧을수록(교육 수준이 낮을수록) 환경 변화를 덜 이해하고 관용의 가치가 덜 사회화된 결과 태도가 더 편협해 질 수 있다.

그러나 교육과 관용의 밀접한 관련성을 기대하는 이론적인 이유에도 불구하고 학력이 관용에 미치는 영향은 시간과 공간에 따라 상당히 다르다고 밝혀졌다(Green et al., 2006). 예를 들어, 이탈리아에서는 그 효과가 현저히 작다고 밝혀졌다(Peri, 1999). 따라서 다양성의 영향과 유사하게 학력의 영향은 상황에 따라 매우 다른 것 같다. 또, 사회적 수준에서 교육과 관용은 상관관계가 없다(Green et al., 2006). 다시 말해, 교육 수준이 전체적으로 높은 사회가 교육 수준이 낮은 사회보다 관용의 평균 수준이 더 높은 것은 아니다. 이는 인구의 교육 수준을 높이는 것이 관용의 전반적인 수준을 향상하는 효과적 전략이 아닐 수 있음을 의미한다.

요약하면, 모든 시간과 장소에서 모든 시민 역량에 도움이 되는 단 하나의 시민교육 프로그램은 존재하지 않는다. 상호작용과 실천을 통해 학습하는 것은 참여하려는 헌신을 촉진하는 효과적인 전략으로 보이지만 반드시 관용에 기여하는 것은 아니다. 인종 혼합과 학력은 일반적으로 관용과 긍정적 관계가 있지만 모든 맥락이나 모든 상황에서 긍정적 영향을 나타내지는 않는다. 시민교육 프로그램 설계자는 시민 역량 육성 프로그램을 개발할 때 이러한 제한점을 고려할 필요가 있다.

교육 및 시민 역량에 관한 연구들에서 특히 등한히 한 것은 시민교육이 시민 역량의 격차에 미치는 효과에 대한 조사 연구이다. 적어도 시민 역량의 불균등은 중요한데, 특히 그것이 인종 및 사회분열과 일치한다면 시민 역량의 전반적 수준만큼이나 정책 입안자들에게 중요하다. 시민 참여,

관용 및 신뢰가 인종과 사회집단 간에 크게 차이나고 이러한 차이가 "들어가면 위험한(no go)" 지역처럼 지리적으로 표현되면 사회통합은 시민 역량의 평균 수준이 낮은 조건에서 만큼이나 위험해질 수 있다. 시민 역량을 증진하는 수단으로서 상호작용과 참여에 의존하는 프로그램이 인기가 점차 높아지고 있기 때문에 시민 역량의 차이를 조사하는 것은 더더욱 시급하다. 이 새로운 교수 전략들은 기존 지식, 내적 학습 동기, 불우한 배경의 청소년들이 가질 수 없을 것 같은 자질에 의존하기에 불균등을 악화할 수 있다. 따라서 그런 전략들은 교육과 지식 습득을 가치 있게 여기는 가정에서 자란 중상류층 청소년들에게만 혜택을 줄 수 있다. 또, 상호작용과 참여의 자발성은 불우한 배경의 젊은이들이 참여하지 않은 결과 이러한 전략이 수반하는 역량을 획득하지 못할 수 있음을 의미한다. 이러한 점에서, 온화한 형태의 강제에 의존하고 학생들에게 일정한 속도로 지식을 부여하는 전통적인 교수 및 평가 유형이 이런 집단 성원의 시민 역량을 육성하는 데 더 효과적일 수 있다. 연구자들이 이 흥미로운 주장을 탐구하지 못한 이유는 그러한 교수법의 정치적으로 적절하지 않은 성질 때문이다.

시민교육 옹호자들을 위한 제안

시민교육 지지자들은 위에서 논의한 네 가지 문제를 어떻게 해결할 수 있는가? 먼저 사회적 적실성(social relevance) 문제(즉, 세 번째 문제)부터 시작하면, 시민교육 옹호자들이 시민 역량의 중요성을 보여줄 수 있는 두 가지 방법이 있다. 첫째, 시민 역량이 민주주의 확립과 보존에 필요함을 증명할 수 없다면, 옹호자들은 시민 역량이 사회통합이나 경제성장 같은 다른 바람직한 거시적 사회성과를 향상하는 데 필수적인지 여부를 조사할 수 있을 것이다. 연구 결과에 따르면, 일부 학자들이 시민 역량의 중요한 자질로 이해하는 사회자본은 장수(Kennedy et al., 1998), 경제성장(Knack & Keefer, 1997) 및 사법 효율성(juridical efficiency)(LaPorta et al., 1997)과 강한 관련이 있다고 증명되었다. 시민교육 옹호자들은 시민 역량의 상관관계를 보여주는 이런저런 조사를 언급할 수 있을 것이다.

그러나 시민 역량의 중요성을 입증하고 다른 목적을 이루는 수단으로서 시민 역량에 초점을 맞추기보다 시민 역량이 민주주의, 사회통합, 번영 같이 그 자체로 바람직한 사회적 결과를 만들어낸다고 주장하는 것도 똑같이 생산적일 수 있다. 민주주의와 사회통합 개념이 중복된다면, 그렇게 주장할 이유는 충분하다(사회통합 개념에 대한 많은 해석에서 신뢰, 관용, 참여가 사회통합의 주요 구성요소로 여겨지듯이 민주주의에 대한 많은 정의에서 참여는 민주주의의 필수요소로 생각된다). 간단히 말해, 편협하고 불신하며 유리된 사람들로 구성된 사회는 살기 쾌적한 곳이 아니라는 이유만으로도 시민 역량을 기를 필요가 있다고 주장할 수 있다.

정치적으로 논쟁의 여지가 있는 시민 역량의 성질, 즉, 위에서 논의한 첫 번째 문제는 시민교육 옹호자들이 시민교육 계획 이면의 정치적 의제(들)에 민감하고 솔직해야 함을 의미한다. 새로운 프로그램을 누가 제안하는지, 그 이유가 무엇인지, 성취하려는 결과가 무엇인지, 누구의 관심인지에 대한 비판적 분석이 새로운 시민교육을 계획하는 데 수반될 필요가 있다. 시민교육 설계자들이 비판적 사고라는 시민의 핵심적인 덕을 훈련하지 않고 스스로 적용하지 않는다면 시민교육이 비판적 사고 능력을 촉진할 방법을 상상하기 어려울 것이다.

마지막으로, 위에서 논의된 두 번째와 네 번째 문제와 관련해, 시민교육 옹호자들은 단 하나의 시민교육 프로그램이 모든 시민 역량을 동시에 기를 수 있으며 모든 지역 상황에서 동등하게 효과적일 것이라고 가정하면 안 된다. 시민교육은 상황마다 달라지는 지역 요구에 맞게 조정할 필요가 있다. 그렇게 하려면 시민교육 옹호자들이 먼저 시민 역량과 각 상황에서 역량들의 상호관계를 조사하고, 다음으로 목록에 없는 역량을 목표로 추구하는 시민교육 프로그램을 개발하는 것이 현명할 것이다. 이러한 프로그램은 시민 역량을 촉진하는 노력과 충돌하는 지역 조건을 고려할 필요가 있다. 어쨌든, 다른 곳에서 시도하고 검사한 모범 사례가 자기 나라에서도 똑같이 효과적일 것이라고 가정하면 안 된다. 시민교육 옹호자들은 시민 역량의 전반적 수준을 높이는 것과 함께 사회집단이나 인종집단의 시민 역량 차이를 줄이는 것을 목표로 삼아야 한다.

랑게와 옹켄
(DIRK LANGE and HOLGER ONKEN)

6. 청년의 정치사회화, 시민 의식, 정치에 대한 관심
독일의 경험적 증거와 이론적 함의

서론

독일의 17세~24세 청소년과 청년의 정치사회화 과정의 결과에 대해 알려진 것은 거의 없다. 우리의 주요 목표는 정치에 대한 관심도과 민주주의에 대한 만족도를 낳는 개인의 사회적 조건을 확인하는 것이다. 올덴부르크대학교와 하노버대학교가 수행한 청년들의 정치 태도에 관한 설문 조사는 이러한 분석을 위한 핵심 자료이다.

정치사회화는 개인이 사회적 정체성, 개인 습관, 가치, 지식 및 능력을 습득하는 학습 과정이다. 이러한 특성들은 청년 개인의 시민 의식과 정치적 태도를 조직한다(Greiffenhagen, 2002, p. 408). 정치적 가치, 정치적 지향, 정치적 관심의 세대 간 이전(intergenerational transfer)은 정치적 및 사회적 상황이 다르고, 매체에서 정보를 습득하는 가능성이 다르고 변하면 달라진다. 그러나 청소년과 성인 사이의 과도기는 정치사회화에서도 마찬가지로 매우 중요하다.

정치사회화를 분석하는 두 가지 관점이 있고, 관점마다 일반적인 질문이 포함된다. 첫 번째 질문은 정치사회화에 초점을 둔다. 즉 정치사회화 과정이 실현된 결과는 무엇인가?(예: 정치에 대한 관심, 정치체계에 대한 지지, 정당 가입의 측정 결과) 두 번째 질문은 그러한 현상이 나타난 이유를 묻는다. 어떤 사회적 또는 정치적 상황과 개인 생활 조건이 특정 정치적 태도를 낳는가? 본 논문은 이 주제를 세 단계로 분석한다. 서론 다음 부분은 연구 설계 요약인데, 표본과 매개 변수의 조작(operationalization)을 요약한다. 논문의 두 번째 부분에서는 독일 청소년에 대한 다른 경험 연구 증거를 우리의 연구 맥락에서 제시한다. 논문의 주요부분이자 핵심인 세 번째 부분에서는 세 가지 문제에 관해 표본에서 얻은 결과를 제시한다. 첫 번째는 정치에 대한 관심과 관련된다. 두 번째는 설문에 참여한 사람들의 민주주의에 대한 확신에 초점을 맞춘다. 세 번째는 청년들의 정치적 정보 수집에 관한 것이다. 세 부분 모두 사회적 조건과 정치적 조건이 특정 정치 태도나 정치 행위를 낳는 문제와 관련된다. 이런 측면은 시민교육과 관련하여 특히 흥미롭다. 본 논문은 결론을 일반화하는 시도로 끝을 맺는다.

표본과 조작화

이장의 경험적 근거는 독일 북서부 니더작센(Lower Saxony)주 출신인 17세~24세 약 1,200명 표본이다. 경험 연구는 11개의 고등학교와 직업학교에서 진행했다. 설문조사는 독일 연방 선거 직후인 2009년 10월과 11월에 실시했다.

경험 분석에서 두 가지 고전적인 접근 방법이 사용된다. 첫 번째 방법은 컬럼비아 학파로 널리 알려진 사회학적 접근으로 개인의 객관적인 사회적 특성(예: 소득, 종교 교파, 교육 성취 등)과 정치적 태도의 관계를 연구한다. 이 개념을 따르는 연구자들은 "개인은 사회적으로 생각하는 것만큼 정치적으로 생각한다"(Lazarsfeld, Berelson, & Gaudet, 1944, p.27)라는 자주 인용되는 결론에 도달했다. 두 번째 모델은 미시간 학파로 불리는 사회심리적 접근을 기초로 정치적 태도와 행동의 기원을 간접적으로 밝힌다. 개인의 태도는 사회적 특성과 사회정치적 환경을 주관적으로 해석한 것에 의존한다(Campbell, Gurin, & Miller, 1954). 두 모델 모두 많은 선거 연구 및 관련 조사 분야에서 다양하게 활용되어 왔지만, 그 핵심은 오늘날까지 크게 변하지 않았다.

본 연구의 독립변수는 사회학적 접근과 사회심리학적 접근으로 구별될 수 있다. 사회학적 관점에서 설문조사에 참여한 청년들은 교육 측면에서 두 집단으로 나뉘었다. (a)높은 수준의 정규교육을 열망하는 사람들(고등학교 졸업장, 대학 입학 허가) 그리고 (b)중간 수준의 정규교육을 열망하는 사람들(학문적 충족 조건이 없는 전문 자격). 설문조사 참여자의 54.5%는 중간 수준의 교육자격, 45.5%는 높은 수준의 교육자격(educational qualification)을 목표로 한다. 사회학적 측면인 부모의 직업배경과 가계소득을 추가로 조사했다.

본 연구의 세 개 이상의 항목은 사회심리학적인 것이다. 첫째, 설문조사 참가자들에게 사회계층에서 자기 지위를 정하도록 요청했다. 둘째, 독일에서 민주주의가 작동하는 방식에 대한 만족. 세 번째 항목은 두 가지 질문으로 구성되는 데, 미래에 대한 기대를 묻는다. 한 가지 질문은 개인의 일반적인 미래에 대한 기대를 묻고 다른 한 질문은 개인의 직업에 대한 기대를 묻는다. 두 질문 모두 가장 긍정적인 기대를 나타내는 1부터 가장 부정적인 기대를 나타내는 5까지 5점 척도를 사용했다.

평점을 합산하면서 다음의 지수 값을 할당했다.

-2~5는 긍정적 기대를 나타낸다.
-6~10은 부정적 기대를 나타낸다.

면접 대상 대다수(63.5 %)는 긍정적 기대를 보였으며 36.5%만 부정적 기대를 보였다.

민주주의에 대한 확신과 별도로, 설문조사의 주요 종속변수는 청년들의 정치에 대한 관심도이다. 청소년과 청년의 정치적 관심은 민주주의 정치체계에 대한 긍정적 태도와 시민참여를 위해 중요한 요인이다(Reinhardt 2005: 39). 정치발전에 관한 학습 과정을 위해서는 정치문제에 대한 최소한의 주의, 즉 정치적 관심이 필요하다. 따라서 최소한의 주의는 자기강화과정(self-reinforcing process)으로 이어질 수 있다.

정치적 관심에 대한 지수는 세 가지 질문에 기초해 개발했다. 세 가지 항목은 정치에 대한 일반적 관심으로, 설문조사 참여자들에게 2009년 독일 총선 선거운동에 얼마나 면밀한 관심을 가졌는지, 그리고 자신의 지식이 독일 정치제도와 관련되는지를 얼마나 잘 판단하는지 물었다. 이런 접근은 응답자들의 광범위한 정치적 지식, 정치적 캠페인에 대한 높은 관심과 정치적 관심 사이의 긍정적 상관관계를 가정한다(Ingrisch, 1997, p. 164). 세 가지 질문 모두 5점 척도이며, 1점은 응답자가 정치에 관심이 없음을 5점은 정치에 관심이 높음을 나타낸다.

  지수 값 3~7: 정치에 대한 관심 낮음
  지수 값 8~11: 정치에 대한 관심 보통
  지수 값 12~15 : 정치에 대한 관심 높음

  표본의 응답 분포는 정규분포에 가깝다.
  20.6% 정치에 대한 낮은 관심
  61.1% 정치에 대한 보통 관심
  18.3% 정치에 대한 높은 관심

독일 청년의 정치적 태도와 정치적 관심

독일청소년연구소가 수행하는 쉘(Shell) 청소년 연구는 젊은 세대에게 정치가 자신에게 얼마나 중요한지에 대해 정기적으로 질문한다. 다른 삶의 영역과 비교할 때 정치는 전반적으로 중요한 역할을 하지 않는다.(Gille, Kleinert, & Ott, 1995, p. 47; Gille, 2000, p. 177). 청소년기와 청년기에는 동반자 관계, 직업자격(vocational qualification), 가정으로부터의 독립 과정에 관심이 집중된다. 1992년 면접 대상자의 34%가 정치가 자기에게 중요하다고 응답했다. 다음 설문조사에서 정치가 자신에게 중요하다고 응답한 비율은 1997년 41%, 2002년 43%로 증가했다(Gille, 2006, p. 201).

"정치에 관심이 있는" 청년 수는 정치가 자신에게 중요하다고 응답한 청년 수와는 차이가 있다. 1992년 독일의 서쪽 주들(1990년 통일 전의 독일연방공화국)에서 투표한 사람들의 20.6%는 정치에 관심이 높다고 진술했고 40.6%는 정치에 보통의 관심, 38.6%는 정치에 낮은 관심을 보였다. 독일의 "새로운" 동쪽 주들(과거 동독, 독일민주공화국의 영토에 위치)과 비교할 때 차이가 거의 없었다(Schneider, 1995, p. 279). 이러한 결과는 서독 청년의 25%가 정치에 관심이 높을 때, 동독 청년의 17%만이 정치에 관심을 보인 1997년 조사와는 달랐다(Gille, Kruger, & de Rijke, 2000, p. 211) 2003년에는 전국 청소년과 청년의 20%만이 정치에 관심이 높았다(Gaiser & de Rijke, 2006, p. 255).

다른 설문조사에서 표본은 정치에 관심이 있는 사람과 관심이 없는 사람 두 개 하위집단으로 구분되었다. 지난 20년 간 정치에 관심이 있는 청소년 수는 전국적으로 급격히 감소했다. 1992년에 표본의 57%가 정치에 관심이 있는 것으로 나타났고 2002년에 그 수는 34%로 줄었다. 2006년 (39%)과 2010년(40%)에 실시된 다음 설문조사에서 이 수치는 미미하게 증가했다(Schneekloth, 2010, p. 130).

더 많은 연구 결과들에서 사회적 지위가 정치적 관심도를 결정하는 것으로 나타났다. 사회적 지위가 낮을수록 개인의 정치 관련성이 낮아지는 상관관계가 나타난다. 가구의 사회적 측면들(교육 수준, 직업 상황, 가계 소득, 주택 상황)은 다른 사회계층들에서 요약되었다. 설문 참여자 중 10% 하층, 24% 중하층, 30% 중산층, 22% 높은 중상층, 14%는 상층으로 표본이 구성되었다. 2010년에는 하층 청년의 16%만, 중하층 청년의 26%가 정치에 관심이 있었다. 중산층 청소년의 36%가 정치에 관심이 있었다. 중상층(48%)과 상층 51%는 유의미하게 더 높은 결과를 기록했다 (Schneekloth, 2010, p. 130).

독일 청소년 연구에서 주목할 만한 또 다른 측면은 정치에 관심이 있는 다른 사회계층에 속한 개인들의 추세이다. 계층 간의 수치 차이는 2002년 이후 커졌다. 정치에 관심 있는 하층과 중하층 인구 비율은 정체했지만, 중산층과 상층의 정치에 관심 있는 인구 비율은 각각 34%에서 43%, 43%에서 51%로 증가했다.

정치적 관심, 태도와 사회적 맥락: 조사 결과

이 부분은 정치에 대한 관심도를 결정하는 사회적 배경에 관한 논의로 시작해, 개인의 장래 기대, 젊은 독일인의 정치적 관심과 민주주의에 대한 신뢰 간의 연결로 이어지며 청소년의 정보 행위(information behaviour) 분석으로 마무리한다.

정치적 이해와 사회적 맥락

설문조사는 사회적 지위에 대한 주관적인 접근을 사용했다. 〈표 1〉은 주관적인 사회적 지위가 개인의 정치 관심도에 거의 영향을 미치지 않음을 보여준다. 전체 결과에서 세 집단의 편차는 매우 작다.

표 1. 주관적인 사회적 지위와 정치적 관심

	전체 결과	낮은 정치 관심	보통의 정치 관심	높은 정치 관심
하층* 중하층	13.7%	15.1%	13.7%	13.5%
중산층	58.1%	58.1%	57.9%	56.0%
중상층 상층*	28.2%	26.8%	28.5%	30.5%

표본 924명; * 하층과 상층 각 범주 사례가 적어서 중하층과 중상층에 각각 추가

부모의 직업 배경을 살펴보면 비슷한 모습이 나타난다. 주목할 만한 예외는 정치에 관심이 낮은 집단에서 공무원 가구 출신의 아동 비중이 낮은 것이다.

표 2. 부모의 직업 배경과 정치적 관심

부모 직업	전체 결과	낮은 정치 관심	보통의 정치 관심	높은 정치 관심
생산직	28.0%	29.2%	26.9%	29.0%
자영업	20.7%	20.8%	22.1%	18.8%
공무원	16.1%	12.5%	16.2%	18.8%
사무직	33.2%	34.4%	33.4%	31.7%
기타*	1.9%	3.1%	1.4%	1.6%

표본 965명; * 주로 사회보장비에 의존

또 다른 흥미로운 측면은 생산직 가구의 분포이다. 이 집단은 정치에 관심이 보통인 사람들의 비중이 낮지만, 정치에 관심이 높은 집단과 낮은 집단 사람들의 비중이 약간 높다. 자영업 가구의 젊은 세대는 정치에 관심이 보통인 사람의 비중이 높은 경향이고 정치에 관심이 낮은 그리고 정치에 관심이 높은 사람들의 비중이 낮은 경향이다. 사무직 가구 출신 청소년들은 정치에 관심이 낮은 사람들의 비중이 높고 정치에 관심이 높은 사람들의 비중이 낮다. 그러나 이 모든 상관관계는 다소 약하다.

표 3. 순가구소득 및 정치적 관심

순 가구 소득	전체 결과	낮은 정치 관심	보통의 정치 관심	높은 정치 관심
1000 € 미만	6.2%	12.6%	5.2%	4.0%
1000-1999 €	28.8%	31.1%	27.3%	26.5%
2000-2999 €	31.2%	33.8%	30.1%	32.5%
3000 € 이상	33.8%	22.5%	37.4%	37.1%

표본 791명

이러한 결과는 가구소득 면에서는 상당히 다르다. 높은 가구소득과 정치에 높은 관심은 분명히 관련되며 그 반대도 마찬가지이다. 특히 인상적인 것은 정치에 관심이 가장 낮은 청소년 집단에서 최저소득 가구에서 사는 청년 비중이 높다는 것이다. 월 소득 1,000유로 미만인 가구는 표본의 6.2%에 불과하지만, 정치에 관심이 낮은 집단 표본의 12.6%이다. 〈표 3〉의 일반적인 결과는 고소득 가구 출신 청년들이 정치에 더 높은 관심을 보이는 경향이다.

전반적으로 사회학적 변수는 사회심리적 변수보다 정치적 관심도를 설명하는 의의가 더 크다. 세 가지 독립변수 모두 사회경제적 지위가 높을수록 정치적 관심이 더 높아지는 경향이 있다.

미래에 대한 관점, 목표로 추구하는 자격, 정치에 대한 관심, 민주주의에 대한 만족

〈표 4〉는 정치적 관심과 민주주의에 대한 만족의 강력한 관계를 나타낸다. 이러한 상관관계는 정치적 관심이 높을수록 민주주의에 대한 만족도가 높아진다는 가설과 일치한다(Reinhardt, 2005). 정치적 관심이 낮은 집단이 특히 이와 관련된다. 이 집단은 척도의 모든 점수에서 설문조사 전체 결과보다 민주주의에 대한 만족도가 낮은 유일한 집단이다. 민주주의에 전혀 만족하지 않는 사람들 중에서 정치에 관심이 낮은 청소년 비율은 조사 평균(5.3 %)보다 두 배 이상 높다(13%).

표 4. 정치적 관심과 민주주의에 대한 만족

민주주의에 대한 만족	전체 결과	낮은 정치 관심	보통의 정치 관심	높은 정치 관심
1 매우 불만족	5.3%	13.0%	3.7%	2.4%
2	20.8%	22.6%	20.4%	18.5%
3	45.2%	50.0%	44.2%	43.9%
4	23.8%	13.0%	26.4%	28.4%
5 매우 만족	4.9%	1.4%	5.3%	6.8%

표본 1088명

열망한 교육 자격과 젊은이들의 주관적인 미래 기대가 정치적 관심과 민주주의에 미치는 영향을 분석하기 전에 가구 소득과 가족의 직업 배경이 이러한 변수를 얼마나 강하게 결정하는지에 관한 질문을 조사해야 한다.

표 5. 주관적인 미래 기대, 열망한 교육 성취 및 순가구 소득

	전체 결과	주관적인 미래 기대		열망한 교육 성취	
		부정적 Negative	긍정적	보통	높음
1000 € 미만	6.2%	9.0%	4.6%	9.7%	2.3%
1000~1999€	28.8%	31.4%	26.3%	28.9%	26.3%
2000~2999 €	31.2%	34.3%	30.9%	31.8%	31.5%
3000 € 이상	33.8%	25.3%	38.3%	29.6%	39.9%

표본 각각 745명과 772명

젊은이가 사는 가구의 소득은 삶의 기회와 교육 및 직업 경력 전망과 관련한 기대에 중요한 요인이다. 월 소득 3,000유로 이상의 고소득 가구의 젊은이들은 긍정적인 미래 기대와 높은 교육 자격을 목표로 하는 사람의 비중이 높다. 반대로 저소득층 가구 출신 젊은이들은 다소 부정적 기대를 가진 집단의 비중이 높다. 학문 영역에 속하지 않는 직업 자격증을 목표로 하는 사람들도 마찬가지이다.

표 6. 주관적인 미래 기대, 목표로 삼은 교육 성취 및 부모의 직업 배경

	전체 결과	주관적인 미래 기대		열망한 교육 성취	
		부정적	긍정적	보통	높음
생산직 가구	28.0%	30.9%	25.1%	34.8%	19.6%
자영업	20.7%	15.1%	24.6%	16.2%	26.0%
공무원	16.1%	17.5%	15.1%	10.6%	22.4%
사무직	33.2%	34.4%	33.0%	37.0%	30.1%
기타*	1.9%	2.1%	2.2%	1.4%	1.8%

표본 각각 840명과 892명; * 주로 사회보장비에 의존

이런 결과는 정치적 관심과 민주주의에 대한 만족과 관련해 중요한 사회적 특성이 두 가지 모두에 적어도 간접 영향을 미친다는 것을 시사한다. 이에 상응하는 인과관계가 있는 것으로 보인다. 직업배경과 가구소득으로 증명되는 사회적 지위가 높아질수록 교육수준이 더 높아지고 삶에 대한 긍정적 기대가 더 높아져 민주주의에 대한 만족도가 더 높아지고 정치에 대한 관심이 더 커진다.

마지막으로, 객관적인 교육 수준 또는 주관적인 미래 기대가 종속변수인 '정치적 관심'과 '민주주의에 대한 만족'에 더 큰 영향을 미치는지 여부에 대한 질문을 조사한다.

교육은 젊은이들의 정치적 관심에 있어서 미래 기대보다 더 중요하다. 학위를 목표로 삼는 젊은이의 12.4%만이 정치에 관심이 낮은 데, 학위가 없는 사람의 27.4%에 비해 낮다. 이러한 차이는 주관적인 미래 기대에서도 동등하게 크지는 않다. 부정적으로 기대하는 젊은이들의 23.1%가 정치에 관심이 낮은 반면, 긍정적으로 기대하는 사람들의 16%만이 정치에 관심이 낮다. 그러나 척도의 다른 쪽에서는 차이가 훨씬 작다. 긍정적 기대와 더 높은 교육 열망을 가진 집단은 정치에 관심이 높은 집단의 23% 정도를 차지한다.

민주주의에 대한 만족의 경우 위에 제시한 결과와 유사한 결과를 보여준다. 그러나 이 경우 주관적인 미래 기대는 열망한 교육 수준보다 더 중요한 것으로 보인다.

표 7. 주관적인 미래 기대, 열망한 교육 성취, 정치적 관심

	전체 결과	주관적인 미래 기대		열망한 교육 성취	
		부정적	긍정적	보통	높음
정치에 낮은 관심	20.6%	23.1%	16.0%	27.4%	12.4%
정치에 보통 관심	61.1%	63.1%	60.7%	59.3%	64.6%
정치에 높은 관심	18.3%	13.8%	23.3%	13.3%	23.0%

표본 각각 960명 1006명

표 8. 주관적인 미래 기대, 열망한 교육 성취, 민주주의에 대한 만족

민주주의에 대한 만족	전체 결과	주관적인 미래 기대		열망한 교육 성취	
		부정적	긍정적	보통	높음
1 전혀 만속하지 않음	5.3%	7.9%	2.6%	6.4%	3.8%
2	20.8%	25.3%	18.2%	22.1%	20.1%
3	45.2%	44.4%	44.7%	47.3%	40.8%
4	23.8%	19.4%	28.5%	21.0%	28.3%
5 매우 만족	4.9%	2.9%	6.0%	3.3%	6.9%

표본 각각 944명과 996명

정보 행위와 정치에 대한 관심

이 부분은 설문조사에 참여한 사람들의 정치적 관심과 정보 행위의 관련성을 다룬다. 조사 결과는 전통적인 미디어, 텔레비전, 신문의 큰 중요성을 보여준다. 특히 텔레비전은 세 집단 모두에서 압도적으로 중요하다.

가장 자주 언급되는 텔레비전과 신문은 정치에 관심이 있는 사람들이 가장 자주 언급하는 정보원이다. 이는 가족들과의 정치 토론에서도 마찬가지이다.

표 9. 정치 정보와 정치적 관심의 중요한 정보원*

	전체 결과	낮은 정치 관심	보통의 정치 관심	높은 정치 관심
텔레비전	74.1%	73.2%	78.0%	66.0%
신문	54.5%	43.1%	58.0%	56.6%
인터넷 페이지	37.7%	21.8%	41.3%	48.1%
시민교육	28.8%	38.5%	27.0%	23.1%
가족들과의 정치 토론	25.6%	21.8%	27.4%	24.1%
친구들과의 정치 토론	19.6%	14.2%	20.9%	23.1%
인터넷 블로그	6.1%	3.3%	5.6%	10.8%
기타	3.2%	2.1%	3.2%	5.2%

표본 1054명: * 중복 응답 가능

흥미롭게도, 정치에 관심이 높은 젊은이들은 다른 집단들보다 정치에 대해 더 자주 토론하는 친구모임이 있는 것 같다. 반면 정치에 관심이 낮은 청소년은 친구와의 정치 토론을 정보원(sources of information)으로 비교적 덜 언급했다.

요약하면 정보 행위와 관련해 몇 가지 두드러진 경향이 있다.

- 일반적으로 전통적인 미디어(텔레비전, 신문)가 새로운 미디어(인터넷)보다 정보원으로서 훨씬 더 중요하다.
- 인터넷 블로그, 인터넷 페이지 그보다 정도는 덜하지만 신문 등 정

치적 내용이 있는 정보의 적극적 검색이 필요한 정보원은 정치에 관심이 더 높은 개인이 주로 사용한다.
- 시민교육은 정치에 관심이 낮은 평균 이상의 젊은이들에게 중요한 정치 정보원이다.
- 사적 영역에서의 정치 토론은 특히 정치에 관심이 낮은 사람들에게 미미한 영향을 미치는 것 같다.

마지막 사항은 정치적 관심과 가정에서의 정치적 내용에 관한 토론 빈도와의 연관성을 검토한 후 다르게 평가해야만 한다.

표 10. 가정에서의 정치 토론 빈도

정치 토론 빈도	전체 결과	낮은 정치 관심	보통의 정치 관심	높은 정치 관심
1 -하지 않음	7.7%	22.5%	3.5%	2.4%
2	26.6%	45.3%	24.1%	11.8%
3	33.8%	23.3%	39.2%	30.3%
4	24.5%	8.5%	27.6%	34.6%
5 -매우 자주함	7.4%	0.4%	5.6%	20.9%

표본 1140명

정치에 관심이 높은 집단은 다른 두 집단보다 가정에서 정치적 내용에 대해 더 많이 토론한다. 그들 대부분은 부모와 자주 또는 매우 자주 정치를 토론한다. 정치에 관심이 낮은 사람들 대다수는 가정에서 정치적 문제를 토론하지 않는다.

결론: 가족에서 오래된 사회적 경로와 새로운 환경 분열

　대부분의 연구 결과에 따르면, 청년들의 중요한 사회경제적 특성과 정치적 태도는 상당히 강한 관련성이 있다. 사회적 특성과 정치적 태도가 여전히 한 세대에서 다음 세대로 높은 수준으로 이전된다는 확실한 증거가 있다. 30년 전에 사회적 환경 경로(Dalton, 1982)로 특징지어진 이러한 이전은 대체로 그대로인 것 같다. 변한 것은 정치사회화를 위한 세대 내(intra-generational) 조건이다. 사회적 모임은 덜 안정적이며 더 분열적이다. 또 다른 중요한 변화는 교육체계에서 노동시장으로 이행하는 것이 종종 불명확해 졌다는 것이다(De Grip, Hoevenberg, & Willems, 1997, p. 49). 그 결과 젊은 세대의 기대, 습관 및 태도가 바뀌었다. 일반적으로 정치사회화의 조건은 점점 더 분열된 개인적 모임과 공적 모임으로 이동했다. 그러나 정치사회화 과정의 결과는 여전히 개인의 사회경제적 생활조건에 의해 결정된다. 개인의 사회적 특성이 정치적 특성이 되는 경향이 있다는 사회학자 라자스펠드(Paul F. Lazarsfeld)의 말은 여전히 옳은 것 같다. 변한 것은 사회적 상황과 정치적 태도가 다양해졌다는 것이다. 그렇지만 그 이상의 결론을 내리기 위해서는 종단연구가 필요할 것이다.

2부
시민교육 적용과 프로그램

7. "사회는 어떻게 구성되어 있는가,
   그리고 어떻게 구성해야 하는지" 학습하기:
   상호작용적인 논쟁 교수 전략의 필요성과 결과
   페트릭(Andreas Petrik)

8. 민주주의 학습을 위한 교수
   라인하르트(Sibylle Reinhardt)

9. 역량, 민주주의 체제 안정화, 그리고 자기권한부여
   지글러(Béatrice Ziegler)

10. 결정적 사건을 사용한 시민성 역량 평가
    압스와 피카(Herman J. Abs and Tina Pyka)

11. 민주시민성의 역량 개념화: 델파이 접근법
    프린트(Murray Print)

페트릭
(ANDREAS PETRIK)

7. "사회는 어떻게 구성되어 있는가, 그리고 어떻게 구성해야 하는지" 학습하기
상호작용적인 논쟁 교수 전략의 필요성과 결과

정책 주기에서 5가지 핵심 역량

시민교육의 주요 목적은 "상호의존적인 세계에서 문화적으로 다양하고 민주적인 사회의 시민으로서 정보에 근거해 합리적으로 공동선을 위한 결정을 내리는 능력을 발달시키는 것"으로 정의할 수 있다(NCSS, 1992). 또는 아델손(Joseph Adelson, 1971)이 자신의 잘 알려진 연구인 "초기 청소년의 정치적 상상력"에서 말한 것처럼, 사회가 어떻게 구성되어 있고 어떻게 구성되어야 하는가에 대해 일관된 도덕적 관점을 형성하려고 노력하는 과정인 정치적 정체성을 발달시키는 것으로 정의할 수 있다. 따라서 우리는 두 가지 주요 과제를 추구해야 한다. 첫째, 특히 문화와 하위문화가 다양한 사회에는 객관적인 공동의 이익이 없기 때문에 다양한 정치적 관점을 보여주는 것이다. 둘째, 민주주의의 가치, 원리, 절차가 이데올로기의 다양성에 싸우지 않고 대처하고 협상하며 조정하는 가장 잘 알려진 정치적 방법임을 보여주는 것이다.

이러한 과제에 어울리는 정치 역량 또는 시민 역량은 무엇인가? 영어권의 대부분 국가들은 대체로 시민 역량의 요소(strands)를 시민의 지식, 인지, 참여 기술뿐 아니라 가치, 태도, 시민 성향을 포함하는 것으로 개념화한다(예: NCSS, 2010 참조). 이런 요소를 구체화하는 대부분 항목은 독일의 논의에서 익숙하게 볼 수 있다(GPJE, 2004; Behrmann, Grammes, & Reinhardt, 2004 참조). 우리는 스위스 학자 바이너트(Franz Weinert, 2001)를 참조하면서 역량에 대한 더 구체적인 접근을 발견했다. 그는 역량을 특정 영역들의 요구에 정통하기 위해 필요한 가치, 태도, 정서와 관련된 인지적 성향과 기술로서 정의한다. 즉, 역량은 구체적인 상황에서 특정 문제를 해결하는 인지적 도구이다. 그러므로 정치 역량 또는 시민 역량을 정의하고 분류하기 위해서는 사회, 경제, 정치문제 해결과 관련된 전형적 상황들을 먼저 고려해야만 한다.

정책 주기(Senesh, 1966)는 정치적 의사결정의 단계를 나타낸다. 시민교육에서는 "갈등-협상-해결-(남은 또는 새로운) 갈등" 4단계를 사회문제해결 과정의 이상적 전형으로 모형화하기 위해 요약본이 사용된다. 초기 갈등은 종종 빈곤, 소수자 권리, 이민, 경제위기 또는 기후변화 같은 사회문제들이다. 모든 사회문제는 문제의 차원들과 적절한 해결방안에 대한 논쟁적 생각으로 이어지므로, 갈등이라는 용어는 정치적 상호작용의 출발점을 표시하는 데 적합하다. 정책 주기(policy cycle)의 각 단계는 요구에 대처하는 특정 역량을 필요로 한다.

사회적 갈등해결의 단계와 필요한 역량들은 어떻게 관련되는가? 자신과 직접 관련되지 않는 긴급한 사회문제를 인식하기 위해서는 자신과 사회계층, 문화, 세계 지역 등의 배경이 다른 사람들의 관점을 채택해야 한다. 따라서 관점채택(perspective taking)은 자기중심적 세계관을 없애기 위한 첫 역량이며 적어도 문제를 더 자세히 살펴볼 필요성을 받아들이도록 자극한다. 이 때 분석도구와 방법이 갈등의 원인과 결과를 밝히는 데 절대 필요한 것 같다. 그다음 이러한 새로운 이해는 효과적인 해결방법에 대한 다른 견해들을 토론하는 것으로 이어진다. 이때 논쟁하고 타협하는 상호작용 역량이 필요하다. 정치 갈등을 분석하고 토론함으로써, 편견이 지식에 근거한 비판적 판단으로 바뀔 기회가 주어진다. 비판적 판단은 근원적인 가치체계와 논쟁적 접근들의 전형적 결과를 평가하는 역량을 보여준다. 자신의 잘 확립된 관점을 찾고 나면, 문제해결과 갈등해소 과정에 참여할 준비가 되고 참여 동기를 가지게 될 것이다. 참여 기술은 개인과 집단이 지역사회 봉사부터 정당이나 국내외 비정부기구들까지의 지역사회, 지방 또는 세계 수준에서 정치에 참여할 가능성을 말한다.

따라서, 우리가 독일의 논의에서 구별한 5가지 역량(Behrmann, Grammes, & Reinhardt, 2004를 기초로)은 [그림 1]처럼 정책 주기에 따라 정리할 수 있다(Petrik, 2010a 참조).

역량은 다음과 같이 정의될 수 있다.

1. 관점채택: 자신과 관련되지 않더라도 긴급한 사회, 정치, 경제, 생태 문제가 있음을 자기와 거리두기(self-distancing)를 통해 객관적으로 인식하고 인지하는 능력
2. 분석적 사고: 사회과학의 범주, 모델, 방법을 사용해 문제 및 그 결과로 일어나는 갈등(근원적인 문제의 원인과 영향, 관련된 당사자들과 그들의 이익, 전략, 그들의 이익을 행사하는 권력 수단)을 깊이 있게 이해하는 능력
3. 갈등 해소: 자기주장을 정립함으로써, 논쟁의 여지가 있는 추론을 받아들이거나 반박함으로써, 설득하고 타협함으로써, 설득하거나 설득됨으로써 그리고 타협함으로써 논쟁의 여지가 있는 주장과 해결방안을 토론하는 능력
4. 비판적 판단: 다른 이데올로기 정향들을 구별하고 평가함으로써

개인의 가치체계를 정치적 정체성으로 발달시키는 능력

5. 참여: 공적 활동과 동원(mobilizing)을 통해 정치적 해결방안을 실행하거나 새로운 의제 설정에 참여하는 능력. 참여는 종종 정치적 결정에 의해 부정적인 영향을 받는 사람들의 정치적 결정들에 반응하는 시기를 선택하는 것이다. 이것이 정치의 "주기적" 특성의 원인이 된다.

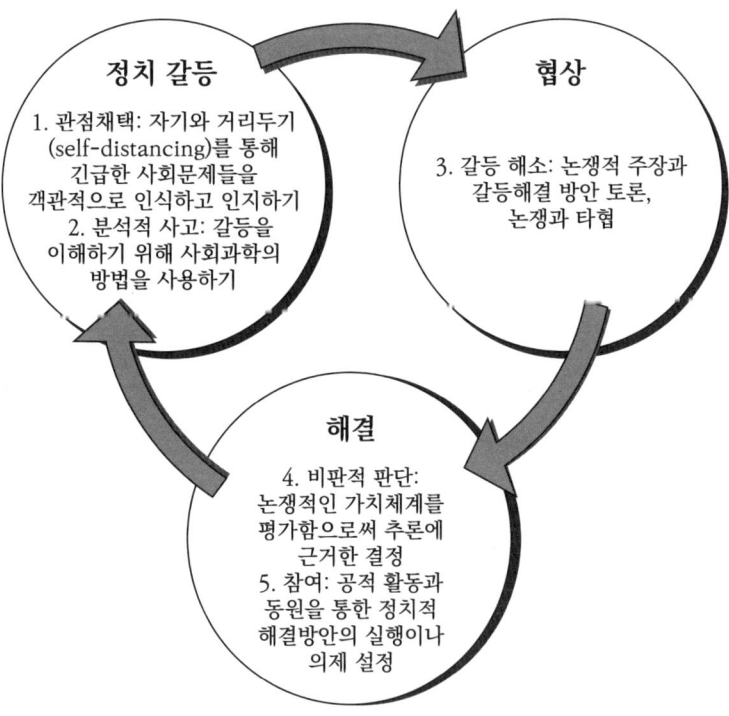

그림 1. 적극적 시민성의 5가지 핵심 역량(Petrik, 2010a)

기술이나 역량은 구체적인 힘든 상황을 관리하는 인지적 '도구들'로 정의되기 때문에 지식, 가치, 태도 및 성향을 같은 수준으로 생각해서는 안

된다. 기술이나 역량은 필요한 차원이나 하위 역량들의 윤곽을 나타낸다. 기술, 가치, 태도, 성향의 끝없는 목록을 정리하기 위해서는 위의 다섯 가지 역량에 따라 묶음으로 분류해야 한다. 우리는 다음과 같이 물어야 한다. 정치 사건을 분석하거나 판단하기 위해 어떤 지식이 필요하며, 효과적으로 참여하기 위해 필요한 것은 무엇인가? 비폭력 갈등 해소와 어떤 가치와 성향이 어울리는가? 특히 역량을 경험 연구를 통해 측정하려면 몇 가지 간결한 역량에 집중할 필요가 있다.

역량 → 차원 ↓	관점채택	분석적 사고	갈등 해소	비판적 판단	참여
기술	역할채택, 자기성찰, 자기와 거리두기, (억구어) 문제해결에 대한 관심과 연대, 상호문화이해에 적합한 행동 보이기	사회과학과 정치 지식의 다른 자료들(논문, 이미지, 텔레비전 뉴스, 통계 등)의 이해, 해석, 비판	토론, 협상, 경청 등 존중히 근거 있는 주장을 사용대 자기 생각을 담고 표현하는 의사소통 기술과 능력	의견과 사실 구별, 모호함에 대처, 자신의 (또는 반대) 의견 명확한 표현, 비판적인 서면 진술	-투표 등 정책과 결정에 영향을 미치고 감시하는 능력, -연합하고 협력하는 능력
지식	다른 사회 환경, 사회역학, 문화차이, 가치 형성과 사회변화의 원인에 대한 자서전적 지식	정치, 경제, 법체계의 주요 요소, 시간과 현재 정치문제, 역사, 문화유산에 대한 지식	중재 전략, 토의 및 갈등 해소 전략, (비폭력) 갈등 해결 이론	다른 가치체계, 사회분열, 정치 이데올로기, 정당 프로그램, 사회운동 및 역사적 발전	지역, 국가, 세계 수준에 서 시민의 권리와 의무, 투표, 시위, 청원, 편집자에게 편지쓰기 등
가치/태도	공감, 존중, 그리고 편견, 성차별, 인종주의, 차별을 거부	과학적 호기심, 이해와 사회적 교류의 핵심으로서 지식, 법치, 민주적 원리와 제도 수용	비폭력적인 차이 해소에 대한 신념, 타협과 자기비판에 대한 개방성, 자신의 정치적 반대자의 자유로운 발언 옹호	관용, 자기와 거리두기, 모든 민주주의 이데올로기에 평등한 가치와 우선성 이해	-적극적 시민으로서 참여를 소중히 여기기 -자기 결정과 행동에 대한 책임감
성향	참 모르는 이질적 관점을 채택하려는 의도	자신의 편견을 극복하기 위한 지식을 획득하려는 의도	평화롭게 갈등을 해소하려는 의도	공정하게 판단하고 판단 대상에 개방적이려는 의도	참여하고 사회적 책임을 다하는 삶을 실현는 의도

그림 2. 시민 역량으로서 지식, 기술, 가치, 성향

위에 제시된 기술 차원은 역량의 핵심을 구체적 능력으로 설명한다(위에서 정의한 것 참조). 5가지 역량에 지식을 추가함으로써 우리 교육과정의 빈틈을 더 쉽게 인식할 수 있다. 관점채택에서 사회학적 및 인종학적 지식이 중요한 역할을 한다는 것이 명백해진다. 또 논증 유형과 갈등 연구에 대한 지식 없이는 비폭력적 갈등해결을 배울 수 없다. 차별화된 정치적 판단은 사회적 및 정치적 분열에 대한 지식을 기반으로 해야 하며, 시민의 권리와 의무에 대한 지식 없이는 참여할 수 없다(다음 장 참조). 가치 차원과 태도 차원은 인지와 감정의 불가분 관계를 명확하게 한다. 관점채택은 공감, 분석적 사고, 호기심, 갈등 해소, 자기비판, 판단에서의 관용, 참여에 대한 책임을 요구하고 강화한다. 마지막으로, 성향 차원은 개인이 학교나 다른 곳에서 발달시킨 역량을 실천할 기회를 준다.

핵심 개념: 근본 질문, '이념 간극' 및 '정치 나침반'

핵심 개념들은 기본 교육과정을 만든다. 핵심 개념들은 다섯 가지 역량에 필요한 지식을 구체화한다. 가치에 기초한 판단 역량은 시민교육에서 여전히 종종 무시되기 때문에, 나는 사회분열과 민주주의 이데올로기에 초점을 맞춘다. 다음 9개 질문은 모든 사회, 정부, 정당, 사회운동이 대처해야 하는 상당히 논쟁적인 주제를 제기하므로 시민이 학습하는 핵심 개념을 나타낸다. 또, 각 사람은 이런 질문에 자신의 생활방식과 자신이 "삶의 지침으로 삼는(lived)" 가치로 간접적으로 "답"한다. 모든 사회와 사회집단은 외국인과 일탈자 통합, 성취와 진보를 위한 동기화, 전통의 유지나 변경, 의사결정, 갈등 해소, 천연 자원의 사용, 할당, 재분배에 대처해야 한다. 다음 9가지 주제는 가치 변화와 민주화에 관한 설문지에 사용된 기본 문항을 같이 다룬다(Welzel & Inglehart, 2009 참조).

시민교육의 핵심 교육과정으로서 9개의 논쟁적인 근본 질문은 다음과 같다.

1. 의사결정 및 변경: 어떤 사람이나 기관이 의사결정에 책임을 져야 하는가, 정부인가? 사회 변화를 어떻게 조직해야 하는가?
2. 갈등해결 및 안전: 개인, 교육, 국가, 세계의 갈등과 규칙 위반을 어떻게 해결하는가?
3. 공통 가치 기반: 우리 사회의 가치 기반은 무엇인가? 종교는 어떤 역할을 해야 하는가?
4. 포용과 문화 정체성: 사회적 소수자와 이방인을 주류 문화에 어떻게 포함해야 하는가?
5. 개인의 생활방식: 정치는 개인의 생활방식, 남녀관계(gender relation), 성행위에 어떤 영향을 미치는가?
6. 재산권과 경제 리더십: 국가는 경제와 재산권에 어떤 영향을 미치는가?
7. 자원 할당과 재분배: 사람들에게 자원을 어떻게 부여해야 하는가?
8. 혁신과 성취: 혁신과 성취를 위해 사람들을 동기화하는 주요 원리는 무엇이며 교육체계에 어떻게 영향을 미치는가?
9. 생태와 경제: 생태 자원의 사용은 경제체계를 위해 어떤 역할을 해야 하는가?

이런 질문은 교사들이 비판적 판단 기술을 촉진하는 논쟁적 주제를 선택하는 데 도움이 된다. 그러나 시민교육에서 정치적 의견은 일반적으로 그냥 묻는 것이거나 정체성 발달, 관점채택, 관용을 촉진하기 위해 분석되지 않은 채 피상적인 애매한 진술로 남겨진다. 시민교육 프로그램 대부분은 가치중립적이고 "객관적인" 사고와 분석 기술을 강조한다. 국제학업성취도평가협회 시민교육 연구(Torney-Purta et al., 1999 참조)는 투표 및 참여 의지 같은 민주주의 사회의 기본 특성 그리고 관용, 타협 및 협력 같은 민주적 기술에 초점을 맞춘다. "태도"는 학생들이 제도, 국가, 이민자들의 기회, 여성의 정치적 권리 및 미래 전망을 신뢰하는가와 관련된다. 그런 점에서 정치 이데올로기의 흔적을 찾지만, 체계적으로 묻거나 제대로 해석하지 않는다. 교실에 대한 두 가지 연구 결과에 따르면, 정치적 당파성과 갈등을 다루는 것이 부족하다(Niemi & Niemi, 2007; Hess & Ganzler, 2007 참조). 나는 이것을 시민교육의 "이데올로기 간극(ideology gap)"으로 부른다(Petrik, 2010c 참조). 오개념(misconception)에 대한 연구 결과는 정치적 사실을 이해하고 분석하는 신념 체계가 중요한 역할을 한다는 것을 보여주었다. 예를 들면 이라크가 대량 살상 무기를 보유하고 있다는 잘못된 믿음은 부시(J. Bush) 전 미국 대통령의 보수적 지지자들에게 오늘날까지 강하게 남아있다. 허위의 또는 근거 없는 신념은 수정되지 않고 유지될 수 있으며 이데올로기 정향과 당파적 신념에 의존한다. 미국 대학생에 대한 정치학 연구에 따르면, 학생들의 노력은 가르치는 교수의 정치적 정향을 학생들이 어떻게 인식하는가에 크게 의존한다(Kelly-Woessner & Woessner, 2008).

이데올로기 간극은 키트쉘트의 정치균열(political cleavages) 모델(Herbert Kitschelt, 2003 참조)을 사용해 메울 수 있으며 위에서 언급한 9개의 근본 질문에 대한 좌파자유주의, 시장자유주의, 민주사회주의, 보수주의의 답을 구별한다. 키트쉘트는 스탈린주의 공산주의가 쇠퇴한 후 동유럽의 새로운 민주주의 정당 프로그램을 분류하기 위해 정치 균열 모델을 개발했다. 위의 4가지 정향은 최소한 모든 서구 민주주의에서 개인의 가치체계, 사회운동 및 정당을 형성하는 기본적인 정치 이데올로기로서 널리 고려된다. 키트쉘트의 좌표계(coordinate system)는 1929년에 발간된 만하임(Karl Mannheim, 1936)의 유토피아와 이데올로기 사고의 고전 모델을 개선한 것으로 볼 수 있다. 그는 지식사회학 관점에서 역사상 동일한 정치적 의식의 네 가지 이상형을 확인했다. 따라서 [그림 3]에 표시된 키트쉘트의 모델에 기초한 좌표계는 가능한 정치적 사고의 지평을 이상적 전형으로 형성한다.

정치적 판단의 지평은 각 사회가 입장을 정해야 하는 두 가지 주요 균열, 즉 자원 할당에 대한 분배적 또는 경제적 균열, 그리고 행위자, 권력, 의사결정에 대한 절차적, 공산주의적 또는 사회문화적 균열에 의해 특징지어진다. 두 차원 모두 위에서 제기한 9개 근본 질문으로 구성된다. 왼쪽 "평등" 극(pole)은 자산과 (생태) 자원의 소비를 협동 집단 기구(민주사회주의 전통에서 국가 또는 좌파자유주의나 무정부주의 전통에서 코뮌(commune) 연결망에 의해 규제해야 한다는 관점으로 정의된다. 오른쪽 "자유" 극은 경제와 생태를 시장체계, 자발적으로 경쟁하는 개인과 조직에 맡겨야 한다는 관점으로 정의된다. "자기 결정(self-determination)"은 개인적(문화적, 성적 등) 자유뿐 아니라 자발적이고 동등한 참여를 극대화해야 한다는 생각을 설명한다. "권위"는 안정된 사회를 보장하기 위해서 기존 계층구조와 지배적인 종교적 또는 세속적 전통과 지도자를 따라야 한다는 신념으로 정의된다.

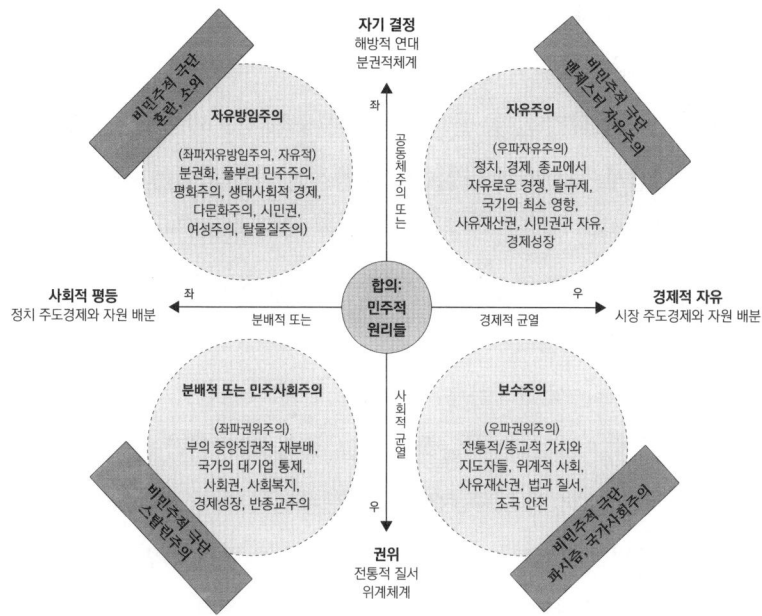

키트쉘트의 모델보다 과학적으로 덜 정확하고 적절하지 않은 몇 가지 유사한 좌표계와 나침반이 있다. "The Smallest Political Quiz"(www.theadvocates.org), "Political Compass"(http://politicalcompass).org), "Electoral Compass"(www.electoralcompass.com), "Moral Matrix"(www.moral-politics.com).

키트쉘트에 따르면, 좌표계의 네 극은 궁극적인 정치적 가치를 나타낸다. "평등"과 "자유"라는 용어는 여러 가지 다른 방식으로 사용되기 때문에 "사회적"과 "경제적"이라는 보충어가 필요한 것 같다. 둘째, "정치 주도" 대 "시장 주도"경제라는 용어는 경제 갈등이 재분배뿐만 아니라 생태 또는 성장 지향 경제체계를 장려하는 국가의 역할에 관한 것임을 분명히 하도록 추가되어야만 한다. 자기결정은 타율성을 의미하는 권위와 논리적으로 정반대이다. 자기결정은 집단선택이 될 수 있으므로 "개인주의"라는 용어는 적합하지 않다. 둘째, '권위'라는 용어는 '민주주의'와 양립할 수 있지만 '전체주의'(일부 나침반이 사용하는)와는 양립하지 않는다. 자기결정과 권위라는 개념은 정반대인 분권적 정치체계와 위계적 정치체계 그리고 해방적 규범과 일상생활의 전통적인 사회문화 규범이라는 대조적인 것을 동시에 다룬다.

무정부주의 또는 좌파자유주의 사상은 현대의 반권위주의, 사회적 공정, 탈물질주의, 여성주의, 다문화, 반군사주의 및 생태적 풀뿌리 정치의 역사적 원천이다. "강한 민주주의" 개념은 주민의회(neighborhood assembly), 국가 발의(national initiative)와 의회 입법에 관한 국민투표(referendum), 직장 민주주의 실험, 대안적 경제 모델로서 공적 제도를 구상한다. 바버(Benjamin Barbers, 1984, pp. 68 및 98)가 오해한 것과 달리 프랑스 사회주의자 프루동(Pierre-Joseph Proudhon 1809-1865)에 기초한 기본적인 무정부주의 사상은 "반정치(anti-politics)"가 아니라 "지배가 없는 질서(order without leadership)"를 의미한다. 동시에 바버가 사용한 무정부주의라는 용어는 좌파자유방임주의 사상이라는 비민주적인 극단으로 이해될 수 있다. 그 용어는 자기결정이 평등과 집단책임에서 벗어날 때마다 "개인의 자기만족"을 통해 순전히 쾌락적이고, 갈등을 거부하며, 혼란과 소외를 일으키는 것이 될 수 있다.

민주적 사회주의는 세계적이고 국가적인 탈규제와 사회적 불평등 증가가 강한 정부에 의해서만 극복될 수 있다는 생각이며, 이로 인해 소득을 재분배하고 모든 시민에게 사회복지와 최저소득을 제공하기 위해서 대기업을 통제, 축소 및 때때로 수용하는 새로운 규칙을 만들 수 있다. 전통적인 종교의 편견 및 다른 "편견들"에 반대하는 계몽은 불의와 착취를 철폐하는 중심 도구로 여겨진다. 스탈린주의 공산주의를 제외하면 규제는 헌법의 틀 내에서 민주주의 정부에 의해 시행된다.

보이지 않는 손이라는 자유주의 사상은 주요한 국가 개입 없이 경쟁으로 공공복지(common wealth)를 보장하는 자유시장체계이다. 올바로 이해된 자유주의는 경제적 자유와 개인적 자유를 구별하지 않는다. 사생활 방식, 성적 지향이나 종교적 지향은 다른 사람에게 해를 끼치지 않는 한 정치적 간섭을 받아서는 안 된다. 사유재산과 경제성장은 사회, 문화 또는 경제발전의 주요 원천이다. 그 극단에는 어떠한 사회적 보호 없이 순수한 자본주의 시장체계로서 많은 사람이 정치참여에서 자동으로 배제되는 맨체스터 자유주의(Manchester-Liberalism) 체계가 있다.

보수주의 사상은 Homo homini lupus("인간은 [그의 동료] 인간에게 늑대이다")리는 홉스(T. Hobbes)의 견해에 뿌리를 둔다. 사람들은 평화롭고 안정적이며 질서 정연한 사회를 만들기 위해 전통적 권위의 강력한 지시를 필요로 한다. 정부는 사유재산권을 보호하면서 공적 및 사적 생활에서 개인 행위도 통제해야 한다. 중요한 도덕적 가치는 종교적 권위에 의해 지지되고 대표된다. 자연적인 인간 불평등과 파괴적 충동은 정의와 안전을 유지하기 위해 위계질서를 필요로 한다. 국가사회주의와 파시즘은 사회적으로 불평등한, 위계적인, 민족주의적인 사회의 극단적 형태를 나타낸다.

키트쉘트(2003)는 자유방임주의 대 권위주의 균열을 좌우 갈등(left-right conflict)으로도 부르는 언어 관습을 언급하지만, 두 가지 용어를 경제적 차원으로 남겨두는 관습을 고수한다. 나는 좌와 우 두 가지 차원을 고려한다. 그렇지만, 실용적 이유로 키트쉘트처럼 좌파자유주의와 우파 권위주의 정향 등에 대해 계속 이야기할 것이다. 따라서, 이러한 형용사들은 두 가지 차원을 명확하게 구별한다.

위에 제시한 9개 근본 질문을 기초로 이제 정치적 나침반의 궁극적 가치를 구체화할 수 있다. 다음 설명은 민주주의 사회에서 정치적 논쟁의 풍경을 펼쳐 보인다. 흰색 영역은 하나의 사분면을 채우는 하나의 이데올로기를 주로 나타내는 반면, 회색 영역은 인접한 두 이데올로기의 공동의 가치를 나타낸다(그림 4 참조). 이 정치지도를 통해 권위, 사회적 평등, 경제적 자유 또는 자기결정 같은 하나의 궁극적 가치를 공유하는 두 이데올로기의 대조와 연립 가능성을 동시에 고려할 수 있다. 그것은 정치적 이데올로기의 중요한 "가치 벽돌"을 나타낸다.

교수 전략: 발생론적 방법과 '마을 건설' 시뮬레이션

앞에서 살펴본 국제학업성취도평가협회 연구 결과에 따르면, 세계 모든 국가의 학생 중 25%만이 자기 자신의 관점을 말하도록 '종종' 고무되었다. 이론적으로는 많은 교사가 비판적 사고와 가치 발달을 선호한다. 그러나 실제로는 대체로 교과서, 학습지, 교사의 설명을 통해 사실 정보를 전달한다(Torney-Purta et al., 2001). 그 결과 행동을 지향하는 상호작용적인 방법이 부족한 것 같다. "실천에 의한 학습(learning by doing)"을 통해서만 참여나 시민참여를 배울 수 있는 것은 아니지만, 참여할, 관용적으로 행동할, 개인의 지위에 권한을 부여할 필요성을 아는 것과 함께 분석 기술과 협상 기술이 필요하다. 따라서 동등하게 사용되어야만 하는 세 가지 유형의 전략을 구별할 수 있다.

1. 분석 방법: 예) 사례 연구, (단순화된) 양적 설문조사 또는 질적 면담 등, 시나리오 계획 기법, 사회과학 문헌 읽기

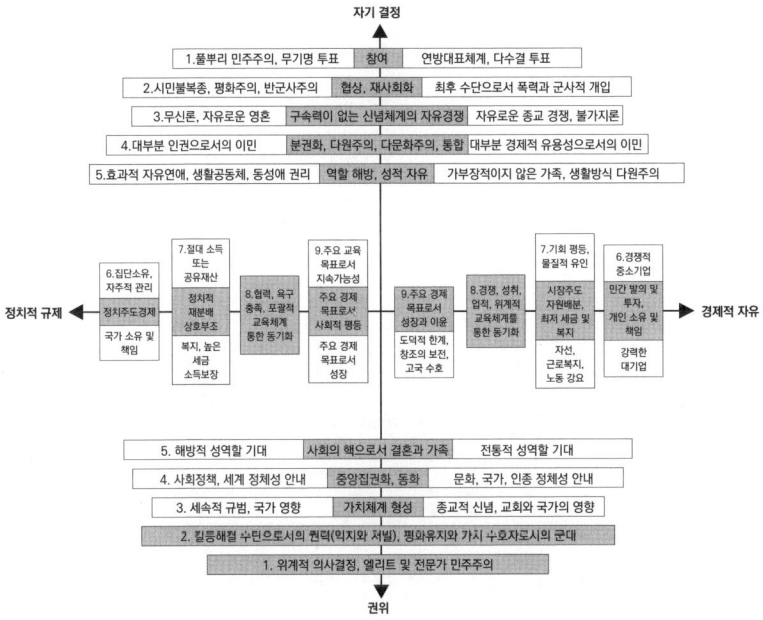

그림 4. 논쟁적인 분배 및 사회문화 가치의 중핵 교육과정

2. 시뮬레이션 방법: 예) "제도" 시뮬레이션(예: UN 모델), "사회" 역할게임(예: 가족, 동료 또는 문화 간 갈등), 토론 클럽, 사회실험(예: 밀그램(S. Milgram)의 "권위에 대한 복종" 또는 "마을 건설(Found-a-village)" 프로젝트
3. 정치 행동 방법: 예) 정치 개입(듀이(J. Dewey)가 사용한 의미로), 미래 워크숍(future workshop), 봉사학습

이 모든 방법은 문제 중심(problem-oriented), 갈등 중심, 행동 기반 또

115

는 발생론적(발견 중심이라는 의미) 학습 원리에 근거한다. 이러한 원리는 시민교육 수업의 학습 단계들이 된다(라인하르트(Sibylle Reinhardt)가 쓴 이 책의 장도 참조). 내 경험에 따르면, 시뮬레이션 방법(simulative method)은 개인 경험을 추상적이고 개인이 간신히 접근할 수 있는 정치 제도 세계와 연결할 수 있어서 시민교육에서 중요한 역할을 해야 한다. 방법론적 차원에서 역할게임, 사회실험(social experiment) 및 제도 시뮬레이션은 사회, 가치형성, 사회변화를 이해하는 데 사회과학의 방법이 중대한 역할을 한다는 것을 보여준다. 시뮬레이션은 대부분 학생이 실제 생활에서는 하려하지 않거나 할 수 없는 활동에 참여하도록 한다. 나는 이데올로기 간극을 메우기 위해 특별히 설계된 "사회실험" 전략의 예로 내가 만든 "마을 건설" 시뮬레이션을 소개한다.

마을 프로젝트(village-project, Petrik, 2007, 2010b, c)는 새로운 (소규모) 사회를 찾기 위해 프랑스 피레네 산맥의 황량하고 고립된 산악마을로 전 계층이 이주하는 것을 모의 실험한다. 따라서 이 프로젝트는 발생론적 방법의 생각을 따르며 학생들이 "구성 과정(process of formation)"에서 사회문제를 공부할 수 있게 해준다(Dewey, 1966; Wagenschein, 1991; 영역본 Westbury, 2000 및 http://www.natureinstitute.org/txt/mw/index.htm 참조). 따라서 이 마을은 학생들이 정치, 경제, 문화에 대해 생각하는 것으로 채우는 정치적 진공상태 "영점(point zero)"을 나타낸다. 이 출발점은 학생들이 자신의 잠재적 이데올로기를 발견하고 논쟁적 주장을 조정하는 민주적 규칙과 제도의 필요성을 알게 해준다. 따라서 시뮬레이션은 "섬(island) 시나리오" 또는 "로빈손 크루소 부류의 모험 소설" 전통으로 분류할 수 있다. 아델손(Adelson, 1971)은 수천 명이 새로운 사회를 형성하기 위해 모험을 무릅쓰고 섬으로 가는 것을 청소년들이 상상하게 했다. 마을 프로젝트를 통해 학생들은 관점채택 기술, 갈등해결 기술, 비판적 판단 및 참여 기술을 향상할 수 있다. 독일의 선행연구에서 알 수 있듯이, 특히 정치적 관용이 발달한다. 이러한 역량을 촉진하기 위해 마을 시나리오는 상호작용하는 학생 간 토론을 기반으로 하며 전통적인 세 개의 계층 구조, 시장 광장, 시청, 교도소 또는 교회의 흔적을 통해 "제도적 비계(scaffolding)"를 제공한다.

그림 5. "마을 건설" 모의실험 시나리오(Petrik, 2007, 2010b, c)

1막: (자기) 발견-논쟁적인 정치적 가치와 민주적 규칙

학생들은 자신의 경제, 정치, 문화체계를 발달시키기 위해 몇 차례 마을 회의에 참석한다. 이러한 회의는 대체로 매우 논쟁적이고 학생들이 기본적인 토론 규칙을 만들도록 한다. 의사결정이나 소득분배 같은 몇 가지 근본 문제는 교사가 꺼내지 않아도 자연스럽게 제기된다. 나중에 교사는 학생들에게 9개의 근본 문제들(위 참조)을 체계적으로 다룰 수 있는 마을 상황을 제시한다.

1. 정부: 개인 갈등과 경제위기를 해결할 강한 지도자를 선출해야 하는가?
2. 갈등 해소: 공동 현금상자에서 1,000유로를 훔친 마을주민을 어떻게 해야 하는가?
3. 가치 기반: 교회를 세속적인 문화 센터로 바꿀 수 있는가?
4. 포용: 튀니지에서 온 전통적인 회교도 4명에게 편의를 제공해야 하는가?
5. 사생활: 마을 소녀의 낙태 요청 문제는 누가 결정해야 하는가?
6. 재산권: 더 많은 관광객을 유치하기 위해 주택 한 채를 사서 호텔로 개조하고, 작은 길로부터의 진입로, 시장 광장의 주차장을 만들고, 전화 또는 인터넷 회선을 개설하자는 투자자의 제안을 받아들이는가?
7. 재분배: 마을 집들 중 한 집의 썩은 지붕을 수리하는 비용을 마을 전체가 지불해야 하는가?
8. 경제 원리: 새로운 경작 방법, 컴퓨터 게임 등을 발명해 경제적으로 성공한 마을 사람들은 특별 부유세를 내야 하는가?
9. 생태: 가능한 다른 투자를 무시하면서 풍력발전 및 생태농업에 투자하기를 정말 원하는가?

2막 : 체계화 – 가치에서 이데올로기로

이제 마을 주민들은 시장자유주의, 보수주의, 민주사회주의 그리고 무정부주의(좌파자유방임주의, 위의 내용 참조)의 창시자 아담 스미스(A. Smith), 에드먼드 버크(E. Burke), 칼 마르크스(K. Marx), 프루동을 그들이 쓴 글의 원문을 통해 알게 된다. 학생들은 다른 유형의 논증을 하는 방법을 배우기 위해 역할극(자유주의, 사회주의자 등의 마을은 어떤 모습일까?)에 참여한다. 나중에 그들은 4개의 이데올로기를 통합한 정치 나침반을 개발하여 키트쉘트의 좌표계와 비교한다.

3막 : 전이 -이데올로기에서 현재의 정치에 대한 토론으로

마지막으로, 마을 사람들은 동성 결혼, 건강관리, 복지, 기후 변화 및 군사 개입 같은 논쟁의 여지가 있는 근본 문제에 따르는 논쟁적인 정치 문제를 논의하기 위해 토크쇼 방식을 사용한다. 먼저, 네 가지 이데올로기의 관점을 채택하고 다음으로, 개인적 관점을 진술한다. 그래서 학생들은 자신의 고유한 가치 발견에서 시작해 정치 이데올로기, 질서, 최신 정치 문제에 이르는 학습 경로를 거친다.

논증 분석에 의한 학습자 발달에 관한 질적 연구

나는 다르게 동기화된 정치에 관한 학습 문제를 다루는 경험적 접근인 "정치화 유형(politicization types)"의 사례를 연구하기 위해 마을 시나리오를 사용한다(Petrik, 2010b, 2011 참조). 정치화 유형은 개인의 기본적인 정치적 가치 정향에 따르는 전형적인 논증 및 갈등 해결 행위를 보여준다. 자기주장을 당연하다고 보기 때문에 자기주장을 정당화하기 거부하는 잠재적 보수주의자 학생 또는 "의견이 다른" 마을 사람들이 평등주의 정책에 예상치 않게 반대한다는 이유로 그들을 비난하는 잠재적 좌파자 유방임주의자 학생이 그런 예일 것이다.

논증을 평가하는 것은 견해의 일치점을 찾고 상호 이해, 타협 또는 합의함으로써 갈등을 구체화하는, 진정으로 평화로운 방법이다. 따라서 툴민(S. E. Toulmin)의 전통에서 논증 분석은 "열린 교실"에서의 토론을 통해 학생의 개념 지식과 태도가 발달하는지 연구해야만 할 때 참된 연구 방법이다.(Hahn, 2010, p. 17). 툴민 모델의 기본 부분들인 주장, 이유, 근

거, 지지 또는 전제(claim, warrant, ground, and backing or premise)는 피아제(J. Piaget)의 전통에서 개념 변화의 동화 및 적응 과정을 다시 기술하는 데 쉽게 사용할 수 있다(Miller, 1987 참조). 단순한 주장은 특정 관점을 개인이 동화하는 것을 보여주지만, 개인이 대안적인 논증 방법을 발전시키는 데 크게 주목하게 하지 않는다. 일상적인 논증의 이러한 "확증 편향(confirmatory bias)"과 "불충분한 상황 모델링"(Davies, 2009)은 반박으로 동요(저지)될 수 있으며, 의견을 바꾸거나 더 좋고 깊은 판단을 추구하는 조절(accomodation)을 일으킨다. 학생들이 교사나 학급 친구들로부터 자신의 생각과 반대되는 증거를 찾고 대안적인 가능성을 고려하도록 고무되면 보통 자신의 논증을 개선한다. 이것은 또 사회과교육 분야에서 이루어진 논증에 대한 매우 적은 연구들 중 한 연구의 결과이기도 하다(Nussbaum, 2002 참조).

논증 분석은 소위 다큐멘터리 방법(Documentary Method)(Bohnsack, 2010)의 틀을 따르는 재구성주의 교육 연구에 속할 수 있다. 연구자들은 내러티브 면담, 집단 토론, 사진 등을 분석함으로써 사회 현실이 행위자의 시각에 따라 만들어지는 방식을 재구성하고자 한다. 그래서 우리는 구성주의적 입장을 다룬다. "발생" 또는 진행 중인 협상과 의미의 성취는 실제에 함축된 암묵적 지식을 중심으로 검토된다.

정치적 추론에 내용 기반의 단계 변화로 접근하는 나의 방식은 콜버그(Lawrence Kohlberg, 1981)의 도덕성 발달 단계와 논문 첫 부분에서 간략히 설명한 5가지 역량 모델(Behrmann, Grammes, & Reinhardt, 2004; 경영 연구 및 지리 분야 Davis, 2009)에 기초한다. 다음으로, 나는 비판적 판단과 갈등해결 기술에 똑같이 적용되는 논증의 네 수준을 간략히 설명한다. 나의 선행연구에 따라 그것을 변증법적 관계로 본다. 학생들이 자신의 가치 정향 그리고 갈등하는 가치 정향을 더 많이 성찰할수록 학생들은 생산적인 갈등 해소에 더 개방적이며 자신의 개인 가치체계에 대해 더 빨리 물음을 던지고 더 빨리 정교하게 만들 수 있다.

사적 수준(1): 정치와 관련되기 전의 그리고 가치 정향과 분리된 근거 없는 주장
이 수준은 근거가 없고, 대체로 성찰하지 않은 개인에게만 타당하며, 종종 감정에 깊이 뿌리박은 가치 정향으로 정의된다. 화자가 자신의 관심을 다른 사람에게 정당화하려 하지 않거나 (아직) 정당화할 수 없는 한, 이 수준은 정치적인 것 이전의 개인적 상태이다. 이 단계는 논쟁적 의견과 분리된 동료 중심의 관점을 포함하며, 기존 갈등에 대한 무지 또는 "의견이 다른 사람들"을 말로 공격하는 것으로 이어진다. 이 단계는 동료 회원을 찾고 정치적 정향을 발달시키는 데 필수적이지만, 대체로 근거 없는 반대 의견으로 끝난다.

공적 수준(2) : 정치적 관점의 생산적 교환 토대로서의 관련 근거들
적절한 이유들이 포함된 근거를 사용하는 것은 개인의 진술을 집단이 받아들인 통찰과 설득력 있게 연결시키기 때문에 정치적 교환의 기초이다. 정치적 판단에 관해서는 정당한 관점에 도달한다. 자신의 견해를 말하는 다른 사람들을 이해하려는 개방성과 결합된 "근거 있는 반대"가 획득될 수 있다. 따라서 두 개의 공적 하위 수준, 즉 a) 자신의 견해를 말하기 위해 적절한 논거를 사용하는 능력, b) 다른 사람들의 반대 논거를 재구성하는 능력을 구별할 수 있다.

제도적 수준(3): 충돌하는 주장들을 조정하는 것으로서 전제에 대한 성찰

세 번째 수준에서는 자기주장 그리고 반대되는 논증의 기본 전제들이 조사된다. 전제들은 대개 언급되지 않은 기본 가정 또는 "정당화를 정당화하는" 이유들이다. 첫 번째 하위 수준은 형식상 근거의 기초의 기초가 되는 자신의 가치와 가정과 반대되는 가치와 가정을 밝히고 대조하며 더 넓은 관점을 채택하는 능력이다. 논증의 숨겨진 이데올로기 구조가 고려되므로, 우리는 판단 능력의 개념 수준에 대해 말할 수 있다. 두 번째 하위 수준은 반박, 타협 또는 동의로써 상충하는 이데올로기 개념들을 조정하는 능력이다. 여기서 절차적 또는 심의적 수준에 도달하며, 공동 결정을 내리는 공통 원리와 방법을 찾을 필요가 있다는 통찰을 함축한다. 절차적 정향 때문에 이것을 제도적 수준으로 부르게 되었다. 민주주의 제도의 주요 과제는 평화적으로 협상하고 반대되는 정치적 개념들을 숙고하는 것이기 때문이다.

체계적 수준(4) : 공감적인 인지적 시각으로서의 메타 성찰

이 네 번째 수준은 이데올로기와 갈등 해결에 대한 이론 지식이 필요하다. 정치적 판단의 최고 수준은 로티(R. Rorty, 1989)가 "자유주의적 아이러니스트(Liberal Ironist)"라고 부른 사람, 즉 자신의 이데올로기가 우연적이라는 의식과 자신의 가치를 옹호하는 의지를 결합할 수 있는 사람으로 설명할 수 있다. 이런 입장에 따라오는 애매성에 대한 관용은 자기모순적인(self-ironic) 거리이며 자유주의적(심의적이라는 의미의) 대화를 위해 개방성을 유지할 필요가 있다. 전형적인 정치 균열과 정치적 이데올로기들의 가능한 연합(위 참조)에 대한 기본 지식은 이런 인지적 수준에 필수적이다. 다른 한편, 이 수준에서 정치적 토론을 평가할 수 있기 위해서 논증 전략(주장, 근거, 이유, 전제)에 대한 기본 지식이 필요하다.
[그림 6]은 정치적 판단과 갈등 해결 기술을 위한 논증의 네 가지 수준을 요약한다. 개인의 정치적 진술에서 툴민 모델의 더 많은 요소가 명시적으로 실현될수록 개인의 논증 수준은 더 높아진다. 동시에, 낮은 수준 또는 불분명한 논증은 숨겨진 가정 같이 기초가 되지만 실현되지는 않은 부분을 위해 분석될 수 있다. 갈등 해결은 조정에 의해 공동 해결에 기여할 수 있는 형식과 관련된 능력을 말하며, 정치적 판단은 민주적 조직의 모델들과 다른 가치체계들을 평가할 수 있는 내용과 관련된 능력을 나타낸다.

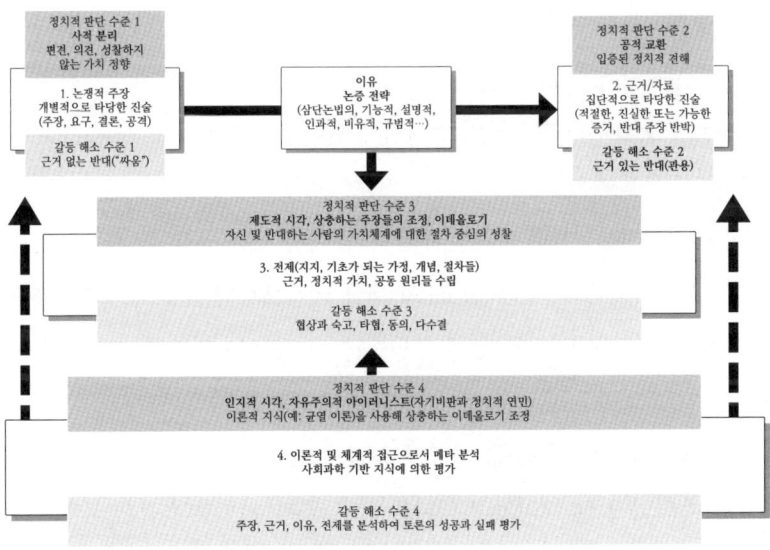

그림 6. 툴민에 기초한 정치 판단과 갈등 해결 기술 발달 모델

논증 분석 방법은 상호작용하는 환경에서 정치적 판단과 갈등 해결 능력이 역동적으로 형성되는 과정을 포착하는 적절한 방법인 것 같다. 무엇

보다도, 논증의 질은 종종 첫인상과 반대로 나타날 수 있다. 특히 언급되지 않거나 조금 제시된 주장은 학생의 논증을 잘못 평가하거나 평가 절하하도록 오도할 수 있다.

동시에, 정치적인 것 이전의 그리고 종종 매우 감정적인 주장에 대한 이해가 강화될 수 있다. 잠재적 전제를 분석함으로써 학생들의 정체성 형성의 근본 부분인 기본적인 사회적 가치에 더 가까워진다. 형식이 불완전하거나 받아들이기 어려운 논증을 진단하는 것과 잠재적 견해인 정치적 감정을 재구성하는 것을 명확히 구분하는 것이 중요하다. 이것이 내가 결손 중심의 접근과 차이 중심 접근의 종합으로 부르는 것이다. 결손 관점(deficit-perspective)은 학생들이 다른 사람들을 설득하고 자기 견해를 바꾸는 능력, 즉 민주시민이 되는 능력을 발전시키는 데 중요하다. 차이 관점(difference-perspective)은 학생들이 정치적 정향에 매우 개별적으로 접근하는 것을 교사와 학자들이 인식하게 한다는 점에서 중요하다.

나는 구동독에서 시작해, 미국, 프랑스 등 다른 국가들의 정치적 논증 유형을 비교하는 사례 연구를 위해 "마을 건설 프로젝트"를 사용하는 연구를 계속할 것이다. 구서독 고등학생을 대상으로 한 나의 첫 번째 현지 연구를 통해 7가지 "정치화 유형"의 경험적 접근을 도출했는데, 후속 연구에서 차별화하고 보완할 것이다(Petrik, 2011 참조).

1. 좌익의 감정적 반대: 정치적 좌절에 기인한 일부 권위주의적 사회주의의 일탈 그리고 반대파를 말로 공격하는 뿌리 깊은 좌파 자유방임주의 정향
2. 정치적 정체성(political identity)의 공개적 추구: 반대 논증에 개방적이고, 사회적 평등과 업적주의 사이에서 흔들리는 권위주의와 반대되는 접근

3. 정치와 무관하게 전통 지지: 보수주의적인 공동체 정향을 추구하는 조화, "자연스러운" 현상 유지에 관한 토론 거부
4. 지적 반대: 훌륭한 토론 중재 기술을 포함한 고도로 발달되고 관용적인 좌파 자유방임주의 입장
5. 체계에 대한 실용적인 충성: 짧은 토론과 빠른 결정을 주장하는 다원주의 및 시장자유주의 접근
6. 초기 정치화: 개인의 정치적 가치 첫 발견, 강한 동료 집단 정향
7. 체계에 대한 충성을 추구하는 권위: 교사의 더 강한 지배, 한정된 업무 구조, 명확한 규칙 및 사회위계를 요구하는 데 찬성하고 격렬하고 경쟁적인 토론에 압도된 조심스러운 행위

결론 : 시민교육의 핵심으로서 갈등을 토론하고 성찰하기

사회참여와 정치참여를 위해 시민교육은 어느 방향으로 발전해야 하는가? 무엇보다도 우리는 역량을 실제 사회문제와 정치문제를 해결하는 구체적인 도구로 정의해야 한다. 이러한 문제는 관점채택, 분석적 사고, 갈등 해결, 비판적 판단, 참여 기술로 헤쳐 나갈 필요가 있다. 지식, 기술, 가치, 태도 및 성향은 5가지 역량의 필수 차원을 나타내며 역량들이 작동할 수 있게 해준다.

불행히, 비판적 판단 역량은 시민교육 수업과 과학적 연구에서 무시되어 왔다. 국제적 연구들은 합의된 민주적 가치와 태도에 초점을 맞추고 있지만, 논쟁적 가치와 그에 따른 사회문화적 균열은 여전히 비밀로 남아 있다. 이러한 현상은 지배(governance), 갈등 해결, 부의 분배, 다른 생활양식, 종교, 생태, 이민에 대한 논쟁적 생각들이 정치적 정체성의 정서

적 핵심을 이루고 있기 때문에 매우 문제가 되는 결과이다. 시민교육에서 이데올로기 간극을 극복하지 않으면 가장 중요한 민주적 가치인 관용을 촉진할 수 없다. 민주주의를 명확히 이해하는 것은 다원주의를 뿌리 깊게 수용하는 것에 달려 있다.

이것이 논쟁적 토론에 학생들이 참여하게 하고 자기 의견을 정당화하게 하고, 자기 의견을 성찰하게 하는 행동을 지향하고 상호작용하는 교수 전략을 장려하는 이유이다. 특히 시뮬레이션의 교육적 효능을 과소평가해서는 안 된다. 시뮬레이션을 통해 학생들은 다른 사회적, 문화적, 제도적 역할을 채택함으로써 전에 없던 방식으로 느끼고 생각하는 방법을 학습하기 때문이다. 마을 건설 프로젝트는 개인의 정치적 자아를 학습하게 하는 하는 특별한 종류의 시뮬레이션이다. 사회적 세계에 대한 개인의 관점이 형성되는 동시에 정치화되고 민주화된다.

이런 점에서 경험 연구가 중요하다. 학습자 발달, 상호작용하는 학습 환경에서의 개념 변화에 대한 지식은 여전히 제한되어 있다. 널리 행해지는 양적 설문조사 외에 개인의 정치적 논증 유형과 학습 경로를 재구성하기 위한 질적 사례 연구에 노력을 집중해야 한다.

독일 교실 수업에서의 마을 시뮬레이션에 관한 질적 연구는 다양한 "정치화 유형"을 밝힌다. 이러한 원형들은 정치적 가치, 판단 능력 및 갈등 해결 기술이 상호 불가분의 관계가 있음을 나타낸다. 정치화 유형은 교사들이 전형적인 학습 문제를 진단하고 적극적인 시민성을 두 가지 방법으로 지원하는 데 도움이 된다. 첫째, 교사들은 학생들이 자신의 가치와 논증 유형을 강화해 "사회가 현재 어떻게 구성되어 있고 앞으로 어떻게 구성되어야 하는가에 대한 일관된 견해"(Adelson), 즉 충분한 근거가 있는 정치적 정체성을 형성하도록 도와야 한다. 둘째, 교사들은 모든 사람이 다른 모든 사람에게 이런 권리를 부여하는 한, 자신의 가치에 따라 살아가고 자신의 가치를 표현할 권리를 가지는 유일한 정치체가 민주주의임을 학생들에게 보여주거나 학생들 스스로 발견하도록 할 수 있다. 다른 사람의 관점을 채택하는 것은 학생의 정치적 정향을 바꿀 수도 있다. 대부분의 경우, 학생들의 관용은 발달한다. 힘들고 갈등할 수 밖에 없는 정치인들의 일에 대해서도 관용은 발달한다. 이와 함께 사회문제와 이데올로기 갈등을 해결하는 학생의 능력과 각오가 성장할 수 있다. 참여가 비판적 판단 및 갈등 해결 기술에 크게 의존하는 점으로 보인다는 것은 후속 연구에서 검증할 "마을 건설" 프로젝트의 주요 결과 중 하나이다.

라인하르트
(SIBYLLE REINHARDT)

8. 민주주의 학습을 위한 교수

서론

민주주의 체계는 학생들이 유능한 민주시민이 될 수 있도록 돕는 구체적인 교육 전략이 필요하다. 이 책에 간략히 소개한 전략 중 어떤 것도 권위주의 체계에서 정치적 학습을 위해 사용되지 않을 것이다.

시민교육(정치교육 Politische Bildung)은 학생들이 민주주의 정치체계에 참여할 적합한 역량을 획득하도록 돕는다. 민주주의(독재주의 및 전체주의 체계와는 다른)는 서로 다른 관심과 가치를 존중하고 결정이 내려지기 전에 서로 다른 관심과 가치들이 경쟁할 여지를 주기 때문에 정치적 갈등을 다루는 방법을 배우는 것이 특히 중요하다. 정치사회화에 관한 연구 결과들은 이것이 얼마나 어려운지 보여준다. 학생들은 사생활에만 적합한 것을 정치 범주들에 종종 잘못 적용하려고 한다.

이 모든 것은 교수 전략에 영향을 미쳐야만 한다. 가장 중요한 것은 보이텔스바흐 협약(Beutelsbach Consensus)의 논쟁의 원리(정치적 문제는 논쟁적 문제이다)에 대한 개요이다. 각각의 교육 원리는 정치를 다룰 때 보이텔스바흐 협약을 사용하고 각기 다른 학습의 역동성을 목표로 삼는다. 즉 교수와 학습은 갈등, 문제 또는 사례에 중점을 두는가? 아니면 학생들이 정치적 행동, 판단 또는 미래 지향적 시나리오와 관계하도록 하는가? 또는 학생들이 자기 자신의 체계를 만드는가 또는 과학적인 정향을 선택하는가?

이러한 각각의 교육 원리는 민주주의의 규범적 측면을 강조하고, (과학적) 지식과 정보를 추구하도록 하고, 학생들의 접근 방식을 고려하고, 적절한 교수·학습 방법을 분명히 표현한다. 예를 들어, 문제해결 방법은 본 논문의 교수 전략 부분에서 기술한 문제 지향 원리(the principle of problem-orientation)에 해당하는데, 문제의 정의(들), 가능한 원인들, 관련된 서로 다른 관심사들, 가능한 해결 방안들, 해결 방안의 결과와 부작용들, 나의 그리고 우리의 입장이라는 여섯 가지 질문에 답함으로써 실행된다.

이런 교수 전략들은 학교 교과의 철학과 기법을 전반적으로 묘사한다.

민주주의 학습의 목적

민주주의 정치체계의 유능한 시민
-체계(체계의 기능과 의미)를 이해한다.
-자유, 연대, 관용, 평등권 같은 민주주의의 신념과 가치를 공유한다.
-공적 토론과 정치적 결정 과정에 적극적으로 참여한다(Detjen, 2000).

충분한 정보를 알고 인간미 넘치며 참여하는 이러한 개인은 높은 수준의 자율성과 책임을 구현한다. 물론 이러한 이상적인 묘사는 현실을 묘사하는 것이 아니라 시민교육(정치교육)의 방향과 목적을 나타낸다. 이러한 생각을 더 정확한 교수·학습의 목적과 수단, 교수·학습 과정의 평가로 분류하기 위해서 민주주의 학습의 5가지 역량이 나온다(Behrmann, Grammes, & Reinhardt, 2004, pp. 337f., 387- 391). 5가지 역량은 민주주의의 특정 영역에서 유능한 시민을 설명하고, 발달과 관련된 학습 과정이 무엇인지 알려주고, 교수 방법과 관련시키며 연구결과와 관련시키기 위한 것이다.

유능한 민주시민은 다음과 같은 것을 할 수 있다.
1) 다른 사람의 관점과 역할을 채택한다. 다른 사람들 그리고 일반적인 다른 사람들의 견해와 기대를 이해하고 통합한다.
2) 갈등을 다룬다. 상충하는 관심사, 가치, 정체성에 관용으로 접근하고 책임감 있게 "해결"한다.
3) 사회과학을 사용한다. 사회과학을 사용해 사회 제도, 구조적인 틀, 개인의 행동(예: 정치, 경제, 법률 그리고 체계의 다른 부분들)을 분석한다.
4) 도덕적이며 정치적인 이유를 사용한다. 정치 문제에 관한 판단은 두 가지 종류의 기준이 필요하다. 정치체계의 기능과 관련된 기준과 개인 및 집단의 노넉(윤리) 조건과 관련되는 기준이다.
5) 민주주의에 참여한다. 일상의 대면 생활, 노동생활, 시민사회, 민주주의 국가는 시민이 참여할 기회를 주며 시민의 참여에 의존한다.

이러한 역량은 유능한 민주시민이 무엇인지 알려주고 민주주의 교수·학습을 더 정확하고 구체적으로 생각하게 해준다.

5가지 역량 중 민주적 정치체계에 가장 특징적이며 개인이 배우기 가장 어려운 한 가지 역량은 갈등을 다루는 역량일 것이다. 이익, 가치, 정치적 정향의 갈등을 생산적이고 합법적인 것으로 다루는 능력은 분명히 민주적 정치체계의 일부이다. 그런 능력은 권위주의 또는 전체주의 체계에는 적합하지 않다. 이러한 비민주적 체계는 갈등을 숨기거나 발표하지 않는 경향이 있다. 이것은 국민통합(national unity)이라는 이름으로, 국가

지도자 존중이라는 이유로, 또는 우리라는 감정((we-feelings, 공동사회 (Gemeinschaft))을 지탱하기 위해 행해진다. 갈등을 받아들이고 처리하는 능력은 (역사 면에서) 시민의 새로운 능력이고, (조직 면에서) 민주주의의 정신에 해당하며, (생애 면에서) 가장 배우기 어려운 것이다. 민주주의 정치의 "논리"는 최선의 답을 얻기 위한 경쟁과 권력 투쟁이다. 모든 것은 제도들로 그리고 시민다운 방식(논쟁문화 Streitkultur)으로 실행된다. 사적 생활의 "논리"는 조화와 안녕(well-being)을 추구하는 것이다. 그러므로 사회와 국가의 거시적 갈등을 처리하는 것은 일상생활에서 학습되지 않는다. 따라서 특정 학교 교과에서 가르쳐질 필요가 있다.(Reinhardt, 2006, 2010a).

13개 연구를 메타 분석한 결과, 나는 미시적인 면대면 상호작용에서 참여하는 것과 일상 집단에서 공생하기 위한 친사회적 가치(pro-social values)를 진술하는 것이 거시적인 사회와 정치조직의 민주주의를 이해하고 참여하는 것으로 저절로 이어지지 않는다는 것을 증명할 수 있음을 발견했다(Reinhardt, 2010b).

민주주의 학습의 조건

정치사회화에 관한 연구는 정치적 주체가 된다는 것이 복잡한 학습 과제임을 알려준다. 두 가지 희망과 환상이 부서져야 한다. 첫째, 사회에 대한 학습(social learning)이 저절로 정치에 대한 학습(political learning)인 것은 아니다. 둘째, 민주주의에 대한 학습이 민주주의의 의미 이해를 자동으로 수반하지는 않는다. 두 측면 모두 갈등을 다루는 능력과 관련된다.

개인의 복지를 위해서만이 아니라(예를 들어 중재에 의한), 상충하는 의견과 이익이라는 논리를 가진 민주주의 체계를 위해 갈등을 처리하는 능력을 발달시키는 것이 가장 어렵다는 것은 놀랄 일이 아니다. 이런 어려움은 젊은이들뿐 아니라 성인들에게도 일반적일 것이다. 몇 가지 자료는 민주주의의 의미를 이해하는 것이 엄청난 과제임을 보여줄 것이다.

다음 질문을 학생들에게 던진 최초의 학자는 헬무트 펜트(Helmut Fend, 1991, p. 174)이다. 그는 "모든 정당이 정부를 구성한다면 민주주의에 최악의 단점은 무엇인가?"라고 물었다. 이른바 작센주 안할트 연구(Sachsen-Anhalt-study)(Kruger et al., 2002)는 젊은이들이 다음 중 두 가지 중 하나를 선택하게 했다. 1) "다른 정당원들이 정부에서 끊임없이 다툴 것이다." 또는 2) "의회가 정부가 하는 일을 덜 비판할 것이다." 이 문항은 특정 정치적 해결방안을 수행하는 답을 위한 경쟁과 정당한 권력 투쟁을 이해하는 것과 관련된다. 이러한 투쟁은 의회에서 실행된다. 모든 정당이 참여하는 정부를 구성하면 일반 국민과 의회에서 갈등이 일어날 가능성을 줄일 수 있을 것이다. 8, 9, 11학년 1,400명의 학생 중 20%만이 정부에 대한 비판이 덜 할 것이라고 응답했고, 80%는 정부내에 끊임없는 다툼이 있을 것이라고 답했다.

▶ 모든 정당이 정부를 구성한다면 민주주의에 단점이 있는가? 한 가지를 선택하시오.

문항	비율
정부 덜 비판	20%
정부 내 다툼	80%

(Reinhardt & Tillmann, 2002, p. 62)

또 다른 문항은 정치학에서 대표적인 것이다. 이 문항은 정치적 반대(political opposition)의 의미를 묻는다. 문항은 다음 진술을 찬성하는지 반대하는지 묻는다. "정치적 반대의 임무는 정부를 비판하는 것이 아니라 정부의 일을 지원하는 것이다."(이 진술은 완전히 틀리다, 다소 틀리다, 대체로 맞다, 완전히 맞다). 그 진술은 정치적 반대의 의미를 아주 분명하게 나타내지 못하지만, 그럼에도 13세부터 18세까지의 학생들(일부는 나이가 더 많다)의 거의 70%가 그 진술이 맞다(대체로 또는 완전히 맞다)고 여겼다.

▶ 야당은 정부를 지지해야 하고 비판해서는 안 된다.

문항	비율
진술이 틀리다(약간, 완전히)	31%
진술이 맞다(대체로, 완전히)	69%

(Reinhardt, Tillmann, 2002, 61; Krappidel & Böhm-Kasper, 2006, 45 참조)

나는 이런 자료를 해석할 때 단어를 알고 상기한다는 의미의 지식이 아니라 학생들이 갈등을 이해하고 처리하는 역량이 부족하다는 것에 집중해야 한다고 제안한다. 독일에서 모든 사람은 민주주의의 중요한 요소가 "반대"임을 "안다". 즉 거의 대부분 사람이 동의한다. 그러나 문항이 반대의 과정을 기술한다면 많은 사람이 반대에 실제로 반대할 것이다. 왜냐면 반대는 다른 사람들의 의견에 반대하고 정답을 위해 싸우는 것을 의미하기 때문이다. 그러나(이것은 나의 해석이다.) 사생활과 민주주의에서 진행되는 과정과 행동을 분명하게 구별할 가능성이 없는 보통 사람들은 이러한 민주적 갈등의 논리를 좋아하지 않는다. 요약하면, 학습의 조건들은 교수를 준비하는 데 영향을 미쳐야 한다.

메타 교수전략으로서 보이텔스바흐 협약(Beutelsbacher Konsens)

1976년에 바덴뷔르템베르크(Baden-Württemberg) 주 시민교육 담당 기관은 민주적 학습 분야의 유명한 사상가들에게 학교 교과의 목적과 전략을 논의해달라고 요청했다. 그들은 정치적 문제를 가르치는 원리에 대한 일치된 의견을 찾기 위해 보이텔스바흐(Beutelsbach)라는 작은 마을에서 만났다. "보이텔스바흐 협약"은 강의와 토론에서 나왔다. 협약은 투표가 아니라 벨링(Hans-Georg Wehling, 1977)이 요약하는 형식으로 작성되었다. 민주적 학습의 세 가지 기본 원리는 다음과 같다.

1) 학습자들을 강압해서는 안 된다.
   교사들은 어떤 식으로든 자신이 원하는 의견 쪽으로 학생들을 압도하여 학생들이 스스로 판단하지 못하게 하는 것은 허용되지 않는다. 이것은 민주적 학습과 교화의 차이를 특징짓는다. 교화는 민주주의에서 교사의 역할과 학생 개인의 자율성이라는 널리 받아들여진 목표를 따르지 않는다.

2) 정치와 사회에서 논쟁적인 문제는 교수·학습 준비에서 논쟁적인 것으로서 나타나야 한다.

이러한 요구는 첫 번째 요구와 밀접하게 관련된다. 다른 관점이 숨겨지고, 선택이 억제되고, 대안이 공개적으로 토론되지 않으면 교화의 길이 선택된다. 교사가 학생들의 사회적, 정치적 배경 때문에 예를 들어, 학생들과 동떨어진 대안이나 의견들을 꺼내는 것으로 보충하면 안 되는가라는 물음이 제기된다. 두 번째 원리는 교사의 개인적 관점, 과학철학 배경, 정치적 견해에 거의 관심이 없는 이유를 분명히 보여준다. 예를 들면 [민주주의는 삶의 방식을 의미하는가 아니면 국가의 형태를 구성하는가?]와 같은 민주주의에 대한 교사의 특수한 이해는 반대되는 견해가 고려되기 때문에 문제가 되지 않는다.

3) 학생들이 주어진 정치상황과 자신의 관심을 분석하고 자신의 기존 관심에 따라 이러한 정치상황에 영향을 미칠 수단과 도구를 찾을 수 있도록 해야 한다. 이러한 목적에는 앞의 두 가지 원리를 따르는 실제의 실행이 포함된다(1~3번은 벨링, 1977, 179 참조, 라인하르트의 번역 인용)

강압 금지는 교사, 논쟁 항목은 학습 준비, 개인의 관심을 추구할 권리는 학생에 초점을 맞춘다. 3개 원리는 서독뿐 아니라 1989년 평화혁명(peaceful revolution) 이후 동독에서도 널리 고려되었다. 모든 시민교육 교육과정은 보이텔스바흐 협약을 인용한다(더 보편적인 관점을 포함하도록 세 번째 항목의 수정이 제안되었다(참조: 벨링, 1987)).

보이텔스바흐 협약은 1990년 동독과 서독의 통일 이후 독일의 동쪽 주들의 민주주의 전환 과정에 큰 도움이 되었다. 오늘날 논쟁성 원리는 일반적으로 학업의 주요 원리로 여겨지게 되었다.

세 가지 원리 모두 다음에 열거한 모든 교육원리에서 발견할 수 있다.

민주주의 교수 전략

요점은 위에서 언급한 목적(역량), 보이텔스바흐의 전략적 협약, 학습 곤란에 대한 지식을 교수에서 어떻게 실행하는가이다.

교사의 전문 지식과 교사를 위한 전문 지식이 교수 방법으로 한정될 필요는 없지만, 각각의 교육 원리(didactic principle)는 민주주의의 규범 측면을 포함하는, (사회)과학과 관련되는, 학생들의 일상적 사고와 느낌을 고려하는, 이 모든 것을 교수·학습 준비의 단계들을 기술하는 다양한 교수 방법으로 변환하는 틀이다.

제2차 세계대전 이후 독일에서 이루어진 민주주의 학습에 관한 논의는 학습의 규범적 목적, 사회과학의 원천, 학습자의 일상적 접근 방식, 전문적인 교수 전략이라는 지식의 4가지 차원을 통합하는 교육원리를 불러일으겼다(Reinhardt, 2005 참조). 각 전략은 민주주의 과정과 민주주의 학습의 다른 측면으로서 갈등, 문제들, 도덕적 판단과 정치적인 판단, 참여 등을 강조한다. 그리고 각 전략은 다른 견해들을 추구한다.

상당히 다른 전략들(교수 방법들)은 교육원리들에 내장된 것이라 말할 수 있다. 이 전략은 미시 수준(대인 관계), 중간 수준(제도) 및 거시 수준(체계와 관련된)의 것들을 처리함으로써 개인적 학습, 사회적 학습, 정치적 학습을 결합한다. 이러한 사회의 다른 수준들은 학습자의 주관적 삶과 체계의 동떨어진 관점의 간극을 메우는 데 유익한 교육 목적과 분석을 위해 사회학자들이 사용한다.

이러한 교수 전략이나 방법들은 학습의 역동성을 불러일으킨다. 최상의 경우, 교사가 학생들을 강요할 필요없이 학생들 스스로 자발적인 학습 행동에 참여한다.

갈등 지향

규범적 차원: 민주주의 학습, 생산적 토론(constructive debate), 논쟁 문화 습득

과학적 접근: 복지 정책 같은 현재의 갈등 분석에 대한 사회과학의 기여

일반적 접근: 갈등은 흥미롭고 매력적이며 의견과 입장을 불러일으킴

전문적 지식: 교수 방법으로서의 갈등 분석

1. 갈등 분석
   - 직면: 학생들이 갈등을 처음으로 대하고, 논쟁하고, 가능한 경우 투표할 수 있다.
   - 분석: 범주와 중심 질문을 이용해 갈등을 분석한다.
   - 반응: 학습자는 입장을 정하고 토론할 수 있다.
   - 논쟁 과정: 언쟁, 토론, 역할극 같은 준비는 갈등을 재현한다.
   - 일반화: 논의되는 갈등은 더 일반적인 구조적 갈등을 대표할 수 있다.

문제 지향

A. 규범적 차원: 민주적 정치는 합법적이고 정당한 결정을 사용해 문제를 "해결하는 방안"을 찾으려고 노력한다.

B. 과학적 접근: (문제에 따라서)

C. 일반적 접근: 문제에 대한 격론과 관심

D. 전문적 지식: 교수 방법으로서의 문제 조사

문제 조사
 -무슨 문제인가? (정의)
 -어떻게 문제가 발생했는가? (원인)
 -누구의 이익이 영향을 받는가? (이해)

-이 문제를 해결할 수 있는 방안은 무엇인가? ("해결"?)
-이러한 해결 방안들이 미치는 중요한 영향은 무엇인가? (결과)
-나(우리)의 의견은 무엇인가? (결정)

능동적 학습 지향

A. 규범적 차원: 사회와 정치에 참여하는 정치적 역량

B. 과학적 접근: (상황과 문제에 따라서)

C. 일반적 접근: 변화와 개입을 원한다.

D. 전문적 지식: 교수 방법으로서(또 역할극, 언쟁, 토론, 토크쇼의 절차로서) 프로젝트와 시민 행동(civic action)

   1. 프로젝트   2. 시민 행동
   -공동 목표 설정   -조건 설정
   -절차 합의   -소망과 비전
   -프로젝트 실행   -활동 계획
   -산출물 활용   -활동 실행
   -평가와 성찰   -성찰과 가능한 행동

사례 지향

A. 규범적 차원: 민주주의의 목적은 사람들의 공존을 조절하는 것이며, 사람들의 삶이 목적이다(정치 자체가 목적이 아니다 또는 초월적 목표에 구속되지 않는다).

B. 과학적 접근: (사례에 따라서)

C. 일반적 접근: 정치는 구체적 사례로서 사람들과 관련된다.

D. 전문적 지식: 교수 방법으로서의 사례 분석과 사례 연구

1. 사례 분석	2. 사례 연구
- 외부 관찰	- 사례 직면
- 내부 관찰	- 정보
- 정치적 판단	- 탐색과 행동에 대한 결심
- 일반화	- 결정에 대한 논의
	- 현실과의 대조

미래 지향

A. 규범적 차원: 정치의 임무는 현재와 미래에 관련된다. 의사결정은 장기적으로 효과와 부작용을 낳는다.

B. 과학적 접근: 예측은 현재를 새롭게 하는 것뿐 아니라 질적 변화를 포함하려고 노력한다.

C. 일반적 접근: 미래를 생각하는 것은 불안을 일으키고 희망을 되살리며 계획을 불러일으킬 수 있다.

D. 전문적 지식: 전략 게임(strategy game), 미래 워크숍(future workshop), 시나리오 기법(scenario technique)

정치적-도덕적 지향

1. 전략 게임	2. 미래 워크샵	3. 시나리오 기술
- 안내 및 조직	- 준비	- 논의 대상 제한
- 정보 + 역할 명료화	- 중요한 검토 단계	- 영향 요인과 기술어 (descriptor) 정의
- 결정 + 계획	- 상상 단계	- 시나리오 개발
- 상호작용 (게임)	- 실현 단계	- 전략 계획
- 평가	- 사후 처리	

A. 규범적 차원: 민주주의는 가치에 기초하며 객관적 정보에 근거한

정치적 행동을 열망하며 인간 존엄성을 최고의 공리(axiom)로 추구한다.

B. 과학적 접근: 행해야 할 것에 대한 사실적 지식과 개념, 경험적이고 규범적인 진술, 수단과 가치의 합리성

C. 일반적 접근: 일상생활과 정치는 분노 같은 도덕적 반응을 일으킨다.

D. 전문적 지식: 정치적 의사결정과 딜레마 방법

1. 정치적 의사 결정	2. 딜레마 방법
- 시작 및 계획	- 직면
- 상황 분석	- 딜레마 구조화
- 가능성 고려	- 논증에 대한 성찰
- 판단 + 결정을 위한 토론	- 딜레마의 정치화
- 최종 관찰	

발생론적 지향: 정치적 존재되기

A. 규범적 차원: 민주주의는 인간이 발명했고 인간의 실행하는 바에 달려 있다.

B. 과학적 접근: 역사상 인간이 발명한 것들을 이론적으로 표현한 것이 사회 구성, 경제, 정치 이론들이다.

C. 일반적 접근: 젊은이들은 정치세계를 발견할 수 있고, 그것으로부터 고통을 받을 수 있으며 자신의 삶, 다른 사람들의 삶, 사회를 창조하기 원한다.

D. 전문적 지식: 교수 방법으로서의 건설(Foundation)

건설

-자극: 학습자들은 허구의 열린 상황에서 건설하는 모의실험을 원한다.

-건설: 사회의 모델들이 발견되고 대립적으로 토론된다.
-체계화와 이론화: 사회 이론들이 결정을 돕는다.
-적용: 지식이 현재의 갈등과 문제에 적용된다.
-성찰: 개별 관점과 학습 과정이 관찰된다.

과학적 지향

A. 규범적 차원: 책임 있는 판단은 과학의 결과와 통찰을 사용한다. 그래서 과학을 접하는 것은 계몽된 시민의 합리성에 공헌한다.

B. 과학적 접근: 인식론, 다른 과학들의 논리, 학제적이고 과학적인 예비지식

C. 일반적 접근: 일상세계 접근은 구체적이고 주관적인 것을 넘어서 추상적이고 간주관적인 것을 탐색하는 것을 가리킨다. 과학적인 예비지식은 구체적이고 주관적인 것으로 다시 돌아간다.

D. 전문적 지시 :

1. 과학 저술 원문 읽기
2. 도구와 과정의 성찰적 사용
3. 학습 연구

시블리 라인하르트: 정치학 교수법: 중등학교 실행 안내 1권, 과 II권. 베를린: Cornelsen Scriptor 2005(2009년 3판, 7장은 2012년 개정판에 포함됨)

연구 과제

많은 교사, 특히 사회과학과 교과 교수법을 철저히 공부하지 않고 논쟁적 주제를 가르치는 교사들은 논쟁적인 것을 가르치는 것을 어려워하고 싫어할 것이라는 것은 놀라운 일이 아니다. 학생들이 논쟁적인 주제들을 논쟁적으로 다룰 기회를 거의 갖지 못한다는 많은 징후가 있지만(참고: Henkenborg, 2008), 교사들은 자기 의견이나 다른 학생들의 의견에 논쟁

적 의견을 표현할 기회를 학생들에게 준다(Kötters-König, 2002)는 경험 연구결과 있다. 이것은 주목할 만하고 고무적이다! 그러나 그 자체가 교실에서 실제로 논쟁이 일어났음을 의미하지는 않는다. 그러나 그것은 논쟁을 위한 중요한 전제 조건이 존재함을 의미한다. 연구 결과들은 위에 제시된 다양한 전략이 역량 발달에 미치는 영향을 보여줄 필요가 있다.

면대면 수준의 사회적 학습이 거시적인 사회와 정치를 포함하는 정치적 학습으로 전환될 필요가 있다는 강한 가정을 말할 수 있다. 이것이 어떻게 이루어질 수 있을까? 나는 학교 교과에서의 이론적 성찰과 결합된 중간 수준(mesolevel)의 제도가 도움이 될 것이라고 생각한다. 예를 들어, 학생회는 교실에서 개인 수준의 복지를 추구하는 것을 넘어서는 제도이다. 어떤 특수한 이익을 지지하는 지역사회의 정치 행동은 시민들을 이익과 신념의 갈등에 관련시킬 것이다. 이런 종류의 학습으로 시작된 역량의 증가를 측정하는 연구가 필요하다.

결론

민주주의 학습을 이렇게 생각하는 것은 교수 전략들에 따라 시민들이 필요한 역량과 민주주의를 다르게 생각하는 것을 거부한다. 그런 점에서 갈등 처리 역량과 논쟁적 문제로서 정치를 가르치는 원리는 정치사회화 연구 자료에 의해 지지되는 중요한 수단이다.

모든 교수 전략은 보이텔스바흐 협약을 그림으로써 논쟁의 원리를 포함하고 있으며, 수업 중심 또는 교사 주도적이기 보다는 자체로 역동적이고 협력적인 학습 과정을 실행한다. 지금까지 이러한 교수가 미친 긍정적 결과를 조사하는 경험 연구(교사의 경험을 뛰어넘는)는 거의 없다.

지글러
(BÉATRICE ZIEGLER)

9. 역량, 민주주의 체계 안정화, 자기권한부여

지난 몇 년간, 국가와 유럽 두 차원에 시민성과 의무를 관련시키는 것에 대한 공적 토론이 꾸준히 증가하는 것을 보았다. 일부 회원국에서 헌법에 대한 지루한 비준 과정이 끝난 후 유럽연합은 회원국가의 국민들이 유럽의식(European consciousness)을 갖지 않으면 유럽연합이라는 제도가 생존할 수 없다고 분명히 밝혔다. 이러한 유럽연합 의식은 유럽정치에 관한 관심과 참여를 장려할 수 있는 유대감을 만들어야 하고, 그럼으로써 통합과정과 유럽연합 제도를 정당화해야 한다.

두 차례의 세계대전을 함께 고통 받은 공유된 사건으로서, 심지어 내전으로 보는 관점을 확립하려는 노력 그리고 유럽인의 기억의 공간(lieux de mémoire)을 집적하려는 노력은 같은 방향을 향한다(Kühberger & Sedmak, 2009). 유럽 국가들의 역사 교사들에게 유럽사 교과서를 제공해야 한다는 제안(1998)과 미국, 중국과 경쟁할 수 있는 강력한 유럽에 대한 논의는 같은 맥락이다. 이 모든 예는 범유럽(pan-European) 의식을 만드는 데 도움이 되는 역사, 권력과 정치에 관련된 생각의 요소를 보여준다. 마찬가지로, 유럽이 일반적으로 이민자들의 대륙으로 정의될 때, 시민인지 여부와 무관하게, 유럽의 이질적 주민들은 서로의 문화, 종교, 정치를 이해하는 데서 겪는 어려움에 맞서기 위해 정치와 시민사회에 참여할 의무감을 느낀다(놀랍게도, 그러한 상황에서 사회에 대한 이해는 거의 나타나지 않는다. 2008년 *Europa*(유럽연감)의 이민 부분 참조. 가장 최근에 이루어진 발전들만 오늘날 과학적 토론의 주제가 되었다. 이런 발전은 미디어에서 토론되며 궁색한 사람들의 복지뿐 아니라, 금융부문, 즉, 민족국가의 경제체계, 즉 유럽연합의 "부자들"이 제기한 위협이라는 측면에서 언론 보도가 증가하고 있다).

민족국가들의 정치인과 정치학자들은 참여에 대해서 마찬가지 주장을 한다. 시민이 참여하지 않으면 국가 민주주의의 정당성이 위험에 처할 것 같다는 주장이다. 이런 관점에서 시민성의 첫 번째 의무는 정치적 권리를 행사하는 것이고, 둘째는 민주주의를 정당화하는, 즉 민주적 질서를 강화하도록 정치적 권리를 행사하는 것이다.

국제학업성취도평가협회(IEA)가 조직한 시민교육에 관한 국제연구 결과뿐 아니라 정당과 정치 토론에 참여하는 그리고 투표하며 자원봉사를 하는 사람 수 감소 등 스위스의 몇 가지 요인이 민주적 생활의 기능과 직접 민주주의의 질에 관한 선입견을 조성했다(Oser & Biedermann, 2003). 논의는 사회와 정치에서 적극적으로 활동하는 것이 성인 생활의 한 부분이며 탁월한 사회적 의무라는 확신을 강화하는 데 매우 중요하다는 생각을 따른다(특히 Quesel & Oser 2007 참조). 이러한 생각은 새로운 것이 아니다. 19세기와 20세기 초의 신생 민족국가들은 시민들이 국가정체성과 민주주의 과정에 참여(무엇보다 선거)할 것을 요구했다. 그것은 민족복지국가(National Welfare State)가 사회보장을 대가로 의무를 공식화하지 않은 비교적 짧은 국면이었다(스위스 사례는 Furrer, 2004 참조). 19세기에 적자분석은 오늘날과 같이 국가체계와 경제의 적자에 주안점을 두지 않았고 시민의 헌신과 참여 부족에 주안점을 두었다. 이런 사고방식은 자신을 사회 성원으로 보는 것이 사람들의 관심이 되어야 하는 이유를 제시하지 않는다면 몹시 규범적인 것이다. 이런 사고방식은 행동의 동기 측면을 고려하지 못했고, 결국 사람들이 민주주의 과정을 의무로서 그리고 자신이 노력한 효과를 어떻게든 찾을 수 있는 분야로 보지 않는다면 사람들이 민주주의 과정에 참여하지 않을 것이라는 점을 고려하지 않았다.

이것이 정치학습(Political Learning)이나 시민교육에서 역량의 중요성을 토론하는 요점이다. 나는 시민교육의 역량, 특히 판단 역량을 학제적으로 정의해야만 사회적 존재가 되기로 선택하기 때문이 아니라 인간이기 때문에 자신을 사회 성원으로 인식하는 능력을 체계적으로 설명할 수 있다고 주장한다. 시민교육에 관한 거의 모든 논의가 유능한 판단의 중요성을 강조한다는 사실에도 불구하고 이렇게 정의할 때 학제적 역량의 중요성이 더 분명해진다. 나의 주장은 스위스에서 약 10년 전에 중시되기 시작해 2010년 이후 새로운 교육과정을 개발하면서 더 중시된 시민교육과 시민 역량에 관한 논의를 이용한다.

나는 시민교육(I), 스위스의 독일어권 시민교육(German-Speaking Switzerland)(II) 과목의 목표와 관련한 역량 정의, 시민교육(III) 과목의 역량을 발달시키기 위해 개발하고 있는 스위스의 독일어권 교육과정(LP21)이 부여한 가능성에서 시작한다. 그리고 시민교육(IV) 과목의 역량과 관련된 수행을 기술하는 데 도움이 되는 도표를 상세히 설명하는 몇 가지를 언급하며 마친다. 나는 유럽의 그리고 유럽을 위한 시민교육(Citizenship Education in and for Europe)(V) 과목에 대해 간략히 언급하는 것으로 결론을 맺는다.

시민교육에서 역량

일정한 시기 이후에 스스로 이해하고, 사물을 해석하고 평가하려고 노력한 후에 결심하는 능력은 (성인) 삶의 근본 요소이다. 의사결정은 개인의 삶을 조직하는 기초이다. 이렇게 볼 때 의사결정 기술은 성숙한 성인의 삶을 정의하는 단일 학문분야를 넘어서는 또는 초학문적인(transdisciplinary) 능력의 하나로 개인의 능력에 속한다(Rychen & Salganik, 2003). 따라서 사회과학에서 판단 역량이 학문 자체에 필수적인 것으로 생각되는 것은 놀라운 일이 아니다. 그러나 이렇게 논의할 때에도 판단 역량에 대한 학문적 관점을 검토할 과제는 남는다.

이러한 학문적 접근에서 행동, 즉 행동의 내용과 상황의 관점을 유념할 때에만 학문적 역량에 대해 이야기할 수 있다.

따라서 학문적 역량을 고려하고자 한다면 판단이 학문이 논의하는 질문과 연결되어야 한다는 것은 매우 분명하다. 또 시민교육에서 판단은 정치에 관한 것이라고 단순히 말하는 것도 도움이 안 된다.

역량의 학문적 특성이 논의되고 있다. 예를 들어 독일에서 학문적 역량의 중요성을 강조하는 클리메 등(Klieme et al.)의 전문성에 대한 논의(Bundesministerium, 2003)는 역량을 초학문적인 것으로 공식화하는 대안적인 방법뿐 아니라 기존의 초학문적 및 학문적 역량에 관한 연구를 체계화하는 방법들도 차단했다. 클리메 등에 따르면, 최근의 연구는 학문적 역량들과 역량에 각 모델(시민교육의 맥락과 관련해서는 샌더(Sander, 2011의 논의 참조)에 집중했다. 독일시민교육협회(German Citizenship Education GPJE)는 다음 세 가지 영역의 역량, 즉 판단 능력, 정치적 행동 능력, 방법의 능력을 포함하는 모델을 제안했다(GPJE, 2004). 저자들은 역량이 "해석 지식(Deutungswissen)" 또는 기본 지식과 밀접하게 연결되어야 한다고 강조한다. 해석 지식과 기본 지식은 스키마, 대본(script), 정신모델의 영향을 크게 받는다(ibid. p. 14). 따라서 역량은 이러한 개념에 대한 지식을 강화해야 하고 "사실과 수치"를 목표로 하지 않는다. 독일시민교육협회 모델은 경험적으로 검증되지 않았거나 특정 측면만 검증되었다.

스위스의 독일어권 시민교육

스위스는 2003년에 교원양성대학을 설립함으로써(이 과정에 대해서는 Criblez, 2009 참조) 교사 훈련을 차별화하고, 학문 분야의 교수법을 차별화하기 시작했기 때문에 연구-교과로서의 시민교육은 거의 존재하지 않는다. 시민교육은 지금까지 국가 수준의 학교 교과가 아니어서 이론 논의와 경험 연구에 대한 자극이 약했다(Allenspach & Ziegler). 역량, 역량 모델, 표준화에 대한 숙고는 "HarmoS" 프로젝트에 반응하면서 시작되었다. 이 프로젝트는 국어, 수학, 제1외국어, 과학을 위한 국가 수준의 기준 규정을 목표로 한다(Criblez, 2010). 학교 교과들을 '시민교육(Citizenship Education)' 같은 표준화 프로젝트에 통합해서는 안 된다는 입장을 옹호한 사람들의 의견은 일치하지 않았다. 한편으로는 성과 측정을 근본적으로 비판했기 때문에 감사했고, 다른 한편으로는 교과의 지위가 낮아질 수 있다고 두려워했다.

그러나 스위스 학생들이 국제학업성취도평가협회 국제 시민교육 연구(Oser & Biedermann, 2003)에서 많은 정치인, 전문가, 교육행정가들이 기대한만큼의 좋은 결과를 얻지 못한 것이 약간의 원인이 되어 시민교육에 대한 관심이 점차 높아졌다. 결과 발표는 언론을 자극했다. 스위스 청소년의 정치에 대한 지식과 관심은 평균보다 낮았다. 성 평등에 대한 태도는 두드러졌지만, 스위스 인구의 20% 이상이 외국인이어서 이민자에 대한 지나친 부정적 태도는 또 다른 우려의 원인이었다. 스위스가 국제시민성 및 시민교육(ICCS) 연구에 참여하는 동안, 국제시민교육(IEA) 연구의 관련 결과를 확인하더라도 연구 결과는 더는 그러한 반향을 얻지 못했다. 따라서 연구 결과에 따르면 스위스 청소년은 다른 국가와 비교해 평균 지식을 가지지만, 연구에 참여한 스위스 학생 1/3의 수행이 극히 저조했다. 정치에 관심이 부족하고 미래의 정치 참여 의지가 부족하다는 점이 다시금 우려되었다(Biedermann et al., 2010). 태도는 더 면밀히 조사되었다. 지식은 향상할 수 있는 것처럼 보였지만, 향상한 지식이 예상되는 정치 불참에 영향을 미치지 못했기 때문이다. 스위스 청소년의 변변찮은 수행을 고려해, 교사들이 행동 지향적으로 시민교육을 교수하도록 돕는 교사 매뉴얼 작성 계획은 "스위스 주 교육부장관 회의"의 환영을 받았다. 교사 매뉴얼(Gollob et al., 2007)은 역량을 언급하고 있다. 매뉴얼은 독일시민교육협회가(2004)가 정의한 역량을 따른다. 교사의 수업 준비, 실제 정치발전 분석, 학교를 위한 준비에 도움이 되도록 교사 매뉴얼은 역량을 정책 주기(www.politikzyklus.ch 참조)의 아이디어와 정치-정책-공동체(politics-policy-polity) 3차원에 연결한다. 이 도구를 사용하면 시민교육의 학습을 실용적으로 조직할 수 있다.

    그러나 매뉴얼 작업에는 역량에 관한 연구 결과가 포함되지 않았다. 대신에, 알려진 아이디어를 사용하고, 매뉴얼에 맞게 수정하고, 필요하다면 역량과 역량의 단계적 변화를 정교하게 하는 미래 프로젝트를 시작했다. 매뉴얼은 정치를 지역사회, 주(Canton), 스위스 연방이라는 기존 수준과 연계된 여러 수준의 과정으로 보고 유럽과 세계에서의 초국가적 및 국가 간 수준과의 체계적인 관계로 시작했다.

교육과정(LP21)과 시민교육의 역량

스위스 독일어권 전 지역의 통일된 교육과정인 "독일-스위스 교육과정 (Deutschschweizer Lehrplan(LP21))" 프로젝트(www.lehrplan.ch)에는 그때까지 모든 주에서 시행되지 않은 민주주의 사회에 필요하다고 판단된 학과인 '시민교육'을 통합하려는 확고한 의지가 있었다(Ziegler, 2012; Basic Report, 2010). 지금까지 이 영역의 비중과 위치에 대한 몇 가지 결정만 확실하게 이루어졌다. 기본 보고서(Geschäftsstelle, 2010)에 이어 새로운 교육과정의 기본 구조인 "교육과정 개요 21(Grobstruktur Lehrplan 21)"가 2011년 10월 28일에 두 번째 문서로 공식 승인되었다(Geschäftsstelle D-EDK, 2011).

첫째, "인권과 민주주의"라는 주제는 "지속적 발전 교육"(Ziegler, 2011) 하의 초학문적 주제들에 통합되었다. "인권과 민주주의" 같은 주제를 언급하면서, 교육과정의 내용은 교사와 매뉴얼 개발자의 주목을 받았다. 다른 한편으로, 이러한 초학문적 주제를 통합할 때, 초학문적 주제 전문가들은 강사와 교사가 상술한 영역별(domain-specific) 역량을 단순하게 표현하려고 하면 안 된다. 영역별 연구 집단에 초학문적 주제 전문가들은 포함되지 않는다. 그런 전문가들은 영역별 연구 집단이 제시한 특별히 조직된 이정표에 대한 제안할 사항을 논평할 때에만 초청된다. 따라서 초학문적 주제를 처리하는 전문가들의 영향은 어느 정도 제한적이어야만 한다. 특히 그런 주제는 그 당시까지 많은 관심을 받지 않았을 것이기 때문이다. 또 연구 집단은 앞서 개발된 것에 크게 의존할 수 없었으며 관련 역량들에 전혀 의존하지도 않았다.

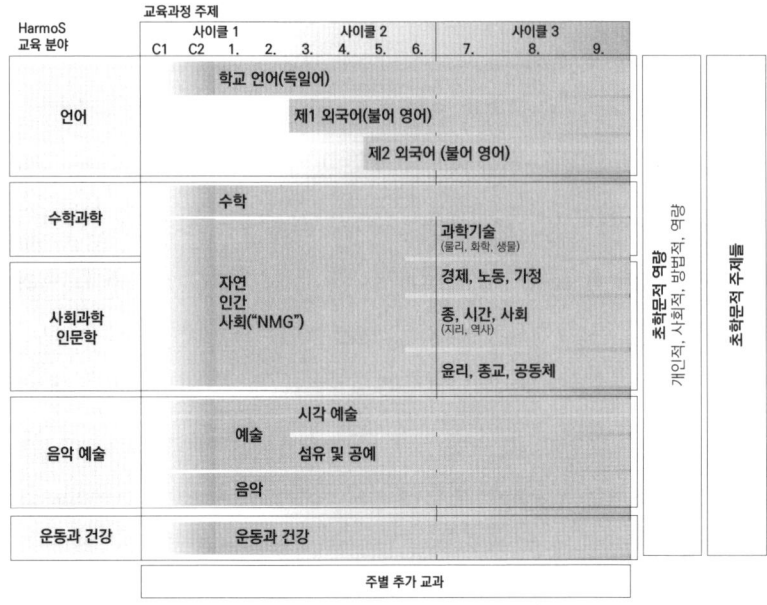

그림 1. 오른쪽의 초학문적 주제와 중등 1수준 "공간, 시간, 사회 (Räume, Zeiten, Gesellschaften)"를 참조하시오.

둘째, 위의 도표가 실린 프로젝트 기본보고서("Grundlagenbericht")(중학교 의무교육의 학교 교과와 학습 분야의 구조를 보여줌)는 지리 및 역사, "Staatskunde"(정치학) 또는 시민교육과 함께 중등 1수준(도표의 사이클 3)의 "Zeiten, Räume, Gesellschaften"(시간, 공간, 사회) 영역을 학문적인 자질로서 든다. 시민교육을 이 영역의 기초로 명시적으로 포함함으로써, 프로젝트는 정치인과 과학자/전문가의 요구를 받아들여 시민교육을 교육과정에 통합한다. 또, 첫 두 사이클 영역에서(도표 참조 :두 사이클은 유치원 2년과 초등학교 첫 2년(=사이클 1) 그리고 초등학교 나머지 4년(=사이클 2)이다. "자연, 인간, 사회(Natur, Mensch, Gesellschaft NMG)" 또는 "Nature, Human, Society(NMG)" 기초(foundations)는 중등 1수준에 명시적으로 언급된 모든 주제에 배치해야 한다. 교육과정의 기본 구조 (Geschäftsstelle, 2011, p. 11)는 이러한 더 상세한 요구 내용을 제공한다. 그것은 NMG("자연, 인간, 사회") 수업에서 논의될 17가지 주제를 언급한다. "Staat und Gesellschaft"(국가와 사회), "Ich und Gemeinschaft"(나와 사회)는 그런 주제이다. 사이클 3의 "시간, 공간, 사회"에는 11개 주제, 특히 "정치, 민주주의, 인권"이 포함된다. 이를 통해 처음부터 시민교육을 위한 어느 정도의 공간이 마련된다. 한편 이런 명칭들은 시민교육의 공간을 만들고, 시민교육에 관련된 내용과 역량을 실현하게 해주며, 연구 집단 그리고 나중에는 정치과정에 따라 달라진다. "자연, 인간, 사회" 및 "시간, 공간, 사회"에 대한 연구 집단에는 시민교육을 위한 전문가가 없다. 그래서 시민교육은 국가(공동체) 측면에 집중되고, 시민교육 분야의 이론적 논의에 크게 뒤처질 수 있다. 다른 한편으로, 모든 영역이 역량을 증진하는 데 초점을 두어야 하므로, 행동 지향적 학습이 이루어질 수 있다. 이론적으로 이것은 시민교육에 중요한 역량의 측면들을 위한 분야를 개척할 수 있다(Ziegler, 2011b).

위에 요약한 상황때문에 교육과정을 위한 시민교육에 대한 이해를 포함하는 짧은 문서를 제시하는 것이 바람직했다. 이 문서는 시민교육 관련 네트워크를 형성한 과학자와 전문가들이 작성하였다(Ziegler et al., 2009). 이 문서는 시민교육에 대한 견해를 설명하고 교육과정에 어떻게 통합해야 하는지를 명시적으로 진술했다. 저자들은 판단 역량이 특히 정치에 대한 질문, 관심, 가치에 대한 다중 시각 전망(multi-perspective outlook), 그리고 사회적, 정치적 행동에 대한 자기 입장 결정을 강화하는 능력과 깊이 관련됨을 다시 인정했다. 이러한 분석, 해석, 판단 과정은 종합적으로 "판단"으로 불린다. 판단은 사실을 해석하는 것과 가치에 기초한 판단 두 요소를 포함한다. 저자들은 시민교육에서 판단 능력이 초학문적 역량에 기여한다고 밝히고, 행동 역량과 밀접히 연결된다고 보았다. 따라서 저자들은 행동하는 데 있어서 판단을 촉진하고 행동의 결과에 대한 판단을 성찰하도록 교육과정 일반 지침이 민주적이며 인권에 기초한 학교생활과 규칙의 중요성을 강조해야 한다고 밝혔다.

이 문서는 학문 역량을 정의하는 문제에 대한 입장을 다시 밝혔다. 역량의 학문성을 강화하기 위해 역량에 정책 주기 및 과정 단계 모델을 적용했다. 따라서 역량의 명칭은 독일시민교육연합 모델과 비교해 약간 변했는데, 다음과 같다.

정치적 분석 및 판단 역량(Competence of political analysis)은
사실과 가치 측면을 고려해 정치적 사건, 문제와 논쟁뿐 아니라 경제적 및 사회적 발전에 관한 질문을 분석하고 판단할 수 있는 것이다.

방법의 역량(Competence of methods)은
시민사회와 국가 정치생활에 참여하는 데 특히 중요한 '정보 처리'와 '의사소통' 영역의 능력과 기술을 갖추는 것이다.

정치적 의사결정과 행동 역량(Competence of political decision-making and acting)은
자신의 의견, 확신, 관심을 명확히 진술하고, 이런 견해를 다른 사람들에게 적절히 유지하고, 의사결정 과정들에 적극적으로 참여하고 타협할 수 있는 것이다

(Ziegler et al., 2009; http://www.jugenddebattiert.ch/politische-bildung/kompetenzen.html)

시민교육의 역량 모델 정립

이 문서(Ziegler et al., 2009)는 시민교육의 역량 도표를 포함한 모델을 만들지 못했다. 스위스에서 시민교육은 최근까지 특수한 영역의 교과가 아니었고, 교육과정이 역량을 지향하지 않았기에 시민교육을 위한 역량의 체계적인 공식화는 존재하지 않으며 체계적인 과학적 이론 연구의 대상도 아니었다. 스위스 연구자들은 국제 시민교육연구 같은 국제 조사에 참여했지만, 경험 연구에 앞선 이론 연구는 프로젝트를 제외하고는 논의되지 않았기에 과학적인 이론 논의로 이어질 수 없었다(Biedermann & Reichenbach, 2009).

교사들이 시민교육을 가르칠 수 있기 위해서는 2014년 8월로 예정된 교육과정 고시를 고려해 정의와 모델 정립이 몇 달 안에 이루어지는 것이 중요하다는 점은 두말할 나위 없다. 그러나 모델 정립은 경험 연구에 필요한 자료들을 활용할 수 없을 것이기에 경험 연구의 기초가 될 수 없다. 그럼에도, 모델 정립은 실용적인 목적으로 수행되어야 하며, 더 정교한 노력이 뒤따르길 기대한다.

시민교육의 역량을 정의하고 모델화하는 방법에 대한 8가지 사전 아이디어가 아래에 제시된다. 스위스에서 역량 모델 정립에 대한 의견들은 개인의 관점을 반영하며, 주로 교과별 교수법 틀 내에서 주로 발전했지만, 그 문제에 대한 학제적 토론에서도 발전했다.

역량에 대한 현재의 이론 연구가 그 목표를 국민 국가에서의 참여 증진으로 제한하지는 않을 것이라는 점은 거의 분명한 것 같다. 시민교육의 역량 범위는 훨씬 더 넓다. 시민교육에서 역량은 민족국가 지역뿐 아니라 유럽연합의 지역공동체 그리고 국경의 구조화 효과를 고려하면서 전 세계의 시민사회와 정치과정을 만들고 재창조한다는 생각을 구현해야 한다. 반드시, 정치가 다루어지는 다단계 시스템이 고려되어야 하는가?

"BNE+", "지속가능한 발전을 위한 교육+"의 초학문적 주제에 대한 연구 집단 내의 공통 관점을 구체화하면서 나중에 "정치, 인권, 민주주의(Politics, Human Rights, and Democracy)"로 수정된 "인권과 민주주의(Human Rights and Democracy)"를 주제로 하는 시민교육에는 무엇이 포함되어야 하는가(Geschäftsstelle, 2010, p. 22), 세계적 문제와 담론이 언급되었다. 인권 외에 "세계 학습(Global Learning)"도 여기서 다루어야 하는가?

민족국가나 유럽연합 같이 더 큰 단위의 경계가 설정된 실체에 대한 집단정체성을 형성하는 것이 시민교육의 임무는 아니다. 사회적 존재가 되기 위해 그리고 생존하기 위해 의식적으로 학습하는 목표는 국가정체성이나 지역정체성 형성과는 매우 다르다.

독일어권 스위스의 시민교육에 관한 이론 문헌에서, 집단정체성 형성과 규범적으로 연결된 시민교육 개념은 지난 30년 간 거의 어떤 역할도 하지 못했다. 물론 건전한 주장을 근거로 "하나의 세계"(Global Society 지구촌)에 대한 인식 제고도 목표로 하는 "세계 학습(Global Learning)"이 다른 "BNE+" 학제적인 주제들과 함께 실제적 관점이 아니라 단지 하위주제로서 LP21의 일부가 된다는 사실은 집단 책임 그리고 집단규범이 교육체계의 규범으로 자리 잡는 것을 중시하면 안 됨을 분명히 보여준다(지글러, 2011)

"사회적 존재"의 지위에 대한 두 가지 해석이 제시된다. 본 논문의 시작 부분에서, 나는 시민교육이 시민교육의 목표에 대한 두 가지 생각으로 갈팡질팡한다고 주장했다. 한편, 역량은 개인이 가진 자신을 위해 누릴 수 있어야 하는 권리라는 생각을 바탕으로 형성된다. 다른 한편, 역량은 자신의 권리를 의무로 보고, 그 결과 사회와 국가의 기능을 돕기 위해 공공정신("Gemeinsinn")을 가지고 실천하는 유능한 개인을 사회가 요구하기 때문에 획득된다. 사회에 대한 책임 인식이 역량 자체와 맞지 않는 한, 시민교육에 대한 이런 주장은 전체주의적 측면이 있으며 국가주의 교육의 기획을 생각나게 한다.

지역사회, 국가나 더 큰 실체를 생각하고 그것에 기여하는 의무가 정당한 목표는 아니라고 말하기는 쉽지만, 필연적으로 사회적 존재 그래서 정치적 존재임을 깨닫게 하기 위한 엄격히 규범적이기보다는 체계적인 공간을 마련하는 것은 훨씬 더 어렵다.

정치 분석과 판단, 방법, 의사결정, 행동 역량은 그럴만한 이유로 잘 받아들여지지만, 실제로 이해하는 것은 여전히 충분하지 않다. 위에서 논의한 교육과정은 이 점을 보여준다. 시민교육은 관점이지만 특수한 내용은 "권력", "인권", "사회"이다(Geschäftsstelle, 2010, p. 20). "시간, 공간, 사회"가 시민교육을 포함할 때, 그것은 필연적으로 제도(institutions)에 대한 지식을 목표로 한다. 이 목표의 전통은 다소 오래되었다. 오랫동안 역사교육은 스위스 정부제도, 즉 의회, 법원, 행정부, 권력 분립을 교수하는 역할을 했다. 선거는 미래 유권자가 참여할 수 있도록 투표 체계를 설명하기 위해 때때로 사용되었다. 역량의 지식 영역에서도 교육과정은 상당히 한정되어 있다. 민주주의를 더 깊이 이해하도록 요구하지 않았으며 국가권력과 시민의 권리를 결국은 대립하는 힘으로 성찰하도록 요구하지도 않았다. 또, 무력한 개인들이 결사에 가입함으로써 정치과정을 시작할 수 있는지에 관한 토론도 장려하지 않았다. 이런 관점과 달리, "시간, 공간, 사회"에서 언급된 두 가지 주제는 "인권"과 "권력"인데, 이는 시민교육의 내용을 확대할 수 있다. 그러나 그럼에도 학생들이 다양한 인권을 알아야만 한다는 것을 이해하는지 여부를 물어야 한다. "권력"이란 무엇인가? 권력은 국가 간의 대립을 암시하거나, 공적 생활의 취약성에 관한 토론 그리고 시민 스스로 권력을 어떻게 강화하고 안정시킬 수 있는지에 관한 토론을 불러일으키는가? 그러한 질문과 관련된 판단 역량 자체가 미래의 자립적 시민을 보장하지는 않는다. 이러한 역량을 구체적으로 이해하는 것만이 민주주의에 참여하는 사람들을 고무한다. 이러한 판단 역량은 의사결정 상황과 요인에 대한 익명의 '객관적' 분석으로 한정되어서는 안 되며, 타인과 공동체를 위한 적절한 복지 수단을 고려하는 개인의 가치와 관심에 기초한 판단에 중점을 두어야 한다. 판단 역량은 모든 참가자가 존중받을 때만 타협이 지속된다는 사실을 나타낸다.

전통적으로 역량을 위한 기술 영역은 투표와 선출 과정으로 한정되었다(정보 수집 방법에 포함되어). 일반적으로 태도에 영향을 미치는 방법에 대한 아이디어는 없었지만, 성인 투표자나 유권자가 되는 것이 무엇인지에 대한 규범적 이해만 있었다. 새로운 교육과정이 이와 같이 역량을 단순히 좋은 시민성을 가능하게 하는 것으로 해석한다면, 얻을 수 있는 것은 거의 없을 것이다. 학교의 시민교육은 학생들이 사회적 과정과 정치적 과정이 경제체계와 마찬가지로 개인을 혼자 내버려 두지 않기 때문에 무관심을 선택할 수 없는 정치적 존재임을 알게 하는 데 필요한 학습을 장려해야 한다(Ziegler, 2011a) 젊은이들이 세상에 대한 정치적 견해를 가지고 사회적 교환에서 자기 견해를 제시하려는 유인을 가지게끔 운명 지어졌다면, 시민교육 수업은 교과별 내용으로 제한될 수 없다. 대신에, 학교는 "정치문화"가 다양한 수준(개인 수업, 일반 학교, 그리고 지방자치단체와 관련된 학교)에서 공동체를 전제하고 변함없이 공동체를 창조하는 심의문화(deliberative culture)로서 살아 있는 영역이 되어야 한다.

지금까지 이해한 것처럼, 정치분석과 판단, 방법, 의사결정, 행동 역량은 비더만과 라이헨바흐(Biedermann and Reichenbach, 2009)의 표현에 따라 내가 공공정신으로 부르는 의식을 촉진하지 못한다. 물론, 역량은 지식, 성향, 태도, 기술의 차원을 따라야 하지만, 체계적이거나 논리적으로 공공정신을 점차 증가시키는 정치적 역량의 합리적 요소로 포함하도록 구성해야 한다. 아렌트(H. Arendt)와 칸트(I. Kant)를 언급하면서, 비더만과 라이헨바흐(2009)는 메타 역량, 즉 "정치적 판단 역량"이라는 생각을 발전시키고, 이것이 공공정신과 밀접한 관련된다고 본다.

그러나 비더만과 라이헨바흐는 일반적으로 사용되는 별개의 두 가지 역량인 행동역량과 방법 역량에 관련되는 "정치적 판단 역량"의 지위를 논의하지 않는다. 그들은 "정치적 판단 역량"을 시민교육의 "마음과 영혼"(Herzstück)으로 진술한다. 이것이 다른 역량들에 얼마나 중요한지는 불분명하거나 아직 해결되지 않았다. 그들은 "정치적 판단 역량"을 공공정신과만 연결하므로, 다른 두 가지 역량을 이러한 형태의 의식과 연결하지 않는다. 불행하게, 이것은 시민교육을 위한 다른 두 가지 유형의 역량을 만들 것이다. 대신에, 체계적으로 구분할 수 있는 합리적 요소로서 공공정신을 포함하도록 모든 역량을 구성할 필요가 있다.

시민교육은 학생들이 정보에 근거한 행동 문제를 개인의 참여와 비참여(non-engagement)와 관련지어 판단하는 역량을 진술할 수 있어야 한다. 자유의지는 개인주의적인 무책임이라는 문제가 아니라 정보에 근거해 단념하는 문제여야 한다. 그러므로 교육은 모든 젊은이에게 모든 형태의 그리고 모든 가능한 참여와 (비)참여의 결과가 중요함을 배울 기회를 제공하려고 해야 한다. 역량을 진술할 때 참여를 분명하게 정의하고, 정치적 역량을 수행하기에 충분하지 않은 순전한 행동주의와 구별할 필요가 있다(Quesel & Oser, 2007의 논의 참조).

유럽의 유럽을 위한 시민교육

유럽사회와 구성 국가들이 직면한 중대하고 심각한 문제는 범유럽 인구가 EU 및 EC와 자신을 더 동일시해야 한다는 널리 받아들여진 생각으로 이어진다. 이러한 관점에서 유럽인 각자는 유럽 수준의 정치 문제에 더 관심을 가지고, 정보에 근거하며 유럽의 시민사회와 정치에 참여하기 원해야 한다. 유럽인 전체가 참여해야 한다고 가정한다!

그러나 이러한 가정에는 위험이 따른다. 왜냐면, 유럽연합은 조작 가능한 "적"에 대한 강한 적대감과 동시에 강력한 동일시를 만든 민족국가에 전형적인 사기(morale)와 동일시 과정을 전혀 재생산할 수 없다. 다른 한편으로, 그러한 동일시가 없다면, 사회는 제대로 기능하지 못하고 사회 성원은 공동체 성원으로서 행동하지 않기 때문에 내부 공격을 받기 쉽다.

따라서 시민교육은 오늘날의 세계 정치과정이 전 지구적이라는 지식과 소속감을 결합하면서 소속감을 보장할 필요가 있다. 이런 관점에서 유럽연합은 모든 유럽인과 유럽인이 아닌 사람들에게도 간접적으로 중요한 행위자이다. 시민교육은 유럽연합 정체성이 정치적 입장뿐 아니라 정치역량, 기술을 수반하는 궁극적으로 공공정신과 관련된 지역과 민족국가 차원들을 초월하는 관점을 이해하도록 촉진해야 한다.

그러나 시민교육이 집단정체성을 규범적으로 형성함으로써 사회와 성원들 간의 일반적인 상호의존성을 인식하게 하는 것이 아니라, 주요한 정치기제, 초국가적이고 구속력 있는 규칙 체계를 제정하고 지속적으로 확인하지 못하는 개인에게 주어지는 위협, 권력과 권력자를 민주적이며 국제적인 적법 절차에 통합하고 묶을 필요성을 충분한 논증을 통해 이해하도록 촉진할 충분한 이유가 있다. 시민교육은 이러한 이해와 상응하는 조치를 취할 수 있는 역량을 모두 개발해야 한다. 시민사회와 국가 및 초국가 수준에서 자신의 관심과 가치를 인식하고 분류하고 소중히 할 수 있는, 즉 자기 관심과 가치 측면에서 정치 사건을 분석하고 평가할 수 있는 성인을 육성하는 것을 목표로 한다. 그러나 결국 인간은 사회적, 정치적 존재로서만 좋은 삶을 누릴 수 있음을 이해했기 때문에 자신의 가능성에 따라 실제로 정치에 관심을 가지고 이에 따라 정치를 형성하기 위해 노력하는 성인을 육성하는 것도 시민교육의 목표이다. 따라서 이러한 통찰이 지적 사고 과정뿐 아니라 일상의 실천에서도 가능한 한 발생하도록 역량을 구성하는 것이 꼭 필요하다. 그러한 역량을 진술하는 것이 가까운 미래에 어느 정도 가능하며 실제로 수용될지 여부는 지켜보아야 한다.

압스와 피카
(HERMAN J. ABS and TINA PYKA)

10. 결정적 사건을 사용한 시민성 역량 평가

서론: 시민성 역량 연구도구와 그 한계

시민교육이 민주주의 사회에 절대로 필요하다는 신념은 교육과정(Birzea, 2004; Eurydice, 2005; ICCS, 2010)과 학교의 질 보장(Edelstein et al., 2007; Abs, 2009)에 점점 더 많이 반영되고 있다. 그럼에도 시민교육을 실행하고 평가하는 데 어려움들이 남아 있다.

첫째, 시민교육의 정의와 관련해 많은 논란이 있다. 수많은 명칭 외에 훨씬 더 많은 접근 방식과 목표가 있다. 존슨과 모리스(Johnson and Morris, 2010)는 문헌에 등장한 많은 다양한 비판적 사고와 교육학 개념을 검토한다. 그리고 교육과정과 교수 자료를 비교 분석하는 틀을 제안한다. 그들은 코간 등(Cogan et al.)이 시민성과 시민교육을 "시민의 지식, 기술, 가치 및 성향"을 형성하는 것으로 정의한 것에서 뽑은 교육과정 범주의 명칭들을 비교 검토하면서 문헌을 종합한다(Cogan et al., 2002, 4쪽). 그들은 비판적 교육학이 쇠퇴하는 독특한 범주들을 언급한다. 따라서 이 표의 가로선에는 정치/이데올로기, 사회/집단, 자아/주제, 실천/참여의 범주가 놓인다.

이 연구는 미래 연구의 토대가 되지만 학교에서 무엇을 가르쳐야 하는지 또는 시민성 역량을 어떻게 해석해야 하는가에 대한 합의를 이끌어내지 않는다. 이와 반대로 지난 10년간 시민성 역량의 대안적 개념들이 뚜

렷이 나타났다. 대안적 개념은 아이스(Eis, 2010, p. 120)의 논문, 바이비노 등(WeiBeno et al., 2010)의 대안 모델, 페트릭(Petrik, 2012)과 라인하르트(Reinhardt, 2012)의 논문에서 체계화되었다. 이런 입장에서, 이 책의 델파이 연구는 공개 토론에서 합의를 형성하기 위해 받아들일 수 있는 접근법으로 생각할 수 있다.

둘째, 정책 입안자와 교사 모두 교육과정과 교실에서 시민교육을 실행하는 데 도움이 되는 방법론적 지침이 필요하다. 계속 발전할 필요가 있는 교수 방법 외에 교사가 학생의 실제 역량을 파악할 수 있게 하는 진단 도구가 필요하다. 그 후, 교육자들은 학교교육에서 문제가 있는 체계적 구조를 밝히는 정책으로 연결되는 바람직한 역량을 학생들이 효과적으로 동화할 수 있는 방법을 결정할 필요가 있다.

시민성처럼 거대하고 다차원적인 개념을 조작적으로 정의하는 것은 어려운 일이다. 지금까지 시민성 역량 평가는 점점 더 정교해진 표준화 진단도구(ICCS, 2009; Schulz et al., 2010)를 사용함으로써, 그리고 수집한 정보를 종합지표에 통합함으로써 이루어져 왔다(Hoskins et al., 2008, 2009, 2011). 그러나 두 가지 접근은 개별 학생의 시민성 역량을 해독해야 하는 교사와 연결되지 못했다. 일상의 평가도구는 교사들이 학생들이 부족한 점을 정확히 찾고 학생들이 더 성장하는 데 필요한 현실적 목표를 제공할 수 있게 해주는 해석을 제공해야 한다. 이를 위해, 역량의 정도뿐 아니라 시민성 발달 방법 이론의 아이디어들이 도움이 된다.

이러한 상황에서, 이장은 시민성 역량을 진단하는 대안적 도구로서 결정적 사건(critical incidents)을 분석한다. 이 접근방법은 '학교의 비형식 학습을 기반으로 하는 적극적 시민성 발달'(Scheerens, 2009)이라는 유럽연합의 프로젝트와 관련하여 준비되었다. 현재 도구의 추가 시험검사(piloting) 과정은 유럽 4개국의 중등학교 시민교육을 분석하는 소규모 연구에서 시작되었다(Pyka, 2010).

이장 주요 내용은 세 부분으로 나뉜다. 결정적 사건 방법 그리고 심리학과 사회과학에서의 적용을 간략히 소개하고, 시민교육 분야에서 결정적 사건 방법을 사용하는 현재의 연구 접근 방법인 간문화 역량(intercultural competences) 측정을 검토한다(Hesse & Gobel, 2007). 다음은 학교에서 비형식 학습을 기반으로 시민성 역량을 발달시키는 맥락에서 결정적 사건을 진단도구로 만드는 과정에 초점을 맞춘다(Eckensberger, Abs, & Breit, 2009). 마지막으로, 시험검사 결과(Pyka, 2010)를 통해 결정적 사건을 시민성 역량 진단도구로 표준화하기 위한 개선 사항에 대한 결론을 도출한다.

결정적 사건 방법

플래나간(J. C. Flanagan)은 제2차 세계대전이 끝날 무렵에 미국 육군비행단 항공심리 프로그램에서 결정적 사건 기법이라는 새로운 용어로 불리게 된 연구방법을 개발해 사용했다. 이 연구방법은 주로 전문적 활동의 행위를 기능적으로 기술했다. 이 기법은 전문적 활동 상황들에서 '대표적인 행동표현을 측정'하기 위한 자료를 수집하는 데 사용되었다(Flanagan, 1954, p. 346). 당시에 플래나간은 사건을 "그것만으로도 행동을 수행하는 사람에 대한 추론과 예측을 할 수 있을만큼 충분히 완전한 관찰 가능한 인간 활동"으로 정의했다(1954, p. 328). 그는 결정적 사건이 "결과가 미칠 효과를 거의 의심하지 않을 만큼 충분히 확실한 상황에서 발생한다."고 생각한다(같은 책) 다시 말해, 이 기법은 광범위한 전문적 활동들의 특수한 시나리오 내의 행위에 대한 자료를 수집한다.

플래나간의 연구들에서 이 기법은 비행 훈련에 실패한 이유, 폭격 임무가 실패한 상황에서 조종사가 전투 중 현기증과 방향 감각 상실로 고통받는 이유 등 특수한 군사적 질문들에 답하기 위한 것이었다. 결정적 사건 개념은 군인이 기술한 자기 경험에서 나타나는 실패나 곤경에 관한 행동 정보와 정서 정보를 수집하는 것이었다(Flanagan, 1954). 이 기법의 특징은 특정 사건에 대한 군인들의 설명을 수집하는 것이다(1954, p. 343). 플래나간은 사건들 대부분은 "활동의 일반적 목표 달성에 매우 효과적이거나 비효과적인 극단적 행위"(1954, p. 337)를 이야기하는 것이었다고 설명한다.

플래나간은 결정적 사건 기법이 연구 대상에 적응할 수 있으며 적응할 필요가 있다는 점에서 융통성이 있다고 설명한다(1954, p. 335). 먼저, 연구자는 고려하는 전문적 활동의 일반적 목표 그리고 목표 달성을 조절하는 다양한 배경 요인을 알아야 한다. 예를 들어, 목표는 표적을 성공적으로 폭파하는 것이다. 배경 요인은 표적에 도달하기 위한 비행기의 비행 고도와 속도를 포함할 수 있다. 그래서 면접 대상자들에게 활동하는 동안의 자기 행동, 감정, 감각을 능동적으로 관찰하도록 격려했다. 다음으로, 면접하는 동안 면접 대상자들은 각각의 전문 시나리오에서 자기 경험을 보고한다. 다시 말해, 결정적 사건 기법은 시작 단계에서 행동, 감정, 관찰 결과에 대한 군인의 기억에서 상세한 설명을 수집했다. 개인의 전체적인 전문적 활동 뿐만 아니라 전체적인 전문적 활동의 최근 상황에 대한 평가도 설명되었다. 사건에 대한 상세한 설명을 더 넓은 (전문적) 활동과 결합함으로써, 기능을 철저히 기술하거나 숙련도를 측정할 수 있다. 그래서 활동의 숙련도와 성공을 향상하기 위해 의미 있는 단위로 과정을 나눌 수 있다.

플래나간은 관찰자들에게 정확한 지시를 준다면 객관성을 더 확고히 할 수 있다고 본다(1954, p.37). 그는 결정적 사건 기법의 일부로 채택한 자료 분석에 대한 귀납적 접근이 주요 문제였다고 지적했다. 그는 "활동에 대한 기능적 기술을 확보하는 데 관련된 실제 문제 각각을 이상적으로 해결하는 방안을 얻는 것은 실제로 결코 가능하지 않다"고 인정했다(1954, p. 345).

쉘(Chell, 2004)은 시작 단계에서 기록된 것을 귀납적으로 분류하는 것은 한계가 있을 수 있다는 플래나간의 의견에 동의한다. "플래나간의 연구결과는 효과적인 전투 지도력의 "중요한 필요조건"을 기술하는 범주들이었다(Chell, 2004, p. 46). 쉘은 플래나간의 귀납적이고 불완전한 방법 그리고 쉘과 동료들이 더욱 발전시킨 "해석적 또는 현상학적" 방법을 변형된 두 개의 주요 기법으로 파악했다(2004, p. 45). 쉘의 접근 방식에서 자료 수집의 목표는 "경험 학습이 일어나고 [...] 정서가 담긴 결정적 사건의 맥락을 파악하는 것"(2004, p. 45)이다.

쉘은 결정적 사건 기법의 신뢰성이 면접 과정의 질과 일관성에 깊이 근거한다고 이해한다(2004, p. 57). 면접자는 면접 대상자로부터 포괄적인 묘사를 끌어내야 한다. 대화는 민감하고 정직하며 집중적이어야 한다(같은 책). "중요한 것은 '하나의 진실'을 찾으려는 것이 아니라 응답자의 관점과 행동을 이해하려고 노력하는 것이다"(같은 책). 쉘은 결정적 사건 기법이 자료를 수집하는 다른 방법들을 통해 삼각법[4]이 될 수 있음을 강조

---

4) 캠벨(D.T. Campbell)이 만든 용어로, 그는 자료의 두 독립적 요인에 의해 확증되는 명제는 단일한 요인에 의해 확증되는 것보다 더 신뢰성이 있다고 주장한다. 만약 명제가 단일한 하나의 측정이 아닌 몇 개의 불완전한 측정의 검토라 하더라도, 이

한다. 그러나 그녀는 연구의 탐색 단계에서 이 기법의 이점을 재확인한다. 이 기법으로 연구자들은 "상황, 전략, 결과를 관련시키고 반복된 유형과 주제의 공통점을 찾을 수 있어서"(2004, p. 47) 면접 대상자에게 점점 더 가까이 다가설 수 있다. 첼에 따르면(2004, p. 56), 이 기법은 확립된 이론을 통해 기존 이론을 검증하거나 "다중 패러다임으로 접근해" 자료를 분석할 수 있게 한다. 첼에 따르면(2004, p. 58) 결정적 사건 기법은 "실제의 결정적 사건에 근거하는 사례 기반 이론을 발전시키고" 이론 자체의 범위와 타당성을 검사한다.

이러한 주장은 결정적 사건 기법을 핵심 특징으로 하는 다양한 학문분야가 증가하는 것에 대해 버터필드(Butterfield, 2005)가 언급한 내용을 입증한다. 그러한 학문분야는 산업심리학과 조직심리학부터 상담심리학, 간호, 교육, 의학까지 포함한다(Butterfield, 2005, p. 489).

버터필드는 또 과학적 타당성과 객관성 문제에 이의를 제기한다. 연구 대상의 광범위성과 결정적 사건 기법의 해석 전통 때문에 기법의 타당성에 대해 많은 항의가 발생한다고 강조한다(2005, pp. 483, 485). 버터필드는 일관된 용어를 권장하며 결정적 사건 기법을 사용해 앞으로 이루어질 연구의 모범 사례를 제안한다. 지침이 되는 원리는 한편으로 외부의 독립적인 코딩 기법 다른 한편으로 자료의 충분한 대표성과 철저함을 포함한다(2005, p. 489).

버터필드는 플래나간의 초기 접근 방법에서 결정적 사건 기법의 사용이 어떻게 발전했는지를 보여준다. 여러 수준에서 발전했다. 하나는 버터

때 이 명제에 대한 해석의 불확실성은 줄어든다. 현재 삼각법은 특정 문제를 조사하기 위하여 한 가지 이상의 방법을 사용하는 것을 말할 때 사용된다(고영복, 사회학사전, 2000).

필드의 원리와 비슷하게 더 객관적인 자료 분석과정을 지향하는 것이다. 또 다른 발전은 자료수집 방법과 관련된다. 즉 연구자들은 기억에서 직접 관찰로 이동했다. 연구자들은 면접 대상자의 설명보다 직접 관찰을 선호한다. 또, 연구자들은 과거 사건에 대한 구두 설명에서 기록된 것을 측정하는 것과 면접 대상자들이 사건을 결정적으로 고려하는 것으로 이동했다(2005, p. 479).

측정 도구로서 결정적 사건

결정적 사건은 시민성을 평가하는 측정 도구로서 적용될 수 있다고 확인되었다. 먼저, 간문화 역량을 측정하는 헤스와 괴벨(Hesse and Göbel, 2007)의 연구 설계를 결정적 사건 기법을 활용한 점을 중심으로 검토한다. 다음으로, 학교의 비형식적인 시민성 학습을 측정하는 도구로서 결정적 사건을 살펴본다(Eckensberger et al., 2009). 마지막으로, 중등학교 시민교육을 분석한 피카(Pyka, 2010)의 예비 연구결과에 초점을 맞춘다.

간문화 역량을 측정하기 위한 결정적 사건

독일에서 외국어로서의 영어 학습을 측정하는 DESI 연구(클리메(Klieme)가 주도한 DESI-Konsortium, 2008)의 틀에서, 괴벨과 헤스는 간문화 역량(Intercultural Competence)를 측정하는 도구를 개발하기 위해 결정적 사건 기법을 사용한다(Göbel, 2007; Hesse, Göbel, & Jude, 2008; Hesse & Göbel, 2009). 그들이 간문화 역량을 조작적으로 정의하고 결정적 사건 기법을 기초로 간문화 역량을 측정하는 도구를 개발하는 과정은 이 기법을 사용해 정신적, 정서적, 심리적 성향을 측정하는 방법을 보여주는 귀중한 예이다.

시민교육의 목표 중 한 가지인 간문화 역량은 최근 교육과정에서 점점 더 많은 관심을 받으며 중요해졌다(Eurydice). 외국어 교수는 간문화 학습 경험에 많은 기회를 준다. 외국어로서의 영어 수업은 간문화 역량의 성숙과 실천을 촉진한다. 시민성과 마찬가지로 간문화 역량은 광범위한 의미를 불러일으킨다. 간문화 역량 개념의 산만한 정의는 1980년대 이후의 심한 개념 변형으로 악화되었다. 간문화 역량은 정형화된 사실들의 대조를 의미하기보다는 행위, 감정 및 태도를 비판적으로 성찰하고 반응하는 개인의 능력을 포함하는 것으로 발전했다. 여기에서 성찰은 자신과 타인의 관점에서 발생해야만 한다(Göbel, 2007, p. 22). 교육과정의 필요조건에 대한 기능주의 시각은 간문화 역량을 "수많은 가능한 상황들에서 문화 차이를 넘어서 *성공적으로 상호작용하는*" 능력으로 생각한다(같은 책, 강조 추가).

독일 교육과정의 가장 중요한 목표는 학생들이 문화 보편적인 수준의 간문화 역량을 성취하도록 돕는 것이다. 이는 문화적 차이가 있는 모든 상황에서 성공적으로 대처하는 능력으로 해석된다. 그러나 학습 과정은 문화에 특수한 상황들을 해결하는 방법을 실천함으로써 일어난다. 괴벨과 헤스가 개발한 측정도구는 두 가지 차원을 모두 고려한다.

괴벨과 헤스는 문화보편적 태도를 측정하기 위해 해머와 베넷(Hammer and Bennett, 1998)이 개발한 간문화 발달지수(Intercultural Development Inventory)와 유사하지만, 표본 연령에 맞게 조정한 20개 문항의 질문지를 제안한다. 간문화 발달지수는 베넷과 해머(1988)가 개발한 50~60개의 문항으로 구성된다. 그것은 간문화 민감성 발달 모델(Developmental Model of Intercultural Sensitivity)에서 문화 차이의 주관적 구성에 대한 베넷(1993)의 모델을 이론적 기초로 하여 개발되었다. 베넷은 개인이 문화적 차이를 다루는 방식이 일관된 심리적 유형을 따른다고 추론했다. 그리고 간문화 민감성의 6단계를 발견한다. 문화 간 접촉경험이 증가하면 개인의 간문화 감수성은 증가한다. 이 모델은 인종중심주의(ethnocentric) 차원으로 거부, 방어 및 최소화를 그리고 인종상대주의(ethno-relative) 차원으로 수용, 적응, 통합을 기술한다. 본 논문의 목적을 고려할 때, 더 자세한 설명은 필요하지 않을 것이다. 간문화 발달지수를 복제한 괴벨의 질문지는 42개 문항이 담긴 두 가지 결정적 사건(Göbel, 2007) 측정 도구의 문화 맥락적 요소를 보완하고 외적 타당도를 높인다고 말할 수 있다.

괴벨은 결정적 사건을 자극이나 갈등의 원천인 간문화 접촉을 재현(recurrence)하는 것으로 설명한다(Göbel, 2007, p. 32). 예비조사에서 괴벨은 결정적 사건이 "실제 또는 상상된 문화 간 갈등을 통해 (사람들의) 상호문화 인식을 가장 성공적이게 한다(같은 책)는 것을 밀견했다. 헤스와 괴벨은 영국 학생들이 경험한 결정적 사건들과 슈미트와 토마스(Schmidt and Thomas, 2003)가 수집한 결정적 사건들에서 연령 수준에 적합한 사건들을 선택한다. 선택된 것을 외부 전문가가 확인하면, 헤스와 괴벨은 결정적 사건마다 네 가지 질문을 할당했다.

1. 어떤 일이 일어났나? (상황의 인지적 분석)
2. 참가자들은 어떻게 느꼈는가? (상황의 정서적 분석)
3. 어떻게 반응하는가? (행동 전략 분석)
4. 이 사건에서 무엇을 배울 수 있는가? (번역)(2007, 267쪽)

질문마다 6~8개의 폐쇄형 응답 문항이 제시된다. 그러면 응답자는 4

점 척도로 문항의 정확도를 평가한다. 이 반응은 베넷의 간문화 민감성 모델의 단계를 나타내며 독일에서 사용된 교육과정과 가장 최신의 학교 교과서에 대한 사전 평가부터 시작된다. 교육과정 평가의 분석 범주도 간문화 민감성 모델에서 도출한다.

괴벨과 헤스가 예상한 대로, 결과는 문화보편적인(culture-general) 태도와 문화특수적인(culture-specific) 태도의 상관관계를 강조한다. 너무 높은 상관관계는 문화특수적 도구가 필요하지 않다는 것을 의미할 수 있다(Hesse & Göbel, 2007, p. 271). 결정적 사건이 문화 특수적인 간문화 민감성의 이론 구성요소를 충분히 표현하며 따라서 간문화 역량을 충분히 표현한다는 것을 확증했다. 헤스와 괴벨은 민감성을 역량의 필수 전제조건으로 해석한다. 그들은 베넷의 간문화 민감성 모델의 범주에 따르는 신뢰할 수 있는 분류가 필요함을 강조한다. 이것은 전체 문항이 간문화 역량의 다차원적 특성으로 생각될 때만 이루어질 수 있다.

이러한 도구 개발은 결정적 사건 기법의 발전과 관련된다. 플래나간의 초기 접근 방식과 달리, 괴벨과 헤스는 귀납적으로 진행하지 않는다. 그들은 버터필드에게서 영감을 얻은 접근 방법을 따른다. 버터필드는 면접을 기반으로 과거 사건을 설명하는 것보다 응답자들이 의미 있고 현실적인 시나리오에 대한 자기 의견과 태도를 비판적으로 성찰하는 지필평가 도구를 선호한다.

괴벨과 헤스가 적용하는 미리 고안된 코드는 기존 이론과 밀접히 관련되므로 자료 분석 과정을 더 객관적으로 만든다. 도구의 타당성과 수집된 자료의 신뢰성은 두 가지 방식으로 증가했다. 먼저, 결정적 사건을 탐색 연구에서 얻고 교육과정과 교과서를 염두에 두고 도구를 개발하기 위해 외부 전문가들이 타당성을 다시 높였다. 둘째, 결정적 사건 기법의 자료는 해머와 베넷의 간문화 민감성 지수 질문지를 괴벨이 수정한 질문지에서 얻은 자료로 보완했다.

괴벨과 헤스가 간문화 역량의 도구에 기초해 결정적 사건을 발전시킨 것은 기법의 이점, 즉 복잡한 정신적, 정서적 및 심리적 성향도 측정할 수 있음을 보여주는 예이다. 정확한 자료 코딩을 제공하면서 기법의 이점을 활용할 수 있다. 코딩은 기존 이론에 기초하므로 반드시 과학적으로 토론된다. 첼이 지적한 것처럼, 결정적 사건은 개별 사례에서 벗어날 수 있게 해주면서도 기존 이론을 확인하거나 확장하는 데 유용한 도구로 판명되었다(2004, pp. 47, 50).

학교의 비형식적 시민성 학습의 기초로서 비판적 사건

유럽연합의 프로젝트인 학교의 비형식 학습을 기반으로 한 적극적 시민성 발달(Scheerens, 2009)은 비형식 학습의 삼새력을 보여주고 그것을 활용하도록 돕는 일련의 결정적 사건을 만드는 것을 목표로 한다. 이 연구는 7개국(사이프러스, 덴마크, 영국, 독일, 이탈리아, 루마니아, 네델란드)에서 수행되었다. 쉬어렌스(J. Sheerens)는 시민 역량이 비형식 학습 과정을 통해 일부나마 전수된다는 가정에서 출발한다. 그는 결정적 사건을 일부 갈등 요소에 의해 예기치 않게 발생하는 비형식 학습 상황으로 정의한다. 결정적 사건들은 "학교에서의 시민 행동"이라는 점에서 시민성의 측면들을 설명할 가능성이 크다"(Scheerens, 2009, p. 429). 또 결정적 사건은 학생의 자아성찰, 대화 또는 담론 가능성이 있는 예상치 못하거나 예기치 않은 학교에서의 상황으로 개념화되어 왔다. 이런 상황은 학생들이 기본적 인권, 공정한 경기(fair play), 민주주의, 개인의 효능감, 도덕, 신뢰 및 사회적 기술을 이해하게끔 돕는다(Scheerens, 2009, p. 26).

보고서에 실린 다양한 결정적 사건들은 결정적 사건이 일어날 수 있는 비형식 학습 상황의 다른 차원들과 "결정적" 및 "사건" 자체의 의미를 살펴보면 구분할 수 있다(Abs, 2008).

유럽연합 프로젝트 맥락에서 결정적 사건의 측정 가능성을 더 잘 이해하기 위해서는(Scheerens, 2009) 비형식 학습은 형식교육과 형식교육 환경과 함께 발생하는 학습 기회를 의미한다고 말할 필요가 있다. 징후가 되는 두 가지 상황을 구별하는 것이 중요하다. 결정적 사건은 (1) 교사가 의도하거나 의도하지 않은 (2) 체계적이고 제도화된 것이거나 우연히 발생할 수도 있다. 〈표 1〉은 두 차원이 결합해 비형식 학습 기회가 발생한다는 것을 설명한다.

〈표 1〉 학교의 비형식 교육에서 결정적 사건의 다른 유형들(Abs, 2008)

	체계에 의해 구성되거나 미리 정해신(세노화된)	미리 체계적으로 계획되지 않은 원래 상황
교사가 의도한	학교의 또는 일반적으로 국가 교육체계의 암묵적 교육과정	학교 풍토를 구성하는 한 사건에 대한 지각(예를 들어, 학생 괴롭힘)
교사가 의도하지 않은	학교가 조직한 교과 외 활동	학생들 또는 학교 다른 성원들의 행동(상호작용)에 대해 자발적으로 일어나는 교육적 반응

"결정적" 및 "사건"이라는 용어의 정의와 관련해, 사건은 하나의 사건 그리고 전형적 상황에서 가능한 구조를 표현하는 것 모두를 가리키는 것으로 사용된다. 다음으로, 결정적이라는 용어는 '필요조건', '비판을 받을 만한', '기준이 되는', '요구하지만 판단을 함축하지 않는' 것이라는 네 가지 다른 의미를 나타낼 수 있다. 첫 번째 정의에서 결정적 사건은 (비형식

적으로) 학습할 기회와 동의어이다. 두 번째 및 세 번째 정의는 해당 분야의 모델이 되는 기준을 말한다(예: 좋은 시민이 되기 위한 표준). 네 번째 의미는 우리가 분석하는 것과 가장 관련된다. 결정적인 사건은 논쟁적이거나 딜레마일 수 있음을 말한다. 시민성 역량을 평가하기 위해 결정적 사건에 초점을 맞출 때 우리는 마지막 정의를 사용한다.

학교의 비형식 학습을 기반으로 한 적극적 시민성 발달이라는 유럽연합 프로젝트는 가상의 9개 결정적 사건으로 구성된 질적 측정도구를 추가로 개발했다(Eckensberger et al., 2009). 에켄스버거 등(Eckensberger et al.)의 측정도구는 민주적 원리 실행, 교사와 학생의 상호작용, 시민성 역량과 관련된다. 예를 들어, "특정 정당의 당원인 교사는 수업 중 소속 정당의 입장을 설명한다. 다른 정당의 입장은 이야기하지 않는다." 결정적 사건 각각에 4가지 분석 질문이 주어진다.

1. 학교와 국가에서 이런 일이 일어날 수 있는가?
2. 이렇게 행동하는 것은 일반적으로 괜찮은가?
3. 왜 괜찮은가?/ 왜 괜찮지 않은가?
4. 누군가는 어떻게 행동해야 하는가/교사는 어떻게 행동해야 하는가?

결정적 사건은 학교 환경에서 해결되며 위에서 간략히 설명한 대로 비형식 학습의 전형적인 상황을 고려한다. 결정적 사건은 일반적으로 대인 갈등 또는 집단 간 갈등을 제시하지만, 대부분의 논쟁적인 도덕적, 정치적 문제와도 관련된다(Hess 2004, 2009). 그러나 유럽연합 프로젝트의 연구 기간이 비교적 짧아 추가적인 도구 개발이 더 어려웠다. 도구를 개선 및 표준화하고 개인 간 및 국가 간 차이를 조사하기 위한 첫 번째 단계인 예비 작업은 다음 장에서 설명한 다른 연구로 넘겨졌다.

진단 도구로서 결정적 사건: 시민성 역량의 도구 개발

에켄스버거 등(Eckensberger, Abs and Breit, 2009)이 개발한 결정적 사건의 첫번째 시험검사는 피카(Pyka, 2010)가 수행한 비교 연구에서 이루어졌다. 그녀의 2009년과 2010년의 현장 연구는 유럽 4개 국가의 중등학교 시민교육을 분석했다. 피카는 국가 교육체계에서 형식학습과 비형식 학습을 통해 시민의 태도와 지식이 어떻게 형성되고 전달되는지 평가한다. 이 연구는 스페인(바르셀로나), 잉글랜드(맨체스터), 스웨덴(스톡홀름), 폴란드(크라코프)의 중등학교를 대상으로 했다.

자료는 수업 관찰, 시민교육 교사와의 인터뷰 및 학생들에게 실시된 설문을 통해 수집되었다. 이장에서는 설문에 통합된 두 가지 결정적 사건에 초점을 맞춘다. 그림 1은 설문에 사용된 결정적 사건을 재현한 것이다.

다음 사건에 대해 생각하고 의견을 제시하시오.

결정적 사건 1

(바르셀로나 문구) 학급에서 학생을 징계해야 하는 문제가 있는 교사 개인 성적을 나쁜 행동을 처벌하는 수단으로 사용한다.

(바르셀로나 이후 문구) 교사가 학급의 학생을 좋아하지 않아 이 학생의 훌륭한 작품에 나쁜 성적을 주었다고 상상해보라.

결정적 사건 2

(바르셀로나 문구) 학교 학생회장이 교장과 깊은 갈등을 겪고 있다고 상상해보라. 결국, 교장은 학생회장의 권한을 정지하고 재선거를 선언하기로 결정한다.

(바르셀로나 이후 문구) 여러분이 다니는 학교 모든 학생을 대변하는 학생이 교장과 큰 갈등을 겪고 있다고 상상해보라. 결국 교장은 대변인의 권한을 중지하고 재선거를 선언하기로 한다.

		매우 찬성	찬성	반대	매우 반대
A	나의 학교에서도 이런 일이 일어날 수 있다.				
B	그렇게 행동하는 것은 정당화될 수 있다.				
C	왜 그것이 정당화되거나 정당화될 수 없는가?	(자유롭게 기술)			
D	당신은 학생으로서 어떻게 반응할 것인가?	(자유롭게 기술)			

그림 1. 피카의 설문지(Pyka, 2010 참조)에 제시된 두 가지 결정적 사건 진술; 에켄스버거 등(2009)의 것을 수정

첫 두 문항에 대해 학생들은 "매우 동의"에서 "매우 반대"의 4점 리커트 척도로 진술에 대한 동의를 평가해야 했다. 두 문항은 학생들이 인식하는 학교 풍토에 대한 인상과 결정적 사건에 묘사된 행동과 태도가 정당한가에 대한 학생들의 입장에 관한 정보를 얻으려 한다. 다음 두 문항은 개방형 질문으로 응답자들에게 자신의 관점을 정교화하고 설명할 여지를 준다.

에켄스버거 등은 결정적 사건을 측정도구로 제안할 때 완전히 개방된

형태의 질문들이 있는 9개의 결정적 사건으로 진술했다. 대신 두 개의 결정적 사건이 있는 시험검사 단계에서는 두 개의 리커트 척도 질문과 두 개의 자유 응답형 질문이 사용되었다. 이렇게 변경한 것은 첫 두 문항에 대한 자료 분석을 단순화하고 폐쇄형으로 답변할 수 없는 측면들에 대한 학생들의 응답에 초점을 맞추기 위해서였다. "그렇게 행동하는 것이 정당하다"고 평가한 후에야 응답자들은 "그것이 왜 정당화되거나 정당화될 수 없는가?"에 대해 자유롭게 추론할 수 있다. "일반적으로 괜찮은" 보다는 "정당한"이라는 표현을 선택한 것은 학생들이 학교 환경에서 도덕적으로 허용할 수 있는 것이 무엇인지에 대한 자기 관점을 숙고하도록 장려하는 결과를 낳았다. 설문지는 학생들에게만 전달했기 때문에 응답자에게 "학생으로서 어떻게 반응할 것인가?"라고 질문했다.

사건을 표현하는 문구는 연구의 첫 단계인 자료 수집(스페인 바르셀로나) 이후 변경했다. 수많은 응답자가 사건의 상황에 관해 무의했기 때문에 변경했다.

분석 틀

설문에서 결정적 사건은 다음과 같은 것을 측정하는 역할을 한다.
1. 묘사된 상호작용이 응답자의 학교(학교 또는 교실 풍토)에서 일어날 수 있는지
2. 묘사된 상호작용이 정당한지 여부(응답자의 도덕적 판단에 대한 첫 번째 통찰)
3. 응답자가 무엇이 옳은 것인지에 대해 평가한 것을 어떻게 동기화하는지
4. 응답자가 비슷한 상황에서 행동할 때 어떤 책임을 느끼는지

초기에는 범주들을 미리 확정하지 말고 결정적 사건에서 얻은 자료를 분석하려고 했다. 그렇지만, 전체 연구 설계를 뒷받침하는 이론 틀은 포이젤러스(Wiel Veugelers)의 시민성 모델(Veugelers, 2007; Leenders, Veugelers & De Kat, 2008, 베스트하이머와 칸(Joel Westheimer and Joseph Kahne)(2004) 그리고 콜버그(Lawrence Kohlberg)(1984)의 도덕성 발달 단계 이론에서 도출했다.

피아제(Jean Piaget)의 이론 연구에 영향을 받은 콜버그(1984)는 개인의 도덕적 발달 6단계를 확인한다. 콜버그는 정의에 대한 추론을 도덕적 행위의 기초로 생각한다. 도덕적 발달 과정은 정의에 대한 개인의 인식이 진보하는 것을 나타낸다. 콜버그는 응답자들이 추론하는 단계를 파악하기 위해 도덕적 딜레마를 제시하는 면접을 실시한다. 딜레마는 도덕적 결정을 요구하는 상황이다. 예를 들어, "하인츠 딜레마"에서 한 남자는 몹시 아픈 자기 아내를 치료하기 위해 약을 훔친다. 그는 약사가 자신이 감당할 수 없는 약값을 책정하고, 약으로 지나치게 많은 돈을 벌기 때문에 약을 훔친다(Kohlberg, 1984). 그 다음 면접 대상자는 해당 시나리오에서 어떻게 반응할지 정당화한다. 단계를 분류하기 위해 콜버그는 면접 대상자의 도덕적 추론 결과가 아니라 그들의 추론 방식에 초점을 맞추었다.

6단계는 인습 이전, 인습, 인습 이후 3수준으로 구분된다. 인습 수준에서, 개인은 자신의 주요 관심사와 관련하여 옳고 그름을 관찰한다. 이 수준을 특징짓는 개념은 처벌, 권위 및 상호성이다. 인습 수준에서 개인은 규칙을 집단에 필요한 충성과 관련해 생각하면서 규칙을 준수한다. 이 수준을 특징짓는 개념은 집단 수용, 법, 질서이다. 인습 이후 수준에서 개인은 개인의 이익이나 집단 소속을 넘어서는 보편적인 도덕적 가치와 원리를 정의하고 그것에 따른다.

도구 시범검사: 질적 결과

피카(2010)의 현장 연구는 결정적 사건 도구의 실행 가능성과 적절성을 조사하고 다른 해석 패러다임을 탐구하는 수단이었다. 이 연구의 대상은 15세~19세 평균 연령 16.6세의 중등학교(공립 및 사립) 학생 351명이다. 국가별 사례 수는 바르셀로나에서 187명, 맨체스터에서 39명, 스톡홀름에서 62명, 크라쿠프에서 63명으로 지역별 자료 수집 가능성에 따라 달랐다.

설문은 번역 불일치로 유발되는 오류를 피하려고 영어로 작성되었다. 연령 통제는 설문지를 완성할 충분한 영어 실력을 감안한 것이었다. 결국, 맨체스터 출신 학생을 제외한 모든 학생이 처음으로 외국어로 설문지를 완성했다.

앞에서 언급한 것처럼, 학생들이 문구때문에 약간의 혼란을 겪고 자료 수집 중에 설명이 필요했으므로 바르셀로나에서 자료를 수집한 후 결정적 사건의 문구를 변경했다. 이것 때문에 직접적 비교를 할 수 없었지만 시범검사 과정의 목표에는 도움이 되었다. 이제 바르셀로나의 187명 응답자와 맨체스터, 스톡홀름, 크라쿠프 164명 두 집단을 비교해 결정적 사건의 문구를 변경한 것이 미친 영향을 분석할 수 있다.

결정적 사건으로 수집된 자료 분석에는 개방형 질문에 전형적인 어려움이 따른다. 코딩은 답변이 다음과 같을 때 나타나는 어려움을 줄이는 것이다.

- 지지하는 추론을 알아내기에는 너무 짧거나 명확하게 표현되지 않은 경우
- 그 자체로 모순되는 것처럼 보인다.
- 분명히 분류하기에는 너무 많은 단일 요소를 포함한다.

그러나 첼의 지적처럼 결정적 사건을 통해 수집된 자료를 사용하면 풍부한 맥락 틀에서 '공통 주제'를 찾을 수 있다(2004, p. 47). 결정적 사건을 진단 도구로 시범검사하기 위해 우리는 콜버그의 도덕성 발달 단계를 자료에서 알아낸 유형과 일치시켰다. 이것은 분석을 위한 융통성 있는 연역적 접근 방식이 되었다. 결정적 사건이 학교 환경에서 발생하는 갈등이 담긴 상호작용을 묘사하고 학생들이 옳음과 그름을 판별하도록 격려하기 때문에 콜버그가 가장 적합한 코딩 틀을 제공하는 것 같다.

비판적 사건 1의 첫 번째 자유 응답형 답변 문항("그것이 왜 정당화될 수 있는가 아니면 왜 정당화될 수 없는가?")에 대한 응답을 살펴보면 첫 번째 유형이 두드러졌다. 학생들은 종종 교사나 학생의 옳은 행위나 그른 행위에 관해 주장했다. 처음에는 교사 행위 대 학생 행위의 이분법 코딩이 그럴듯해 보이지만 너무 환원적이었다. 일부 응답자는 교사나 학생의 행동을 판단하지 않고 상황을 더 일반적으로 평가하는 3번째 차원을 추가했다. 이는 교사에 대한 기대(공정성, 객관성, 전문성), 학생에 대한 기대(신중함, 분열성) 및 학교 구조(행위와 성적의 독립성)라는 세 가지 핵심 범주를 제안한다.

그렇더라도, 이 범주들은 여전히 답변들의 뉘앙스 전체를 망라하지 못한다. 실제로, 많은 응답자가 세 행위자(교사, 학생, 학교)에게 기대한 권리와 의무에 관해 주장했다. 그러나 코딩은 개인이 상황을 평가하는 한 부분인 상호작용 요소를 덜 강조한다. 이러한 점에서 제시된 범주들은 한 행위자를 제한적으로 고려한 것만을 묘사한다. 이 범주들은 행위자들이 발달하는 상호작용의 맥락을 고려하지 않는다.

이런 단점을 완화하기 위해 콜버그의 도덕성 발달 단계 3수준에 따라 자료를 코딩하고, 만족스러운 범주들을 발견했다. 기존의 인습 이전, 인습적, 인습 이후의 도덕적 추론과 관련하여 우리는 응답자의 설명에서 많은 중요한 세부 요소를 정확히 찾아낼 수 있다는 것을 알았다(〈표 2〉). 우리는 인습 이전 수준과 인습 수준을 (1)교사 시각과 학생 시각 사이의 권력/위계관계 (2)교사 시각과 학생 시각 사이에서 자신의 역할 (비)준수 두 하위 범주로 나누었다. 인습 이후 수준은 보편적인 윤리적 원리에 호소하는 주장과 관련된다.

위계(hierarchy)로 자신의 행동을 정당화하는 교사를 비난하는 답변을 어떻게 평가해야 하는지에 대한 의문이 생긴다. 학생들은 더 높은 수준의 도덕성을 근거로 주장하는 데 익숙하기 때문에 이러한 행동을 비난한다. 그러나 우리의 코딩(〈표 2〉 참조)에는 도덕적 수준에 대한 두 가지 선택으로 "공동선의 원리" 또는 "역할/기대 (비)준수"가 있다. 예를 들어, 만약 학생이 자신이 따르는 규칙, 원리 또는 기대를 말하지 않고 "교사들은 왕이 아니다" 또는 "교사들은 절대 권력이 없다"라는 답변을 쓴다면, 그 학생 스스로 이런 진술을 비판할 수 있기 때문에 우리는 그 학생이 인습 이전 수준을 넘어선다고 직관적으로 알 수 있다. 그러나, 우리는 그렇게 답변하는 학생들의 인습 수준과 인습 이후 수준의 추론을 알지 못한다.

상대적으로 짧고, 때로는 더 나쁜 경우 유효한 자료에 상세한 논증이 없기 때문에 각각의 답변을 콜버그의 단계에 할당하면 신뢰성이 제한되기 쉽다. 그래서 우리는 도덕적 추론의 다른 수준들과 관련하여 학생의 성찰 가능성을 보여주는 데 성공했지만,(〈표 2〉 참조) 콜버그의 단계나 수준을 개인별로 신뢰 있게 측정하는 데 충분한 정보를 제공하는 도구를 개발하는 데 실패했다.

콜버그와 캔디(Kohlberg and Candee, 1984)는 도덕적 판단을 적절한 활동을 위한 충분하지 않지만 필요한 기초라고 말한다. 유럽연합집행위원회의 시민성 역량에 대한 현재 생각은 정당하거나 부당한 것을 평가하는 것을 넘어설 필요가 있다는 특징을 보인다. 이 책(Print, 2012)에 제시된 델파이 연구에서와 같이 적극적 참여는 시민성의 핵심 아이디어로 개념화된다(Hoskins, 2006). 따라서 본 연구에서 결정적 사건은 도덕적 추론에 대한 정보뿐 아니라 행동 계획에 대한 정보도 제공해야 한다. 결정적 사건 각각에서 두 번째 질문인 "학생으로서 어떻게 반응할 것인가?"라는 질문은 이것을 해결하는 데 도움이 되는 정보를 준다. 선택된 코딩 유형은 적극적 반응이 발생하는지 여부 및 결정의 동기를 고려한다. 코딩을 위해 다음 범주들이 개발되었다(〈표 3〉).

표 2. 결정적 사건에 채택된 코딩, 첫 번째 자유 응답형 답변 질문.
이 표의 이전 본은 피카(2010)를 참조하시오.

코드어	기술	예	콜버그에 따른 수준
권력/위계 (교사 시각)	행동은 행위자의 권위/위계상 지위에 의해 정당화된다.	교사가 권리를 가지고 있기 때문이다. 교장이 학교를 운영하기 때문에 교장의 결정이다.	인습 이전
권력/위계 (학생 시각)	행동은 행위자의 권위/위계상 지위에 의해 정당화된다.	그래야만 학생들은 수업에서 내쫓기지 않고 진정하기 때문이다.	인습 이전
역할 (비)준수 (학생 시각)	교장의 결정이 정당화되는지 여부는 학생들이 자신의 역할에 고유한 행동 규칙을 준수하는지 여부에 달려 있다.	규칙을 존중하지 않으면 처벌받아야만 한다. 우리 모두는 평등하기에 학생들이 자기 공부를 하지 않고 다른 학생들을 방해하기에 수업을 집중해서 들어야 하기에 학생들은 교사들과 잘 지내야하기에 학생회장이 권리를 이야기할 수 없다면/ 잘 지낸다면 교장이 그의 권한을 중지하는 것은 정상이다. 학생들은 자기들의 의견을 대변할 학생회장을 선택했다.	인습

역할 (비)준수 (교사 시각)	교장의 결정이 정당화되는지 여부는 학생들이 자신의 역할에 고유한 행동 규칙을 준수하는지 여부에 달려 있다.	개인의 감정이 작용해서는 안 된다. 즉 감정과 개인의 유감이 성적에 영향을 미치면 안 된다. 교사들은 모든 학생을 공정하고 객관적으로 전문적으로 같게 대해야 한다.	인습
공동선의 원리	행동은 공동체(교실, 학교)에 기여할 때 정당화된다. 모든 사람의 권리와 민주적 가치를 유지하는 것의 중요성. 행정, 교사, 학생 간의 협상을 허용하는 민주적 구조는 존중되어야만 한다.	등급은 행동이 아니라 오로지 시험 성적으로 주어야 한다. 다른 모든 사람이 방해받고 공부할 수 없기 때문에 평화가 가장 중요하나. 민주적이지 않기에 정당화될 수 없다.	인습 이후

표 3. 결정적 사건, 두 번째 자유 응답형 답변에 채택된 코딩.
이 표의 이전 판은 피카(2010)를 참조하시오.

행동하기	해결 지향 그른 것으로 생각된 처음 상황을 변경하기 위해 행동한다.	불평한다(학생회장으로서/다른 학생들의 한 사람으로서)
		학생회장을 돕고/지지한다.
		교장에게 이의를 제기한다.
		부모에게 말씀드리고 도와달라고 한다.
		교장과 합의하고, 그의 마음을 바꾸려고 노력한다.
		선거에서 같은 학생회장에게 다시 찬성 투표한다. 선거에 다시 참가한다.
	흥분 표현 더 조직적으로, 어쩌면 폭력적으로 행동한다. 이런 이유로 해결 지향 접근보다 더 큰 흥분을 보여야 한다.	시위를 조직한다.
		불평한다(학생회장으로서/다른 학생들의 한 사람으로서)
		학우들을 동원해 저항한다.
		다른 처벌을 선호할 수 있기에
		소리친다.
		교사가 그럴 권리가 없기에 저항한다.
		교사에게 입 다물라고 말한다. 폭행 폭동
	보복 지향 상황을 방해하기 위해서가 아니라 행위자를 처벌하기 위해 행동한다.	교사가 해임되도록 노력한다. 그 사람을 미워한다. 다른 학생들과 교사들이 보는 데서 후려친다.

행동하지 않기	행동할 가능성이 없다. 학생들은 행동을 단념하거나 행동할 가능성이 없다고 보기에, 예를 들면, 더 중요한 처벌을 받는 것을 두려워하기에 행동하지 않는다.	학생들은 아무 것도 할 수 없다. 학생들은 그것에 아무런 관심이 없다. 말하는 것이 위험해서 말하지 않는다.
	수용 학생들은 그 행동이 정당화되거나 단지 자신이 복종하기에 행동하지 않는다.	침묵하고 받아들인다. 아무 것도 하지 않는다. 순종한다. 교사에게 복종한다. 다신 그것을 하지 않는다, 다음엔 조용히 있을 것이다. 처벌을 받아들이고 그것에 대해 생각한다.
	내적 흥분 학생들은 아무 것도 하지 않지만, 마음이 어지럽다(분노한, 실망한, 화난 등). 이러한 흥분은 어떤 외적 행동으로도 전환되지 않는다.	분노한다. 실망한

도구 시범검사: 양적 결과

정성적 자료를 분석하는 동시에 정량적 자료를 통계 분석했다. 〈표 4〉는 두 개 리커트 척도 문항의 정량적 조사 결과 개요이다. 결과를 통해 4개국에서 결정적 사건이 전형적인 일상 상황으로 인식되지 않는다는 것을 알 수 있다. 학생들은 그러한 일이 학교에서 발생할 수 있다고 절대적으로 믿지는 않는다. 다른 한편으로, 학생들은 그러한 상황이 일어날 수 있다는 것에 분명히 반대하지는 않는다. 상황은 충분히 현실적인 것으로 보인다. 또, 학생들은 사건을 설명하는 문항을 일반적으로 부정했다. 따라서 결정적 사건은 중요한 입장을 정하게 하는 데 충분한 것으로 보인다.

표 4. 각각의 결정적 사건에 대한 처음 두 문항의 양적 결과(Pyka, 2010 참조)

문항	결정적 사건 1		결정적 사건 2	
	부정	중간(표준편차)	부정	표준편차
내가 다니는 학교에서도 이런 일이 일어날 수 있다	332	2.6(.85)	306	2.1(.76)
그렇게 행동하는 것은 정당화될 수 있다	324	1.9(.97)	294	2.0(.88)
코딩 범주: 4=매우 동의 3=동의, 2=동의하지 않음, 1=매우 동의하지 않음				

개방형 문항 코딩의 정량적 결과는 〈표 5〉와 〈표 6〉에 요약되었다. 두 번째 개방형 질문의 경우 국가별 학생들은 더 큰 편차를 나타냈다. 따라서 국가별로 세분화한 자료를 제공한다. 자유 응답형 문항은 결측 자료(missing data)가 상대적으로 더 많아서 일부 국가는 표본 크기가 훨씬 작다. 또, 첫 번째 결정적 사건보다 두 번째 결정적 사건에서 참여가 감소한다. 특정 코딩들이 백분율을 계산할 때 각 문항에 응답한 특정 국가 출신 학생 수를 기본 인구로 보고한다. 학생의 답변이 하나 이상의 코딩 범주에 할당하기에 충분한 세부 정보를 담은 경우 다중 코딩(multiple coding)을 허용했다. 따라서 결정적 사건별 답변은 표본 크기와 같지 않다.

표 5. 정의 지향 추론(콜버그가 사용한 의미)에 관한 첫 번째 개방형 질문에 대한 학생들의 응답 코딩(Pyka, 2010 참조)

국가	인습 이전 수준		인습 수준		인습 이후 수준	
	결정적 사건 1	결정적 사건 2	결정적 사건 1	결정적 사건 2	결정적 사건 1	결정적 사건 2
스페인 바르셀로나	4% (N 121)	2% (N 96)	73% (N 121)	60% (N 96)	42% (N 121)	47% (N 96)
영국	0%	10%	62%	53%	50%	60%

맨체스터	(N 34)	(N30)	(N 34)	(N 30)	(N 34)	(N 30)
스웨덴	0%	0%	78%	71%	29%	74%
스톡홀름	(N 49)	(N31)	(N 49)	(N31)	(N 49)	(N31)
폴란드	0%	0%	66%	90%	40%	50%
크라코프	(N55)	(N 40)	(N 55)	(N40)	(N 55)	(N 40)

결정적 사건들의 문구는 도시마다 약간씩 다르게 표현되었지만, 학생들은 상황에 대한 도덕적 판단에서 일관된 결과를 보인다. 중등학교 학생들에게 기대하는 것처럼, 일반적으로 그 학생들은 인습 이전 방식으로 주장하지 않는다. 흥미롭게도, 정의 관련 추론의 측정 수준은 결정적 사건의 내용과 독립적이지 않다(〈표 5〉). 첫 번째 결정적 사건과 관련하여 모든 국가의 학생은 인습 이후 수준이 아니라 더 인습적인 윤리적 추론을 보이지만, 두 번째 결정적 사건에서 학생들은 공동선과 관련된 원리를 더 강조한다. 내용에 따른 이러한 차이는 적어도 국가 차이만큼 의미 있다. 두 번째 결정적 사건에서 더 높은 추론의 가능성이 적을 수 있는 것은, 그것이 학교에서 기존 규칙에 의해 덜 구조화되어 있기 때문이라고 설명할 수 있다.(〈표 4〉). 따라서 학생들은 더 높은 수준의 인습 이후 추론을 요구하는 기존 규칙을 참조할 수 없다.

결정적 사건 각각의 두 번째 개방형 질문을 코딩할 때 학생의 답변을 기존 이론에 일치시키지 않았다. 대신에, 우리는 학생들이 제공한 자료를 근거로 새로운 범주를 재구성했다. 그것은 모집단의 사고방식을 흥미롭게 묘사한다. 다시 말해, 다른 범주들의 요소가 학생들의 논증에 있으면 답변은 다중 코딩되었다. 학생들에게 불완전하거나 모호한 답변을 명확하게 해달라고 요구할 수 없기 때문에 학생들을 범주에 정확히 할당하는 것이 더 어렵다.

각 결정적 사건의 두 번째 질문에 대해 학생들은 자신이 그런 상황에 처하면 (학생으로서) 어떻게 반응할지 기술한다. 또 다시, 흥미로운 유형이 나타난다(〈표 6〉). 두 개의 결정적 사건 모두에서 대다수 학생은 상황을 해결하는 방안을 찾기 위해 행동할 것이라고 말한다. 즉, 교사와 대화하려고 노력할 것이라고 말한다. 단 다른 문구로 표현된 문항에 바르셀로나의 학생들이 응답한 첫 번째 결정적 사건에서만 대다수가 아무것도 하지 않는다, 즉 일과 그 결과를 단지 받아들인다고 응답했다. 다른 국가들에서, 일부 학생은 사건에 대해 아무것도 하지 않을 것이라고 응답했다. 그러나 그들은 화가 나거나 실망할 것이라고 말한다. 폴란드 학생들은 두 번째 결정적 사건에 대해 모순된 유형을 보인다(교사는 학생회장이 자신과 사이가 좋지 않아서 그의 권한을 중지시킨다). 학생들의 응답 태도는 매우 이질적이다. 두 번째로 가장 많이 말한 반응은 단념해서 행동을 하지 않는 것이다. 지각된 단념 정도는 다른 국가 학생 집단들보다 폴란드에서 상당히 더 높다.

시민성 역량의 도구 개발: 토론

결측 값 줄이기

학생들이 참여하는 데 도움이 되도록 6쪽만으로 만들어진 피카의 설문지(2010)는 다른 국제 연구들보다 짧았다. 불행하게, 첫 번째 도시인 바르셀로나의 결과는 자유 응답형 질문에 대해 놀라울 정도로 높은 결측 값(Missing Values)을 보인다. 우리의 반응 중 한 가지는 결정적 사건을 설문지의 끝에서 중간으로 옮기는 것이었다. 이것은 바르셀로나와 다른 도시들에서 결측 값의 차이를 설명한다(표 7).

결측 값의 또 다른 차이는 결정적 사건을 비교할 때 명백하다. 두 번째 결정적 사건의 응답률은 첫 번째 사건과 비교해 절반 정도 줄어든다. 연구 과정에서 두 가지 결정적 사건의 순서는 변화하지 않았지만, 결과적으로 우리는 두 가지 결정적 사건에 대해 충분한 정보를 모으기 위해서 모집단의 절반을 위해 사건들의 입장을 바꿀 것을 권한다. 덧붙여, 다른 양자 간에 또 다른 형식으로 설문할 수도 있을 것이다.

시험검사 연구에서 학생들의 짧은 답변은 결정적 사건을 더 짧고 더 잘 준비된 설문으로 사용해야 함을 시사한다. 다시 말해, 응답자들은 설문을 끝까지 하지 못할까 봐 또는 일관되고 완전한 답변이 중요하다는 점을 사전에 충분히 설명하지 않았기 때문에 충분한 시간과 노력을 들이지 않은 것 같다.

표 6. 두 번째 개방형 질문에 대한 학생 답변 코딩. 두 가지 결정적 사건별 개산 (CI)(Pyka, 2010 참조)

국가	1 행동 해결 CI 1	1 행동 해결 CI 2	2 행동 분노 CI 1	2 행동 분노 CI 2	3 행동 보복 CI 1	3 행동 보복 CI 2	4 행동 인함 언념 CI 1	4 행동 인함 언념 CI 2	5 행동 인함 수용 CI 1	5 행동 인함 수용 CI 2	6 행동 인함 훌분 CI 1	6 행동 인함 훌분 CI 2
스페인	31%	40%	22%	22%	0%	3%	6%	14%	45%	15%	29%	24%
바르셀로나	(N 124)	(N 95)	(N 124)	(N 95)	(N 124)	(N 95)	(N 124)	(N 95)	(N 124)	(N 95)	(N 124)	(N 95)
영국	74%	58%	15%	23%	0%	0%	0%	13%	0%	3%	21%	26%
맨체스터	(N 36)	(N 33)	(N 36)	(N 33)	(N 36)	(N 33)	(N 36)	(N 33)	(N 36)	(N 33)	(N 36)	(N 33)
스웨덴	57%	26%	13%	13%	5%	3%	4%	6%	4%	6%	36%	63%
스톡홀름	(N 36)	(N 44)	(N 36)	(N 44)	(N 36)	(N 44)	(N 36)	(N 44)	(N 36)	(N 44)	(N 36)	(N 44)
폴란드	58%	58%	3%	17%	7%	3%	17%	25%	7%	6%	20%	19%
크라쿠프	(N 60)	(N 43)	(N 60)	(N 43)	(N 60)	(N 43)	(N 60)	(N 43)	(N 60)	(N 43)	(N 60)	(N 43)

표 7. 자유 응답형 질문의 결측 값(Pyka, 2010 참조)

국가	첫 번째 개방형 질문: 왜 그것은 정당화 될 수 있는가 또는 없는가		두 번째 개방형 질문: 학생으로서 어떻게 반응할 것인가?	
	결정적 사건 1	결정적 사건 2	결정적 사건 1	결정적 사건 2
스페인 -바르셀로나	26.2%	38.0%	33.7%	49.2%
영국 -맨체스터	7.7%	10.3%	7.7%	15.4%
스웨덴 -스톡홀름	17.7%	24.2%	8.1%	29.0%
폴란드 -크라코프	6.3%	25.4%	4.8%	31.7%

적절한 언어 선택

개방형 질문에 대한 답변의 질과 길이는 결정적 사건 도구의 효율성을 위해 언어가 중요함을 나타낸다. 모든 하위 표본에 일부러 영어로만 진술된 설문지를 제공했다. 이 연구는 소규모 연구여서 통제된 번역(controlled translation)을 실행할 수 없었다. 자료 수집 과정을 위해 영어를 공통어로 선택하는 것은 모든 하위 표본이 같은 설문지를 완료하는 것을 가장 잘 보장하는 것 같았다.

이러한 상황으로 자료 수집 중에 많은 장애가 발생했다. 바르셀로나에서는 응답자들이 대부분 문항의 의미에 눈에 띄게 긴장했고 자신의 의견과 추론을 이해하기 쉬운 문장으로 번역하는 데 어려움을 겪었다. 결과적으로 만족스러운 자료 수집을 가능하게 하도록 칠판에 많은 스페인어 번역어를 제시했다. 또 응답자들이 스페인어로 답변을 작성할 수 있게 했다. 이는 부분적으로만 답변의 가독성을 향상했다. 많은 학생이 보통 카

탈루냐어(Catalan)로 작성하기 때문에 올바른 스페인어 철자법을 사용하는 데 큰 어려움을 겪었다. 맨체스터 하위 표본을 제외한 응답자들이 모국어 같이 자세하고 깊이 영어로 답을 작성하리라고 기대해서는 안 된다. 당연히 개인은 결정적 사건을 자신의 모국어로 또는 이중 언어 수준으로 숙달한 언어로 편안히 더 자세히 평가하고 논의한다.

생태학적 타당성 확보

결정적 사건들에 묘사된 가상의 시나리오는 가능한 한 개인의 현실과 교육 상황을 닮아야 한다. 도구의 효율성은 응답자가 의견을 말하는 딜레마 상황의 적절성에 달려 있다. 이것은 "효과가 일상생활에서 일어나는 것을 대표하는지 여부"(Brewer, 2000)를 묻는 생태학적 타당성(ecological validity)의 개념을 말한다. 결정적 사건은 응답자들이 가상 사건의 근원적 동기, 의미, 결과 전반을 생각할 수 있게끔 응답자들의 생활세계(Lebenswelt) 현실 상황을 묘사할 필요가 있다.

이러한 요구를 해소하기 위해 바르셀로나에서 자료를 수집한 후 결정적 사건의 표현을 변경했다. 또, 토종 영국인 전문가는 영어 맥락에서 첫 번째 결정적 사건의 부적합성을 적절하게 강조했다. 원래 교사는 징계 문제에 대한 반응으로 성적을 낮추어 여러 학생을 처벌한다. 이 현상은 시험, 긴 논술 및 논문의 등급 평정이 평가기관의 의무인 영국에서는 가능할 것 같지 않다. 교사는 특별한 경우에만 작은 수업 과제의 등급을 매길 책임이 있다. 따라서 첫 번째 결정적 사건을 어떤 학생에 대한 교사의 개인적 원한이나 반감을 이사회가 보지 못한 하나의 과제 등급 평정에 반영하는 사건으로 바꾸는 게 더 적절한 것 같다. 스웨덴의 하위 표본에서도 비슷한 생태학적 타당성 문제가 발생했으나, 설문지를 그것에 맞게 조절하기에는 시기가 너무 늦었다. 스톡홀름 학생들 대부분은 학교에 학생회 대표가 있었던 적이 없다. 많은 학생이 이런 사실을 답변 일부로 썼다("이곳 학교에는 학생회장이 없다"). 그러나 일부 학생은 만약 학교에서 그러한 일이 일어난다면 자신이 어떻게 평가할 것인지 상상했다. 그렇기는 하지만, 학생들이 자신의 생활세계에서 일어날 수 있는 사건에 대해 학생들이 그렇게 할 수 있다면, 옳고 그름에 대한 학생들의 진정한 추론을 파악할 가능성이 클 것이다.

표현의 명료성 보장

결정적 사건 도구의 시험검사는 문항 표현의 몇 가지 약점을 드러낸다. 특히, 두 가지 개방형 문항의 문구는 철두철미한 결정이 필요하다.

두 번째 개방형 문항의 문구("학생으로서 어떻게 반응하겠습니까?")는 세 가지 다른 유형의 답변을 낳기 때문에 모호한 것으로 판명되었다. 어떤 학생들은 임의의 학생이 어떻게 이상적으로 반응해야만 하는가를 묻는 것으로 이해했다. 다른 학생들은 결정적 사건의 학생 입장에 자신을 두어야만 한다고 생각했다. 또 다른 학생들은 이상적 반응으로 생각하는 것과 자신이 어떻게 행동할지 상상하는 것 두 가지를 흥미롭게 대조하면서, 양면에서 추론했다. 해석의 이질성은 자료 범주화와 비교를 더 어렵게 한다. 이 문구가 더 명시적이면 도구의 효율성이 높아진다. 더 정확하게 하려면 이 문항을 나누는 몇 가지 방법을 고려할 수 있다.

- 이 상황에서 학생은 어떻게 반응해야 하는가?
- 이 상황에서 당신이 학생이라면 어떻게 반응할 것인가?
- 또, 가능한 경우, 교장과 교사는 그런 상황에서 어떻게 반응해야 하는가?

자료수집의 형식 조정

시험검사 연구에서 결정적 사건 도구로 산출된 자료의 양과 질은 지필평가 형식이 어려운 방법이라는 것을 시사한다. 대규모 연구에서 자료수집 조건은 확실히 다르다. 적어도 일부 국가의 학교는 연구의 중요성을 더 쉽게 인정하기 때문이다. 이런 학교들은 자기 학생들을 준비시키고, 문항에 반응할 때 가능한 철저하고 정확하며 확실해야 한다고 권고한다. 시범적용 연구 경험을 통해 다음 몇 가지 제안을 하게 된다.

- 첼(2004)은 연구자가 매우 완전하고 복잡한 답변을 도출할 수 있게 해주는 면접 상황에서 결정적 사건 도구를 사용하라고 권장한다.
- 도구가 지필평가 형식으로 수행될 것이라면 사용하는 문항 유형을 재고해야만 한다. 개방형이 유지된다면 표현이 명료해야 한다. 이는 모든 응답자가 결정적 사건에 대해 같은 관점이나 추론을 채택하도록 해준다. 이는 범주화의 분석 단계에서 부담을 줄인다.
- 개방형 문항이 절대 필요한 경우 도구를 더 쉽게 표준화할 수 있다. 간문화 역량을 측정하기 위한 결정적 사건 도구를 개발하는 괴벨(2007)의 방법은 폐쇄형 문항이 어떻게 다면적 구성요소를 고려할 수 있는지와 관련된 중요한 예이다. 이는 범주화의 기초가 될 이론적 토대의 방향을 미리 결정하는 것을 의미한다.

결론

이장의 목표는 시민성 역량 평가에 대한 대안적 접근을 논의하는 것이다. 비판적 사고 방법론은 기존의 시민성 역량 측정을 보완하는 접근으로 도입되었다. 기존 방법들은 달성할 수 있는 충분한 정도의 역량을 교사들이 파악하도록 하지 않고, 논리적으로 다음 단계의 학생의 발달에 대한 정보를 제공하지 않으며, 또 그러한 발달을 위한 가장 도움이 되는 학습환경을 제공하지 않은 채 역량을 규정하기 때문에 불완전하다고 생각된다. 이러한 점에서, 결정적 사건 접근은 몇 가지 장점이 있다. 첫째, 결정적 사건은 교사가 교실 수업에 쉽게 통합할 수 있다. 수업 내용으로 사용할 수 있으며 학생들의 토론과 교사가 학생의 학습을 평가할 때 기초가 된다. 결정적 사건들에 대한 답변은 기존 이론으로 해석될 수 있다(여기서 기준점은 콜버그의 도덕적 판단 발달을 위한 사회적 인지이론). 교사는 이러한 발달 이론을 배경으로 학생의 발달을 돕는 학습 환경을 설계할 수 있다. 그렇지 않다면, 결정적 사건에 대한 답변은 더 구성주의적으로 해석될 수 있다. 교사는 개방형 문항을 사용하거나 미리 정의된 질문을 사용해 교육과정이 제시하는 교육 목표에 비추어 분석할 수 있다(여기서 사용된 예는 적극적이고 참여적인 시민성의 목표였다). 마지막으로, 결정적 사건을 역량 측정 도구로 사용하는 것은 역량의 사회적, 인지적 측면과 행동 동기화 측면을 통합할 가능성이 있다.

우리는 결정적 사건을 연구하는 더 많은 탐색이 필요하다는 것을 받아들여야 한다. 우리는 논의에서 제기된 기술적 문제 외에 앞으로 이루어질 논의와 연구를 위한 몇 가지 주제를 제시했다. 결정적 사건의 예는 학교 상황에 국한한다. 두 가지 예 모두 결과의 일관성을 보여준다. 통계 기법을 사용하고 사회의 다른 부문에 결정적 사건을 적용함으로써 이러한 일관성을 더 조사해야 한다. 다음으로, 시민성을 측정하는 도구로서 결정적 사건의 외적 타당성을 다른 형태의 측정과 비교 검사해야 한다. 그 다음 시민성 역량의 다양한 측면을 위해 더 표준화된 분석 틀을 개발해야 한다. 마지막으로, 결정적 사건 사용에 대한 교사 훈련 프로그램은 교사가 학생의 요구를 분석하고 그것에 맞게 교수 환경을 설계하도록 개발해야 한다.

프린트
(MURRAY PRINT)

11. 민주시민성 역량의 개념화
델파이 접근법

민주주의 사회는 민주주의의 지속 가능한 미래가 젊은이들을 교육하는 데 달려 있음을 인정하면서 젊은이들이 성인의 시민성을 준비하도록 어떤 형태의 교육 경험에 참여시킨다. 현대 민주주의에서 이런 교육 경험의 형태는 다양하지만 가장 흔히 발견되는, 일반적으로 가장 받아들일만한 잠재적 영향력이 가장 큰 경험 중 하나는 학교 특히 학교 교육과정에서 발견된다. 그러나 젊은이들이 의회와 법원 같은 제도를 일반적으로 지지하나 정치인과 정당을 불신한다는 증거가 많다. 젊은이들은 민주주의를 지지하고 민주적으로 선출된 정부라는 생각과 그 필요성을 지지하나, 정부를 반응이 느리고, 융통성이 없고, 이데올로기와 정당의 특수 이익에 사로잡혀 움직이는 것으로 항상 인식한다(Crick, 1998; Dalton, 2004; Norris, 2002. ; Print, 2007; Print, Saha, & Edwards, 2007; Print & Milner, 2009; Saha & Print, 2010; Wattenberg, 2007; Westheimer & Kahne, 2004).

따라서 젊은이들이 전통적인 정치에서 벗어나면서 전통적인 대의 민주주의 과정은 종종 상당히 무시된다. 젊은이들에게 대의 민주주의의 전통적 형태는 희미해지고, 점차 비효율적인, 쟁점과 문제에 반응하지 않는, 가장 중요하게는 불신 받는 정치인, 정당, 부유한 압력 집단, 멸시받는 현대적 기관원, 대변인과 뗄 수 없게 뒤엉킨 것으로 인식된다. 젊은이들은 전보다 투표를 덜하고, 정당에 거의 참여하지 않고, 정치인과 접촉하지 않으며, 선거 때 정당들을 지지하지 않는다(Dalton, 2004; Franklin, 2004; Galston, 2004; Print, Saha, & Edwards, 2007; Print) & Milner, 2009; Putnam, 2000; Wattenberg, 2007).

이런 상황에서 생기는 몇 가지 중요한 질문이 있다. 우리는 새로운 민주적 과정의 시대 그리고 기술이 주도하는 21세기를 위한 새로운 형태의 민주적 시민성을 지향하고 있는가? 그것은 시민들이 제한적으로 참여하고 자신의 정치적 견해를 결정하기 위해 미디어나 소셜 네트워크를 모니터링하기만 하는 '감시 민주주의'(monitory democracy) 형태일까? 아니면 퍼트남(Robert Putnam)의 사회적 자본과 잉글하트(Ronald Inglehart)의 현대산업사회의 문화 변동으로 대표되는 변형된 민주주의일까? 그렇다면, 우리의 젊은이들은 이러한 제한된 방식으로라도 참여할 능력이 있는가?

이러한 메시지가 유럽의회 선거만큼 명확한 곳은 없다. 대부분 국가에서 이러한 모든 지표는 나이든 세대보다 정치와 민주주의에 덜 관심을 가지고 덜 참여한 젊은이들에게서 증폭되었다. 그러나 민주주의의 미래는 젊은이들의 어깨에 달려 있다.

우리의 근본 질문은 이제 정확해졌다. 효과적인 민주주의 시민이 되려면 유럽의 젊은이들이 알아야 하고 알아야 할 필요가 있는 것은 무엇인가? 그리고 유럽의 젊은이들은 현대 민주적 시민성을 어떻게 이해하고 실천하는가? 이러한 근본적인 질문에 대한 답들은 미래 유럽 민주주의의 많은 부분을 설명하는 데 도움이 될 것이다. 이 답들은 전 유럽의 정부정책, 교육행정, 학교관행에 큰 영향을 미칠 수 있을 것이다.

효과적인 민주적 시민이 되기 위해 유럽의 젊은이들이 무엇을 필요로 하는지를 조사하는 유용한 접근법은 그 목표를 달성할 역량을 연구하는 것이다. 유럽의 젊은이들이 21세기에 적극적 시민이 되기 위해 어떤 역량을 필요로 하는가? 2011년에 하노버에서 열린 정치학자, 사회과학자, 주요 시민교육자 초청 학술대회는 워크숍과 이어진 계속된 델파이 방법을 통해 다음과 같은 문제를 다루었다.

1. 미래 유럽 젊은이들의 적극적 시민성에 요구되는 핵심 역량을 파악한다.
2. 이러한 역량을 교육과정과 교육 전략 형태의 학교 기반 활동으로 바꾼다.
3. 청소년을 위해 파악된 역량, 학교에 필요한 교육과정, 교육과정과 관련된 교수법, 효과적 실행에 필요한 연구 기반, 정책 계획, 과정을 설명하는 출판물을 제작한다.

이 장은 델파이 연구방법을 통해 위의 첫 번째 과제를 다룬다.

학교에서의 시민참여를 통한 민주적 시민성 형성에 관한 국제 학술대회는 2011년 독일 하노버의 라이프니츠 대학교에서 열렸다. 유럽 전역에서 초청된 참가자들의 과제는 학교의 시민교육 프로그램을 통해 해 교육할 수 있는 미래 유럽시민들에게 필요한 시민 역량을 파악하고 조사하는 것이었다.

이 학술대회는 LUH, AGORA의 국제시민교육 프로그램의 후원을 받았으며 폭스바겐 재단의 보조금을 받았다.

현재 연구

고전 정치이론은 민주주의가 근본적으로 정치 문제에 대한 대중의 참여라는 개념에 기초한다고 주장한다. 참여는 정당성을 부여하는 민주주의의 핵심 특징이다(Crick, 2002; Norris, 2002). 더 나아가 듀이는 참여가 민주주의가 존재하는 이유, 그가 창조적 민주주의라고 언급한, 다른 사람들과 살아가는 방식이라고 주장했다. 그러나 최근 연구는 매우 많은 민주주의 국가들에서, 특히 젊은이들의 참여가 감소한 이유(Dalton, 2004; Franklin, 2004; Galston, 2004), 그리고 많은 사람이 주장하는 것처럼, 민주주의가 "위험에 처한" 이유를 설명하려고 했다. 달톤(R. Dalton)은 참여가 감소한 것이 현대 민주주의에 대한 주요한 도전이며 "... 정치인을 불신하고, 민주주의 제도에 회의적이고, 민주적 과정의 기능에 환멸을 느끼게 된 민주주의 자체의 시민"에서 비롯된다고 파악했다(2004, p. 1).

많은 이론가는(Crick, 2002; Dalton, 2004, 2008; Dewey, 1916; Norris, 2002; Patrick, 1999; Putnam, 2000) 민주주의 사회가 계몽된 민주적 관점을 실현하는 데 시민인 것을 감사하고 이해하며 참여할 수 있는 사람들이 필요하다고 주장했다. 이러한 참여는 인민 주권, 대의 민주주의, 법치, 인권, 시민의 권리와 의무, 시민사회와 시장경제 형태에 시민이 참여하는 것을 포함하는 계몽된 민주적 생활방식의 주요 개념을 이해하고 받아들이는 것에 기초한다. 그러나 이것은 정확히 무엇을 의미하는가? 그리고 미래의 민주적 유럽의 역량 측면에서 무엇을 의미하는가?

현대의 의사소통 기술은 민주적 참여에 대한 전통적인 견해와 젊은 시민들이 효과적으로 참여하기 위해서 적용하는 역량을 변화시킬 수 있을 것이다. 인터넷 시대에 '전자 민주주의(e-democracy)'로 점점 더 알려지고 있는 것에 젊은 시민들은 다른 방식으로 참여할 수 있다. 사람들은 SNS, 휴대전화, 블로그, 유투브, 페이스북을 통해 정치인, 정당, 의회, 정부와 다양하고 상호작용하는 방식의 관계를 맺을 수 있다. 민주시민성의 지식, 기술, 가치 측면에서 사람들에게 필요한 것이 무엇인지 알게 되면, 사람들이 민주주의에 대해 어떻게 배우며 참여하는 시민이 되려고 어떻게 노력하는가, 그리고 젊은이들이 미래를 위한 효과적 시민의 역량을 어떻게 획득하는가라는 본질적인 물음이 생긴다.

젊은이들이 전통적인 또는 최근의 기술 주도 방식을 통해 민주적 정치과정에 참여하는지와 관계없이, 그들이 사는 민주주의 국가에서 효과적인 시민이 되기 위해 알아야 하고 할 수 있어야 하는 것이 무엇인지 파악할 수 있어야 한다. 그러한 요구는 훨씬 더 넓은 지역에 관련되지만, 우리는 유럽의 맥락에서 다룬다.

과정

하노버 학술대회에서 제기된 핵심 질문은 젊은이들이 민주적 유럽에서 참여하는 시민이 되려면 어떤 역량이 필요한가이다.

민주시민성을 형성하기 위한 역량, 교육과정, 교육학에 대한 기조 강연으로 고무된 학술대회 참가자들의 논문은 핵심 질문을 다룰 역량을 밝히는 것이었다. 그 다음은 선택된 집단이 이 메일(e-mail)로 역량 진술문에 응답하고, 학술대회 참가자들에게 배포되고 그 과정이 계속되는 수정된 델파이가 이루어졌다. 핵심 개념과 필수 역량에 대한 진술문이 먼저 공식화되면 인터넷으로 집단에 배포되었다. 그런 다음 진술문의 표현과 의도에 반응하도록 요구했다. 회신된 반응을 검토한 후 의견을 수렴하기 위해 이 메일로 재발송했다. 그리고 재발송 전에 필요한 경우 문구를 수정했다. 학술대회 참가자들이 초기에 입력 수준이 높다는 것을 고려할 때, 높은 수준의 합의에 이르기 전에 2회 차 델파이 조사가 필요할 것으로 예상했는데, 실제로 그러했다. 변화가 점차 미미해지고 참가자가 줄어들 위험이 커질 때마다 델파이를 여러 차례 계속할 수 있다. 델파이를 수행하는 사람들은 어디에서(몇회 차에) 그만둘지 결정할 필요가 있었다. 이번 연구의 경우 2회 차 델파이가 실시된 후에 만족스러운 수준의 합의에 이른 것은 어느 정도는 학술대회 초청 전 그리고 학술대회 중에 실시된 예비 작업 때문이었다.

델파이 방법

델파이는 일반적으로 연구목적을 위해 구성한 특정 집단이 적극적으로 참여하는 것을 전제하고, 연구 주제에 대한 진술들에 합의를 이루는 데 공헌하는 특정 분야 전문가들로 구성된다. 일반적으로 델파이는 두 번째와 그 다음 차수(round)가 앞선 차수의 결과를 바탕으로 진행되는 일련의 진술들을 포함하는 2회 차 이상의 설문조사 형태이다. 의견을 수렴하여 수정된 진술은 각 차수의 참가자가 합의에 더 가깝게 도달할 수 있도록 제공된다. 따라서 전문가들은 2차부터 동료들 의견의 영향을 받으면서 답변한다. 회더(M. Häder)는 델파이 방법이 "본래 불확실하고 불완전한 지식을 이용할 수 있고 전문가들이 문제들을 판단하는 비교적 강하게 구조화된 집단 의사소통 과정"이라고 주장한다(1995, p. 12).

델파이의 근본적 특징 또는 특성:
1. 합의를 이루기 위해 두 번 이상의 '차수'(round or wave)'에 참여하는 전문가가 필요한 설문조사 유형이다.
2. 전문가들은 고려하는 진술문에 '피드백'을 제공한다.
3. 전문가 평가는 다른 전문가들 의견에 영향을 받는다.
4. 델파이 연구는 대개 상대적으로 불완전한 지식이 있는 주제에 관한 것이다.
5. 참가자들은 연구 주제를 평가하는 지식과 전문성을 바탕으로 관여한다.

그러나 현대과학기술을 적용하면서 델파이 방법은 종종 다르게 변경된다. 우리의 수정된 델파이 방법에서 전문가 집단은 3일 간 세미나에 참여하도록 초청받았고, 이 기간에 미리 준비한 논문을 바탕으로 젊은 유럽 시민들의 민주시민성 역량을 개발하기 위해 상호작용했다. 이 집단은 시민교육, 교육행정, 정치학, 공공정책, 사회과학 분야의 지도자와 미래 지도자로 구성되었다. 이 집단의 주요 임무는 미래 민주시민성의 본질과 범위를 개념화한 다음 민주시민이 되기 위해 젊은이들이 필요로 하는 역량에 대한 합의를 형성하는 것이었다.

주요 특징은 개인들이 참여한 집단의 학제적 성격이었다. 각 집단은 시민교육자, 행정가, 정치학자, 정책 입안자 및 사회과학자로 구성되었다. 이러한 이유로 다른 학문들에 관련되고 토론 후에 합의 결과를 산출하는 데 필요한 전문가들이 더 균형 있게 접근할 수 있었다.

이러한 임무를 수행하면서 곤란한 문제가 많이 생겼다. 개념 정의가 문제였다. 민주시민이 된다는 것은 무엇을 의미하는가? 역량이란 무엇인가? 민주시민이 된다는 것은 적극적 시민이어야 한다는 것을 의미하는가? 이것은 해결하기 어려운 문제들이었지만 몇 가지 기본 용어들에 합의하지 않으면 토론을 진행할 수 없음을 깨달았다. 연구 목적을 위해 다음과 같은 정의를 사용했다.

역량은 특정 영역의 세계에서 효과적이고 구체적인 인간 행동을 가능하게 할 수 있는 지식, 기술, 이해, 가치, 태도, 욕구의 조합을 말한다.

유럽연합에서 적극적 시민성은 "상호존중과 비폭력을 특징으로 인권과 민주주의에 따라 시민사회, 지역사회, 정치생활에 참여하는 것"으로 정의된다(Hoskins, 2006).

이러한 차원들에서 도출된 것이 참여하는 시민 역량의 기초가 될 것이다. 전문가 집단은 사회의 모든 사람이 같은 수준의 역량을 달성할 수 있는 것이 아니며 그 결과 역량의 수준이 개인에 따라 다를 수 있다는 것도 인정했다. 예를 들어, 개인이 비판적 판단과 같은 것을 할 수 있으려면 특정 지식, 기술, 가치, 태도, 성향을 사용한다. 그러므로 참여적 또는 적극적 시민의 능력이 있다는 증거로서 개인이 속한 민주주의의 정치 문제에 대한 비판적 판단은 민주주의, 시민의 권리, 국가 역사 등에 관한 지식 등, 즉 자기 입장을 평가하고 정하는 기술, 비판적 성찰, 민주주의의 중요성과 개인차 존중 등의 가치에 의존하는 것 등 참여하는 책임 있는 태도와 민주적 제도 신뢰, 정치 공동체에 참여하는 성향을 사용한다.

학술대회 종료 후 참가자들의 응답이 분석되고 종합되고 위에서 설명한 네 가지 범주로 조직되었다. 다음 지시가 심포지엄 참가자들에게 전달되었다.

참가자들에게 전달된 델파이 지시

이 프로젝트에서 사용하는 수정된 델파이 과정은 적어도 두 단계를 거칩니다. 첫 번째 단계에서는 역량 진술을 검토하고 수정할 것이 있으면 수정해 주십시오. 여러분은 진술을 그대로 받아들여 바꾸지 않거나 진술을 약간 바꾸거나 완전히 바꿀 수도 있습니다. 진술은 변경될 수 있도록 Word 문서에 있습니다.

그 다음 진술을 이 메일로 우리에게 회신하십시오. 우리는 모든 반응을 수정된 역량 집합에 통합할 것입니다.

충분한 합의가 이루어지면 델파이의 양적 과제로 바로 진행할 것입니다. 그렇지 않으면 수정된 역량 집합을 보내고 합의를 형성하는 단계의 일부로서 수정된 역량들에 대한 의견을 요청할 것입니다.

그 다음, 두 번째 단계에서는 여러분에게 역량을 검토하고 10점 척도로 점수를 부여하도록 요청할 것입니다. 여러분이 매긴 점수는 수정된 진술 각각에 여러분이 동의한 정도를 나타냅니다.

그 다음, 점수를 매긴 진술을 우리에게 회신하십시오.

그 다음, 점수를 검토해 모든 참가자의 동의 정도를 확인할 것입니다.

마지막으로, 점수와 함께 최종 진술을 여러분에게 보내고, 관련 기관에 배포할 것입니다.

정의

연구 목적을 위해 다음과 같은 정의를 사용한다.

역량은 지식, 기술, 이해, 가치, 태도 및 욕구의 복잡한 조합으로 특정 영역의 세계에서 효과적이고 구체적인 인간 행동으로 이어진다.

유럽연합에서 적극적 시민성은 "상호존중과 비폭력을 특징으로 인권과 민주주의에 따라 시민사회, 지역사회, 정치생활에 참여하는 것"으로 정의된다(Hoskins, 2006). 학술대회에서 받은 피드백을 바탕으로 우리는 적극적(active)이라는 용어가 일부 참가자들에게 문제가 되었기 때문에 우리는 참여하는(engaged)이란 말을 시민성을 한정하는 말로 사용한다. 본질적으로 참여하는 시민은 시민사회와 정치사회에 다양한 방식으로 참여한다.

적극적인 유럽 시민의 시민 역량

유럽의 젊은이들이 미래에 참여적/적극적 시민이 되려면 어떤 능력이 필요한가?

다음 역량들은 하노버 학술대회와 문헌에서 나온 구성 목록이다. 역량들은 델파이 수행의 편의성을 위해 목록 형식으로 제공된다. 그러나 단지 목록보다 더 폭넓게 생각해야 한다.

우리는 사회 모든 사람이 같은 기준의 역량을 가지거나 달성할 수 있는 것이 아니며 역량 수준은 개인차가 있을 수 있음을 인정하기 바란다.

토론과 연구를 통해 우리는 미래 유럽 시민들에게 적용할 수 있는 4가지의 일련의 참여적/적극적 시민성 역량을 확인했다.

지식
기술
태도/가치
성향

지식

[지식은 관련 자료의 사실 이해를 포함하여 현상을 개념적으로 이해하는 것을 의미한다. 예를 들어, 사실 지식으로 뒷받침되는 개인 속한 국가, 주/지역, 유럽연합, 유엔의 의회 민주주의를 이해하는 것이다.]

1. 지역, 국가, 유럽, 세계 수준에서 정치체계의 주요 요소와 의회제 정치 과정
2. 민주주의, 정당, 선거 프로그램, 투표 및 선거 절차의 기본 제도
3. 헌법상의 한계와 개인의 법적 권리를 포함한 법체계 및 법 절차의 주요 요소
4. 유럽 연합과 세계 선언의 기본권 헌장을 포함한 시민의 권리와 책임(인권, 사회적 권리 및 의무 포함)
5. 개인과 사회생활에서 미디어와 미디어의 역할
6. 사회 집단 간의 사회적 관계(예: 사회 계층)
7. 지배적 규범과 가치를 포함한 자국의 역사와 문화유산
8. 지역사회, 지역 및 국가 상황에 존재하는 다양한 문화
9. 국가, 유럽 및 세계 수준의 현재 정치 문제에 대한 지식
10. 국가, 유럽 및 세계 역사의 주요 사건, 동향 및 변화 동인

11. 자발적 집단과 시민사회의 기능과 업무
12. 경제 문해력과 재정 문제
13. 지역 및 세계의 지속 가능한 개발

기술

[기술은 공적 영역에서 다른 사람들과 효과적으로 관계를 맺고 지방에서 국가 및 유럽 수준에 이르기까지의 모든 정치적 수준에 대한 비판적이고 창조적인 성찰을 표현하는 것 등 시민 영역에서 무엇을 할 수 있는 능력과 관련된다.]

1. 미래의 적극적인 유럽 시민은 다음과 같은 것을 할 수 있는 기술을 갖추어야 한다.
2. 성찰적인 비판적 사고를 할 수 있다. 즉 상황을 고려하고, 사회의 권력 관계를 알고, 새로운 및 경제 정보를 포함한 정보를 비판할 수 있다(시민성에 관련한 재정 및 경제 문해력).
3. 다중 소속을 느낄 수 있다. 즉, 자신을 지역사회, 주, 국가, 유럽 및 세계의 시민으로 본다.
4. 입장이나 결정을 평가하고 입장을 취하며 입장을 옹호할 수 있다.
5. 의견과 사실 진술을 구별할 수 있다.
6. 지역 및 더 넓은 공동체에 평화적으로 영향을 미치는 문제 해결과 갈등 해결에 관심과 연대를 표시할 수 있다.
7. 미디어의 비판적 분석 등 미디어 메시지(관련된 관심과 가치체계 등)를 해석하고 비판하기 위한 미디어 역량을 갖추어야 한다.
8. 비판적 독해, 토의, 작문, 비판적 경청, 공감 및 사회적 기술, 역사와 문화를 비판적으로 해체하는 것을 포함한 의사소통 기술(자신

의 생각을 말과 서면으로 표현할 수 있는)을 갖추어야 한다.
9. 투표를 통하는 것을 포함해 정책 및 결정을 감시하고 영향을 미칠 수 있어야 한다.
10. 연합하고 협력할 수 있다.
11. 다문화 환경에서 살며 일하는 간문화 역량이 있다.
12. 조사 능력, 비판적 성찰 및 애매성에 대한 대처 능력이 있다.

가치/태도

가치는 시간이 지나고 다른 조건에서도 지속하며 행동에 오랫동안 큰 영향을 미치는 요인이다. 모든 사람에게 적용되는 인권의 가치 또는 사람들을 통치하는 방법으로서 민주주의의 가치가 그 예이다.

가치는 민주적 참여의 기초로 여겨지며 민주적 의사 결정의 중요한 선행조건이다.

태도는 더 시사적인 조건을 반영하며 깊이 간직된 가치를 포함한 많은 요인의 영향을 받을 수 있기 때문에 행동에 영향을 미칠 수 있다. 탄소 배출량 감소를 위한 탄소세 지지 또는 특정 문제에서 정당을 지지하는 것이 예이다.

가치

1. 법의 지배 수용
2. 사회 정의와 평등 및 시민의 평등한 대우에 대한 신념
3. 성별 및 종교 차이를 포함한 차이 존중
4. 편견, 인종주의, 차별 거부

5. 인권 존중(평등, 존엄성, 자유) 수용
6. 차이에 대한 관용
7. 민주주의의 중요성과 실천에 대한 신념
8. 환경 보존의 필요성에 대한 신념
9. 공동선과 공동체 연대에 대한 책임
10. 차이를 비폭력으로 해결하는 것에 대한 믿음
11. 적극적 시민으로서 참여를 소중히 하는 것
12. 정체성 개인, 공동체, 국가 및 세계적 정체성

태도

1. 특히 다른 시민과의 관계에서 자신의 결정과 행동에 책임감을 느끼는 것
2. 정치적 참여에 자신감을 느끼는 것
3. 민주적 원칙과 제도를 신뢰하고 충성하는 것
4. 차이, 자신의 의견 변화 및 타협에 대한 개방성
5. 자신이 정치적 의사결정을 변화시킬 수 있다고 느끼는 것(정치 효능감)

성향

행동할 성향은 적극적인 민주적 시민으로서 획득한 지식, 기술, 가치 및 태도에 영향을 받는 방식으로 행동할 가능성이나 의도이다.

1. 정치 공동체에 참여하려는 의도
2. 지역사회에서 적극적으로 활동하려는 의도
3. 시민사회에 참여하려는 의도

4. 사회 문제, 시민사회, 정치생활, 지역사회 생활, 세계 문제에 참여하려는 의도
5. 시민의 가치와 태도에 따라 사회를 개선하려는 의도

델파이 결과

계속된 두 차례 설문조사를 거치면서 참가자들은 위의 역량을 수정한 후 최종 진술에 대한 동의 수준을 10점 척도로 채점했다. 다음 목록은 집단이 수용한 최종 진술이다. 각 진술은 10점 만점에 평균 8점을 받았다. 즉 매우 완전한 동의는 아니나, 수용 가능한 수준의 합의를 나타내는 충분히 높은 수준의 동의이다. 수용된 진술은 본 연구의 맥락에서 이탤릭체로 설명된 네 가지 영역인 지식, 기술, 가치 및 태도, 성향으로 제시된다.

지식

[지식은 관련 자료의 사실적 이해를 포함하여 현상을 개념으로 이해하는 것을 의미한다. 예를 들어, 자신의 국가, 주/지역, 유럽 연합 및 유엔의 의회 민주주의에 대한 사실적 지식으로 뒷받침되는 이해]

1. 지역, 국가, 유럽, 세계 수준의 정치체계와 민주적 지배 과정의 주요 요소
2. 민주주의, 정당, 선거 프로그램, 투표 및 선거 절차의 기본 제도.
3. 헌법상의 한계와 개인의 법적 권리를 포함한 법체계와 법 절차의 주요 요소
4. 유럽 연합의 기본권 헌장 및 세계 선언을 포함한 시민의 권리와 책임(인권, 사회적 권리 및 의무 포함)
5. 개인과 사회생활에서 미디어와 미디어의 역할

6. 지배적인 규범과 가치를 포함한 자국의 역사와 문화유산
7. 지역사회, 지방 및 국가 상황에 존재하는 다른 문화
8. 국가, 유럽 및 세계 차원의 현재 정치 문제에 대한 지식
9. 국가, 유럽 및 세계 역사의 주요 사건, 동향 및 변화 동인
10. 자발적 집단과 시민사회의 기능과 업무
11. 경제 문해력과 재정 문제
12. 지역 및 세계의 지속 가능한 개발

기술

[기술은 공적 영역에서 다른 사람들과 효과적으로 관계를 맺고 지방에서 국가 및 유럽 수준에 이르기까지의 모든 정치적 수준에 대한 비판적이고 창조적인 성찰을 표시하는 것 등 시민 영역에서 무엇을 할 수 있는 능력과 관련된다.]

미래 유럽의 적극적 시민은 다음과 같은 것을 할 수 있는 기술을 갖추어야 한다.

13. 성찰적인 비판적 사고를 할 수 있다. 즉 상황을 고려하고, 사회의 권력 관계를 알고, 재무 및 경제 정보를 포함한 정보를 비판할 수 있다(시민성에 관련한 재정 및 경제 문해력)
14. 다중 소속을 느낄 수 있다. 즉, 자신을 지역, 주, 국가, 유럽 및 세계의 시민으로 본다.
15. 입장이나 결정을 평가하고 입장을 취하며 입장을 옹호할 수 있다.

16. 의견과 사실 진술을 구별할 수 있다.
17. 지역 및 더 넓은 공동체에 평화적으로 영향을 미치는 문제 해결과 갈등 해결에 관심과 연대를 표시할 수 있다.
18. 미디어의 비판적 분석 등 미디어 메시지(관련된 관심과 가치체계 등)를 이해하고 비판하기 위한 미디어 역량을 갖추어야 한다.
19. 비판적 독해, 토의, 작문, 비판적 경청, 공감 및 사회적 기술, 역사와 문화를 비판적으로 해체하는 것을 포함한 의사소통 기술(자신의 생각을 말과 서면으로 표현할 수 있는)을 갖추어야 한다.
20. 투표를 통하는 것을 포함해 정책 및 결정을 감시하고 영향을 미칠 수 있다.
21. 시민 문제를 다루기 위해 연합하고 협력할 수 있다.
22. 다문화 환경에서 살고 일하는 간문화 역량이 있다.
23. 조사 능력, 비판적 성찰 및 애매성에 대한 대처 능력이 있다.

가치/태도

가치는 시간이 지나고 조건이 달라도 지속하며 행동에 영향을 미치는 깊고 장기적이고 영향력 있는 요인이다. 모든 사람에게 적용되는 인권의 가치 또는 통치하는 방법으로서 민주주의의 가치가 그 예이다.

가치는 민주적 참여의 기초로 여겨지며 민주적 의사 결정의 중요한 선행조건이다.

태도는 더 시사적인 조건을 반영하며 깊이 간직된 가치를 포함한 많은 요인의 영향을 받을 수 있어서 행동에 영향을 줄 수 있다. 특정 문제에 대한 탄소 배출량 감소를 위한 탄소세 지지 또는 특정 문제에 대한 정당 지

지가 그 예이다.

가치

24. 법의 지배 수용
25. 사회 정의와 평등 및 시민의 평등한 대우에 대한 신념
26. 성별 및 종교 차이를 포함한 차이 존중
27. 편견, 인종주의, 차별 거부
28. 인권 존중(평등, 존엄성, 자유) 수용
29. 차이에 대한 관용
30. 민주적 의사 결정의 과정과 결과를 포함하는 민주주의의 중요성과 실천에 대한 신념
31. 환경 보존의 필요성에 대한 신념
32. 공동선과 공동체 연대에 대한 책임
33. 차이를 비폭력으로 해결하는 것에 대한 믿음
34. 적극적 시민으로서 관여(involvement)를 소중히 하는 것
35. 정체성 개인, 공동체, 국가 및 세계적 정체성

태도

36. 특히 다른 시민과의 관계에서 자신의 결정과 행동에 책임감을 느끼는 것
37. 정치적 참여에 자신감을 느끼는 것
38. 민주적 원칙과 제도를 신뢰하고 충성하는 것
39. 차이, 자신의 의견 변화 및 타협에 대한 개방성
40. 자신이 정치적 의사결정을 변화시킬 수 있다고 느끼는 것(정치

효능감)

성향

행동할 성향은 적극적인 민주적 시민으로서 획득한 지식, 기술, 가치 및 태도에 영향을 받는 방식으로 행동할 가능성이나 의도이다.

41. 정치 공동체에 참여하려는 의도
42. 시민 공동체에서 적극적으로 활동하려는 의도
43. 시민사회에 참여하려는 의도
44. 사회 문제, 시민사회, 정치생활, 지역사회 생활, 세계 문제에 참여하려는 의도
45. 시민의 가치와 태도에 따라 사회를 개선하려는 의도

결론

델파이 기법에서, 유럽의 참여적 민주시민의 4가지 역량을 확인할 수 있었다. 이러한 역량은 유럽의 젊은이들을 미래의 성인 시민으로 준비시키는 맥락에서 고안되고 검토되었다. 델파이 참가자들은 유럽의 젊은이들에게 민주주의, 민주주의 제도 그리고 시민의 역할에 대한 지식이 중요하다는 것을 강하게 지지했다. 마찬가지로 미래 유럽 시민들이 참여, 의사소통, 해결 및 정보에 근거한 비판에 관한 일련의 기술을 소유해야 한다는 것을 강하게 지지했다. 사회 정의, 공평, 관용 및 지속 가능성을 지지하는 가치와 태도를 마찬가지로 강하게 지지했다. 마지막으로 많은 참가자는 성향 개념을 암묵적으로 지지했다. 그러나 참여적, 적극적 시민은 행동 양식을 통해 자신의 가치와 태도를 표시할 필요가 있으며, 가치의

진술만으로는 가치가 행동으로 전환될 것으로 가정하는 것은 불충분하다는 데 일반적으로 동의했다.

델파이 최종 결과는 교육정책 문서와 학교 교육과정에 적용할 수 있는 미래 유럽 시민의 역량들을 확인하는 것이었다. 이러한 역량은 미래를 위해 민주시민을 준비하는 것을 임무로 보는 교육체계나 학교에 매우 유용한 안내나 지침이 될 것이다. 학술대회와 델파이에 참가한 사람들의 노력이 더 참여적이며 적극적인 민주시민을 육성해 유럽 민주주의 향상에 공헌하기를 바란다.

저자 소개

압스(Hermann J. Abs) 박사는 기센 대학(University of Giessen)의 학교 교육 및 시민교육 연구소 소장이며 교육연구 교수이다. 10년 동안 국가 및 유럽 차원의 시민교육 연구 프로젝트에 참여했다. 그는 유럽평의회, 독일 교육부, 여러 재단의 연구를 책임지고 수행했다. 2002년까지 김나지움에서 교사로 근무한 후 2009년까지 독일 국제교육연구소(DIPF) 연구원 및 프로젝트 책임자로 근무했다. DIPF의 동료이자 독일의 발전협력소(German agency for developmental cooperation GIZ)의 고문이다. .

힘멜만(Gerhard Himmelmann) 교수는 독일 브라운슈바이크(Braunschweig) 공대의 정치학 및 시민교육(정치교육) 교수로 퇴직했다. 그는 독일의 "정치적인(political)" 교육을 더 현대적이고 실제적이며 경험에 근거한 학교 민주주의 교수·학습을 포함하는 더 넓은 의미의 민주시민교육으로 바꾸는 데 특별히 관심이 있다. 그는 독일 민주주의 교육협회 회원이다. 그는 세계화에 대한 개인화의 현대적 도전, 학교 민주주의를 위한 사회통합, 민주적 협력, 정신 의식의 필요성에 연구의 중점을 둔다. 그는 민주주의와 교육에 관한 듀이(John Dewey)의 영감을 불러일으키는 저술들을 다시 논의한다.

호스킨스(Bryony Hoskins) 박사는 세계적으로 인정받는 시민성 학습 전문가이다. 그녀는 유럽 전역의 정책 실행을 모니터링하기 위해 유럽위원회를 위해 개발한 적극적 시민성 및 시민 역량 지표를 만든 것으로 매우 널리 알려져 있다. 그녀는 유럽 평의회와 유럽연합집행위원회에서 연구하는 적극적 시민성에 관한 국제 조직에서 연구자로 일했다. 현재 교수로 있는 사우샘프턴 대학교(University of Southampton), 런던대학교(University of London) 교육연구소의 국제 및 유럽 연구 프로젝트를 총괄했다. 그녀가 총괄한 유럽연합 프로젝트는 '유럽의 적극적 시민성(Active Citizenship in EU)'은 경제 위기 상황에서 유럽 전역의 정책과 실태를 조사했다.

얀마트(Jan Germen Janmaat)는 런던대학교 교육연구소의 지식경제사회에서 학습과 생활기회 센터(Center for Learning and Life Chances in Knowledge Economies and Societies)의 비교사회학 강사이다. 그는 시민 정체성과 가치 분야의 글을 많이 발표하고 사회통합에 관한 책 두 권을 그린(Andy Green)과 함께 썼다. 그는 시민의 가치를 촉진하기 위해 광범위하게 고안된 교육의 능력에 관심이 있으며 이러한 문제에 대한 국제 비교연구를 한다. 그는 교육적 차별과 시민 참여의 불평등의 연관성을 연구하는 데 중점을 둔다.

랑게(Dirk Lange)는 라이프니츠 하노버대학교(Leibniz University Hannover) 정치교육 교수이며, 시민성 인식(Bürgerbewusstsein)으로 부른 연구 초점을 개발하여 사회정치 현실에 대한 학생들의 정신 인식을 분석한다. 또 정치교육 연구, 역사정치교육, 정치교수·학습 연구, 일상 정향과 이주 정책 교육을 포함한다. 그는 수많은 프로젝트에 참여했다. 예를 들면, 유럽연합 프로젝트 "기적, 이민자와 난민-유럽 학교에 대한 도전"과 "유럽 학교에서의 이주민 학습"은 그의 주요 연구 관심사인데, 이는 이주와 간문화 생활 상황에서 유럽 시민교육의 개념을 발전시킨다. 그는 니더작센주 성인교육 및 평생교육 기관의 관리자이며 독일 정치교육협회 과학기구의 장이다.

옹켄(Holger Onken)은 독일 하노버대학교와 올덴부르크 대학의 연구 및 교육 조교이다. 그의 연구는 정당과 정당체계에 초점을 둔 정치참여에 관한 것이다. 서구 민주주의에 중점을 두고 있지만, 그의 연구는 정당 경쟁이 있는 이행 국가들도 다룬다. 그는 정치사회화에도 관심이 있으며, 이런 맥락에서 경험 연구의 개념을 발전시키고 다양한 조사를 수행했다.

페트릭(Andreas Petrik) 교수는 독일 할레에 있는 마틴루터대학교의 시민교육 및 사회과학 연구원이자 교사교육자이다. 그의 연구는 발생론적 방법(genetic method)을 정치학습에 적응시킨다. 왜냐하면 이 방법은 학생들이 일상 현상으로 정치와 관한 것을 발견하는 데 관련시킬 수 있을 것이기 때문이다. 그는 정치 정체성 형성을 촉진하는 역할 게임, 워크숍 및 시뮬레이션 등 모범 실천 사례를 만들고 그러한 학습 조건에서 학습자 발달에 관해 질적 연구를 수행한다. 그가 수행하는 프로젝트는 소외계층의 동독 십대들의 민주적 가치 형성을 촉진하는 것을 목표로 한다. 그는 독일 교육과정위원회에서 일했다.

프린트(Murray Print) 교수는 공민 및 시민교육의 선도자로 국내 및 세계에서 인정받는다. 수석 조사관으로서 그는 아시아 태평양 지역의 가치, 정책 및 시민교육을 포함한 시민교육 평가 및 기준, 공민 및 시민교육 컨소시엄 프로젝트 등 많은 연구 프로젝트를 총괄했다. 그리고 폭스바겐 재단은 유럽 민주시민의 역량에 프로젝트 수행 자금을 후원했다. 그는

2012-14년에 국가 교육 목표, 학교 및 미래를 위한 민주시민 형성을 조사하기 위해 수여하는 호주 연구위원회 발견 상을 받았다. 2003년에는 호주 정부로부터 시민교육 및 지역사회에 기여한 공로로 100주년 메달을 수상했다. 2011년에는 새로운 호주 교육과정의 공민 및 시민성(Civics and Citizenship) 교육과정 개발을 총괄해달라는 요청을 받았다.

피카(Tina Pyka)는 파리정치대학의 프랑스-독일 학부대학에서 정치학 및 유럽 연구 학사 학위를 2010년 받았고 2012년 런던 정치경제대학교에서 석사 유럽 연구: 사상과 정체성으로 석사학위를 취득했다. 그녀의 연구 분야는 유럽 사상사, 정치이론, 다문화주의뿐만 아니라 사회적 배제와 불평등, 사회정책 경제학, 교육정책을 포함한다.

라인하르트(Sibylle Reinhardt) 교수는 독일 할레에 있는 마틴루터대학교를 은퇴했다. 대학에 가기 전에는 20년 이상 김나지움 교사였다. 그녀의 연구는 이론과 실천을 결합하여 전문화를 실현하기 위한 것이다. 또 학생들의 민주주의에 대한 신념과 의견을 연구했고 작센안할트 연구(Sachsen-Anhalt-study)에서 민주주의 교육의 실태를 조사했다. 정치학 교수법에 관한 그녀의 책(정치학 교수법: 중등학교 지도서 1권, 2권)은 이제 고전인데, 네 번째 판이 발간되었다.

반 데스(Jan W. van Deth)는 독일 만하임 대학교 정치학 및 국제 비교 사회연구 교수이다. 주요 연구 분야는 정치 문화(특히 사회자본, 정치참여, 시민성), 사회변화 및 비교연구방법이다. 만하임 유럽사회연구센터(MZES) 소장, 시민성, 참여, 민주주의 네트워크(CID)의 위원장, 유럽 정치연구컨소시엄(ECPR)의 편집장을 역임했다. 왕립 네덜란드 예술과학아카데미(KNAW)의 회원이자 유럽 사회조사(ESS) 독일팀의 국가 조정관이다. 시민사회의 새로운 참여 차원(New Participatory Dimensions in Civil Society)라는 논문을 저술했다.

지글러(Beatrice Ziegler) 교수는 스위스의 아라우 민주주의센터(Zentrum fur Demokratie Aarau ZDA)의 공동 소장이며 스위스 북서부 교원대학의 시민교육 및 역사교육 센터를 조직한다. 그녀는 수석 조사관으로서 시민교육, 교수·학습 과정 및 시민교육과 역사교육 전문성에 대한 이론 및 경험 연구 분야의 프로젝트를 총괄했다. 스위스 독일어권 주들의 교육과정을 개발하면서 시민교육을 담당한다.

역자 소개

한국교원대학교 윤리교육과, 서울대학교 대학원에서 공부하고 한국교원대학교에서 '한국의 민주화 이행 과정에서 구조와 행위의 상호작용에 관한 연구'로 박사학위를 취득했다. 한국교육과정평가원 연구위원을 역임하고 현재 한국교원대학교 윤리교육과 교수로 있다. 예비교사들과 도덕과 교육(교육과정, 도덕심리학, 시민교육 등), '학교 민주주의 살리기', '미디어로 윤리하기' 등을 공부한다. 시민교육과 관련한 연구물로는 고등학교 교과서 생활과 윤리(비상출판사), 윤리와 사상(지학사), '충북 학교민주시민교육 활성화 방안 연구', '통일교육 관련 초·중·고 교육과정 개선방안 검토(통일부)' '2015 개정 교육과정 통합사회 교수학습 자료 개발(교육부)', '인성교육중심 수업강화를 위한 교수·학습자료 개발(교육부)', '도덕과 민주시민교육의 지식의 구조에 대한 연구', '예비교사 시민교육 역량강화 교육 방안', '독일 시민교육의 우리나라 초·중등 예비교사 시민교육 역량강화 교육에의 함의' 등이 있다. 연구 및 교육 경력으로는 도덕과 교육과정 연구·개발, 교과서 검정 간사, 중등교사임용시험 출제채점 부위원장, 중등교사임용시험 교육학 논술 채점위원장, 충북교육청 및 경기도교육청 자문위원, 교육부 교과서 자유발행제 추진위원을 역임하고 현재는 국민권익위원회 자문위원, 청렴연수원 청렴아카데미 자문위원, 교육부 교육과정 심의위원, 한국교원대학교 예비교사 시민교육 역량강화 사업단장, 통일교육연구소장이다.

참고문헌

서문
Crick, B. (2008). Democracy. In J. Arthur, I. Davies, & C Hahn (Eds.), The Sage handbook of education for citizenship and democracy. London: Sage Publications.

1장.
Duerr, K. (2004). The school-A democratic learning community. Council of Europe, DTIV/EDU/C1T (2003) 23 Final, Strasbourg, 26 April.

Himmelmann, G. Expertise zum Thema "Was ist Demokratiekompetenz"? Ein Vergleich von Kompetenzmodellen unter Berücksichtigung internationaler Ansätze. In ders.: Leithild Demokratieerziehung (pp.120-187). Schwalbach/Ts.: Wochenschau Verlag.

Himmelmann, G., & Lange, I). (Eds.). (2005). Demokratiekompetenz. Beiträge aus Politikwissenschaft, Pädagogik und politischer Bildung. Wiesbaden: VS-Verlag.

2장.
Callan, E. (2004). Citizenship and education. Annual Review of Political Science. 7, 71-90.

Conover, P. Johnston, Crewe, Ivor M., & Searing, Donald D. (1991). The nature of citizenship in the United States and Great Britain: Empirical comments on theoretical themes. Journal of Politics. 55(3), 800-832.

Conover, P. Johnston, Leonard, Stephen T., & Searing, Donald D. (1993). Duty is a four-letter word: Democratic citizenship in the liberal polity. In George E. Marcus & Russell L. Hanson (Eds.), Reconsidering the Democratic Public (pp.147-171). Pennsylvania: Pennsylvania State University Press.

Conover, P. Johnston, Crewe, Ivor M., & Searing, Donald D. (2004). Elusive ideal of equal citizenship: Political theory and political psychology in the United States and Great Britain. Journal of Politics. 66(4), 1036-1068.

Dalton, Russell J. (2008). The good citizen: How a younger generation is reshaping American politics. Washington, DC: CQ Press.

Dee, Thomas S. (2004). Are there civic returns to education? Journal of Public Economics. 88(9-10), 1697-1720.

Dekker, P., & de Hart J. (2002). Burgers over burgerschap. In R. P. Hortulanus & J. E. M. Machielse (Eds.), Modern Burgerschap Het Sociaal Debat Deel 6 (pp.21-35). The Hague: Elsevier.

Denters, Bas, & van der Kolk, Henk (2008). What determines citizens normative conceptions of their civic duties? In Heiner Meulemann (Ed.), Social Capital in Europe: Similarity of Countries and Diversity of People? (pp.135-157). Leiden: Brill.

Follesdal, Andreas (2004). Political consumerism as chance and challenge. In Michele Micheletti, Andreas Follesdal, & Dietlind Stolle (Eds.), Politics, Products, and Markets Exploring Political Consumerism Past and Present (pp.3-22). New Brunswick, London: Transaction.

Garcia Albaccta, Gema M. (2011). Continuity or Generational Change? A Longitudinal Study of Young People's Political Participation in Western Europe. Ph.D. Thesis, Universität Mannheim.

Hoskins, Bryony, D'llombress, Beatrice, & Campbell, Joann (2008). Does formal education have an impact on active citizenship behaviour? European Educational Research Journal. 7(3), 386-402.

Hoskins, Biyony Louise, Barber, Carolyn, Van Nijlen, Daniel, & Villalba, Ernesto (2011). Comparing civic competence among European youth: Composite and domain-specific indicators using IEA civic education study data. Comparative Education Review. 55(1), 82-110.

Kennedy, Kerry J. (1997). Citizenship education in review: Past perspectives and future needs. In Kerry J. Kennedy (Ed.), Citizen education and the modern stale (pp.1-5). London/Washington DC: The Falmer Press.

Lopes, Joana, Benton, Thomas, & Cleaver, Elizabeth (2009). Young people's intended civic and political participation: Does education matter? Journal of Youth Studies , 72(1), 1-20.

Maricn, Sofie, Hooghe, Marc, & Quintclier, Ellen (2010). Inequalities in non-institutionalised forms of political participation: A multi-level analysis of 25 countries. Political Studies, 5(1), 187-213.

Micheletti, Michele (2003). Political virtue and shopping. Individuals, consumerism and collective action. New York: Palgrave Macmillan.

Milligan, Kevin, Moretti, Enrico, & Oreopoulos, Philip (2004). Does education improve citizenship? Evidence from the United States and the United Kingdom. Journal of Public Economics. 8(9-10), 1667-1695.

Morales, Laura (2009). Joining political organizations: Instituitions, mobilization, and participation in western democracies. Colchester: ECPR Press.

Morales, Laura, & Geurts, Peter (2007). Associational involvement. In Jan W. van Deth, Jose Ramon Montero, & Anders Westholm (Eds.), Citizenship and involvement in European democracies: A Comparative Analysis (pp.135-157). London: Routledge.

Morozov, Evgeny (2011). The net delusion: How not to liberate the world. London: Allen Lane.

Newman, Benjamin J., & Bartels, Brandon L. (2010). Politics at the checkout line: Explaining political consumerism in the United States. Political Research Quarterly (August 25).

Norris, Pippa (2002). Democratic phoenix. Reinventing political activism. Cambridge: Cambridge University Press.

Putnam, Robert D. (2000). Bowling alone: The collapse and revival of American community. New York: Simon and Schuster.

Rossteutscher, Sigrid (2004). Die Rückkehr der Tugend? In Jan W. van Deth (Ed.), Deutschland in Europa (pp. 175-200). Wiesbaden: VS-Verlag.

Rossteutscher, Sigrid (2008). Social capital and civic engagement: A comparative perspective. In Dario Castiglione, Jan W. van Deth, & Guglielmo Wolleb (Eds.), The handbook of social capital (pp. 208- 240). Oxford: Oxford University Press.

Schlozman, Kay L., Verba, Sidney, & Brady, Hanry E. (1999). Civic participation and the equality problem. In Theda Skocpol & Morris P. Fiorina (Eds.), Civic engagement in American democracy (pp.427-459). Washington: Brookings Institution Press.

Schudson, Michael (2007). Citizens, consumers, and the good society. Annals of the American Academy of Political and Social Science, 611, 236-249.

Schwarzer, Steve, & Zeglovits, Eva (2009). Wissensvermittlung, politische Ertahrungen und politisches Bewusstsein als Aspekte politischer Bildung sowie deren Bedeutung für politische Partizipation. Osterreichische Zeitschrift für Politikwissenschaft, 3(3), 325-340.

Stolle, Dietlind, & Hooghe, Marc (2010). Shifting inequalities: Patterns of exclusion and inclusion in emerging forms of political participation. European Societies. 73(1), 119-142.

Teorell, Jan, Torcal, Mariano, & Montero, Jose Ramon (2007). Political participation: Mapping the terrain. In Jan W. van Deth, José Ramon Montero , & Anders Westholm (Eds.), Citizenship and involvement in European democracies: A comparative analysis (pp. 334-357). London, Routledge.

Theiss-Morse, Elisabeth, & Hibbing, John R. (2005). Citizenship and civic engagement. Annual Review of Political Science, 8, 227-249.

van Deth, Jan W. (2007). Norms of citizenship. In Russell J. Dalton, & Hans-Dieter Klingemann (Eds.), The Oxford handbook of political behavior (pp.402-417). Oxford, Oxford University Press.

van Deth, Jan W. (2010). Is creative participation good for democracy? In M. Micheletti & A. S. McFarland (Eds.), Creative participation responsibility-taking in the political world (pp. 146-170). Boulder: Paradigm.

van Deth, Jan W. (2012). New modes of participation and norms of citizenship. In Jan W. van Deth, & William Makney (Eds.), Professionalization and individualized collective action: Analyzing new participatory' dimensions in civil society (pp.115-138). London: Routledge.

van Doth, Jan W., Montero, José Ramon, & Westholm, Anders (Eds.) (2007). Citizenship and involvement in European democracies: A comparative analysis. London: Routledge.

Verba, Sidney, & Nie, Norman (1972). Participation in America: Political democracy and social equality. New York: Harper & Row.

Verba, Sidney, Schlozman, Kay L., & Brady, Henry E. (1995). Voice and Equality. Civic Voluntarism in American Politics. Cambridge, MA/London, England: Harvard University Press.

Wollebæk, Dag, & Strömsnes, Kristin (2008). Voluntary associations, trust, and civic engagement: A multilevel approach. Nonprofit and Voluntary Sector Quarterly, 37(2), 249-263.

3장.

Arnot, M. (2003). Citizenship education and gender. In A. Lockyer, B. Crick, & J. Annette (Eds.), Education for democratic citizenship (pp. 90-103). Aldershot: Ashgate.

Abowitz, K., & Harnish, J. (2006). Contemporary discourses of citizenship. Review of Educational Research, 76(4), 653-690.

Abs, H. J., & Veldhuis, R. (2006). Indicators on active citizenship for democracy- The social, cultural, and economic domain. Paper for the CRELL-Network on Active Citizenship for Democracy at the European Commission's Joint Research Centre. Ispra, Italy.

Almond, Gabriel, & Verba, Sydney (1963). Civic culture. Princeton, NJ: Princeton University Press.

Audigier, F. (2000). Basic concepts and core competencies for education for democratic citizenship. Strasbourg: Council of Europe Publishing.

Barber, B. (2003). Strong democracy: Participatory politics for a new age. California: University of California Press.

Borgonovi, F., d'Hombres, B., & Hoskins, B. (2010). Voter turnout, information acquisition and education: Evidence from 15 European countries. The B.E. Journal of Economic Analysis & Policy, 10(1). DOI: 10.2202/1935-1682.2463

Buk-Berge, Elisabeth (2006). Missed opportunities: The IEA's study of civic education and civic education in post-communist countries. Comparative Education, 42(4), 533-548.

Crick, B. (1998). Education for citizenship and the teaching of democracy in schools: Final report of the Advisory Group on Citizenship 22 September 1998 (London, Qualifications and Curriculum Authority).

Crick, B. (2003) The English citizenship order 1999: Context, content and presuppositions. In A. Lockyer, B. Crick, & J. Annette (Eds.), Education for democratic citizenship (pp. 15-29). Aldershot: Ashgate.

Dalton, R. (2009). The good citizen: How a younger generation is reshaping American politics. Washington: CQ press.

Delli Carpini, M., & Keeter, S. (1996). What Americans know about politics and why it matters. New Haven, CT: Yale University.

de Tocqueville, A. (1863). Democracy in America. Cambridge: Sever and Francis.

Education Council (2006). Recommendation of the European Parliament and the Council of 18 December 2006 on key competencies for lifelong learning. Brussels: Official Journal of the European Union, 30 December.

Fratczak-Rudnicka, B., & Torney-Purta, J. (2003). Competencies for civic and political life in a democracy. In D. Rychen, L. Salganik, & L. McLaughlin (Eds.), Contributions to the second DeSeCo Symposium. Neuchâtel: Swiss Federal Statistical Office.

Galston, W. (2001). Political knowledge, political engagement and civic education. Annual Review of Political Science, 4, 217-234.

Haste, H. (2010). Citizenship education: A critical look at a contested field. In L. Sherrod, J. Torney-Purta, & C. Flanagan (Eds.), Handbook of civic engagement in youth. New Jersey: John Wiley and Sons.

Hoskins, B., Villalba, E., & Saisana, M. (2012). The 2011 Civic Competence Composite Indicator (CCC1-2): Measuring young people's civic competence across Europe based on the IEA International Citizenship and Civic Education study. CRELL Research Paper, EUR 25182 EN. Ispra: European Commission.

Hoskins, B., Barber, C., Van Nijlen, D., & Villalba, E. (2011). Comparing civic competence among European youth: Composite and domain-specific indicators using IEA civic education study data. Comparative Education Review. 55(1). http://www.jstor.org/pss/10.1086/656620.

Hoskins, B., Janmaat, J., & Villalba, E. (2011). Learning citizenship through social practice outside and inside school: Multilevel analysis of the learning of citizenship. British Education Research Journal http://dx.doi.org/10.1080/01411926.2010.550271.

Hoskins, B., & Deakin Crick, R. (2010). Learning to learn and civic competence to sides of the same coin? European Journal of Education Research. 45(1).

Hoskins, B., & Mascherini, M. (2009). Measuring active citizenship through the development of a composite indicator. Social Indicator Research, 90, 459-488. http://dx.d0i.0rg/10.1007/s11205-008-9271-2.

Hoskins, B., Villalba, E., Van Nijlen, D., & Barber, C. (2008). Measuring civic competence in Europe: A composite Indicator based on IEA civic education study 1999 for 14 years old in School. CRELL Research Paper , EUR 23210. Ispra: European Commission.

Hoskins, B. (2006). Draft framework on indicators for active citizenship. Ispra: CRELL.

Honohan, 1. (2002). Civic republicanism. London: Routledge.

Johnson, L., & Morris, P (2010). Towards a framework for critical citizenship education. Curriculum Journal, 2/(1), 77-96.

Kerr, D., Sturman, L., Schulz, & Burge, B. (2010). Civic knowledge, attitudes, and engagement among lower-secondary students in 24 European countries. ICCS 2009 European Report. Amsterdam: IEA.

Kymlicka, W. (2003). Two dilemmas of citizenship education in pluralist societies. In A. Lockyer, B. Crick, & J. Annette (Eds.), Education for democratic citizenship (pp. 47-63). Aldershot: Ashgate.

Levine, & Higgins-D'Alessandro (2010). Youth civic engagement: Normative issues. In L. Sherrod, J. Torney-Purta, & C. Flanagan (Eds.), Handbook of civic engagement in youth. New Jersey: John Wiley and Sons.

Lovett, Frank (2010). Republicanism. In Edward N. Zalta (Ed.), The Stanford encyclopedia of philosophy (Summer 2010 edition), http://plato.stanfbrd.edu/archives/sum2010/entries/ republicanism.

Norman, J. (2010). The big society: The anatomy of the new politics. Buckingham: The University of Buckingham Press.

Parry, G. (2003). Citizenship education: Reproductive and remedial. In A. Lockyer, B. Crick, & J. Annette (Eds.), Education for democratic citizenship (pp.30-46). Aldershot: Ashgate.

Putnam, R. D. (1993). Making democracy work. Princeton, NJ: Princeton University Press.

Putnam, R. D. (2000). Bowling alone: The collapse and revival of American community. New York: Simon and Schuster.

Sen, A. (1980). Equality of what? In S. McMurrin (Ed.), Tanner lectures on human values. Volume 1. Cambridge: Cambridge University Press/University of Utah Press.

Turner, B. (1997). Citizenship studies: A general theory. Citizenship Studies. 1/(I), 5-18.

Veugelers, W. (2007). Creating critical-democratic citizenship education: Empowering humanity and democracy in Dutch education. Compare. 37(1), 105-119.

Veugelers, W. (Ed.) (2011). Education and humanism: Linking autonomy and humanity. Rotterdam/Boston/Taipei: Sense Publishers.

Veugelers, W. (in press). The moral and the political in global citizenship education. Globalisation, Societies and Education.

Veldhuis, R. (1997). Education for democratic citizenship: Dimensions of citizenship, core competences, variables and international activities. Strasbourg, Council of Europe.

Wattenberg, M. (2012). Is voting for the young? New York: Longman.

Westheimer, J., & Kahne, J. (2004). What kind of citizen? The politics of education of democracy. American Educational Research Journal. 41(2), 237-269.

Westheimer, J. (2008). No child left thinking: Democracy at-risk in American schools. Democratic Dialogue Series, No. 17, Inquiry into Democracy, Education, and Society. Ottawa: Ottawa University.

Willetts, D. (2010). The pinch: How the baby boomers took their children 5 future -And why they should give it back. London: Atlantic Books.

4장.

Abs, H. J., & Veldhuis, R. (2006). Indicators on active citizenship for democracy- The social, cultural, and economic domain. Paper for the CRELL-Network on Active Citizenship for Democracy at the European Commission's Joint Research Centre. Ispra, Italy.

Audigier, F. (2000). Basic concepts and core competencies for education for democratic citizenship. Strasbourg: Council of Europe.

Australian Curriculum, Assessment and Reporting Authority (2012) Civics and citizenship. Draft Shape Paper, http://www.acara.edu.au/curriculum/civics_and_citizenship_1.html.

CRELL Research Network on Active Citizenship for Democracy including multiple research papers by Hoskins et al. (2006, 2008).

Crick, B. (1998). Education for citizenship and the teaching of democracy in schools. London: QCA.

Dalton, R. (2008). The good citizen: How a younger generation is reshaping American politics. Washington: CQ press.

Eurydice (2005). Citizenship education al school in Europe. Brussels: Eurydice.

Fratczak-Rudnicka, B. , & Torney-Purta, J. (2003). Competencies for civic and political life in a democracy. In D. Rychen, L. Salganik , & L. McLaughlin, Contributions to the second DeSeCo Symposium. Neuchâtel: Swiss Federal Statistical Office.

Hoskins, B. (2006). Active citizenship for democracy. Ispra: CRELL.

Hoskins, B., Villalba, E., Van Nijlen, D., & Barber, C. (2008). Measuring civic competence in Europe: A composite indicator based on IEA civic education study 1999 for 14 years old in school. CRELL Research Paper, EUR 23210. Ispra: European Commission.

Hoskins, B., & Deakin-Crick, R. (2010). Competences for learning to learn and active citizenship: Different currencies or two sides of the same coin? European Journal of Education, 75(1), Part II.

Hoskins, B., Barber, C., Van Nijlen, D., & Villalba, E. (2011). Comparing civic competence among European youth: Composite and domain-specific indicators using IEA civic education study data. Comparative Education Review, 55(1). http://www.jstor.org/pss/10.1086/656620.

Johnson, L., & Morris, P. (2010). Towards a framework for critical citizenship education. Curriculum Journal, 27(1), 77-96.

Keating, A., Kerr, D., Lopes, J., Featherstone, G., & Benton, T. (2009). Embedding citizenship education in secondary schools in England (2002-08): Citizenship education longitudinal study seventh annual report. DCSF Research Report 172. London: DCSF.

Kerr, D., Sturman, L., Schulz, W., & Burge, B. (2010). Civic knowledge, attitudes, and engagement among lower-secondary students in 24 European countries. ICCS 2009 European Report. Amsterdam: IEA.

Norris, Pippa (2002). Democratic phoenix. Reinventing political activism. Cambridge: Cambridge University Press.
Print, M. & Milner, H. (Eds.) (2009). Civic education and youth political participation. Rotterdam: Sense Publishers.
Print, M., Saha, L., & Edwards, K. (Eds.) (2007). Youth participation in democracy. Rotterdam: Sense Publishers.
Regioplan (2005). Indicators for monitoring active citizenship and citizenship education. Amsterdam: Regioplan.
Saha, L., & Print, M. (2010). Student school elections and political engagement: A cradle of democracy? International Journal of Educational Research. 22-32.
Schulz, W., Ainley, J., Fraillon, J., Kerr, D., & Losito, B. (2010). Initial findings from the IEA international civic and citizenship education study. Amsterdam: International Association for the Evaluation of Educational Achievement.
van Doth, Jan W. (2007). Norms of citizenship. In Russell J. Dalton & Hans-Dieter Klingemann (Eds.), The Oxford handbook of political behavior (pp.402-417). Oxford: Oxford University Press.
Veldhuis, R. (1997). Education for democratic citizenship: Dimensions of citizenship, core competencies and international activities. Strasbourg: Council of Europe.
Veugelers, W. (2007). Creating critical-democratic citizenship education: Empowering humanity and democracy in Dutch education. Compare, 37(1), 105-119.
Westheimer, J., & Kahne, J. (2004). What kind of citizen? The politics of educating for democracy. American Educational Research Journal. 7(2), 237-269.

5장.
Allport, G. (1954). The nature of prejudice. Addison-Wesley, Reading, MA.
Almond, G. A., & Verba, S. (1963). The civic culture. Princeton: Princeton University Press.
Barry, B. (1978). Sociologists, economists and democracy. Chicago: University of Chicago Press.
Bellah, R., Madon, R., Sullivan, W. M., Swindler, A., & Tipton, S. M. (1985). Habits of the heart. Berkeley: University of California Press.
Benton, T., Cleaver, E., Featherstone, G., Kerr, D., Lopes J., & Whitby, K. (2008). Citizenship Education Longitudinal Study (CELS): Sixth annual report young people's civic participation in and beyond school: Attitudes, intentions and influences. London: DCSF.
Bruegel, I. (2006). Social capital, diversity and education policy. Paper prepared for Families and Social Capital ESRC Research Group, http://www.lsbu.ac.uk/familics/-publications/SCDiversityEdu28.8.06.pdf. accessed on 3 June 2008.
Campbell, D. (2006). What is education's impact on civic and social engagement? In R. Desjardins & T. Schuller (Eds.), Measuring the effects of education on health and civic

engagement, Proceedings of the Copenhagen Symposium. Paris: CERI, OECD.

Council of Europe (2011a). Charter on Education for Democratic Citizenship and Human Rights Education.

Council of Europe (201 lb). Education for Democratic Citizenship, http://www.coe.int/t/dg4/education/edc/.

Crozier, M., Huntington, S., & Watanuki, J. (1975). The crisis of democracy. New York: New York University Press.

Eurydice (2005). Citizenship education at school in Europe. Brussels: Eurydice.

Ellison, C. G., & Powers, D. A. (1994). The contact hypothesis and racial attitudes among black Americans. Social Science Quarterly. 75(2), 385-400.

Emler, N., & Frazer, E. (1999). Politics: The education effect. Oxford Review of Education. 25(1-2), 271-272.

Frankenberg, E., Lee, C., & Orfield, G. (2003). A multiracial society with segregated schools: Are we losing the dream? The Civil Rights Project. Cambridge, MA: Harvard University.

Galston, W. (2001). Political knowledge, political engagement and civic education. Annual Review of Political Science. 4, 217-234.

Gamson, W. A. (1968). Power and discontent. Homewood, IL: Dorsey.

Green, A., Preston, J., & Janmaat, J. G. (2006). Education, equality and social cohesion: A comparative analysis. Basingstoke: Palgrave Macmillan.

Haegel, F. (1999). The effect of education on the expression of negative views towards immigrants in France: The influence of the republican model put to the test. In L. Hagendoorn & S. Nekuee (Eds.), Education and racism: A cross-national inventory of positive effects of education on racial tolerance (pp. 33-46). Aldershot: Ashgate.

Hagendoorn, L. (1999). Introduction: A model of the effects of education on prejudice and racism. In L. Hagendoorn & S. Nekuee (Eds.), Education and racism: A cross-national inventory of positive effects of education on racial tolerance (pp. 1-20). Aldershot: Ashgate.

Holme, J., Wells, A., & Revilla, A. (2005). Learning through experience: What graduates gained by attending desegregated high schools. Equity and Excellence in Education. 38(1), 14-25.

Hoskins, B., & Crick, R. D. (2008). Learning to learn and civic competences: Different currencies or two sides of the same coin? Luxembourg: European Communities.

Hoskins, B., Villalba, E., van Nijlen, D., & Barber, C. (2008). Measuring civic competence in Europe: A composite indicator based on the IEA civic education study 1999 for 14 years old in school. Luxembourg: European Communities.

Hoskins, B., Janmaat, J. G., & Villalba, E. (2012). Learning citizenship through social participation outside and inside school: An international, multilevel study of young people's learning of citizenship. British Educational Research Journal, 38(3), 419-446.

Inglehart, R. (1990). Culture shift in advanced industrial societies. Princeton: Princeton University Press.

Inglehart, R., & Welzel, C. (2005). Modernization, cultural change, and democracy: The human development sequence. Cambridge: Cambridge University Press.

Jackman, R. W., & Miller, R. A. (2005). Before norms. Institutions and civic culture. Ann Arbor: The University of Michigan Press.

Janmaat, J. G. (2006). Civic culture in Western and Eastern Europe. European Journal of Sociology/ Archives Europeennes de Sociologies 47. 363-393.

Janmaat, J. G. (2008). The civic attitudes of ethnic minority youth and the impact of citizenship education. Journal of Ethnic and Migration Studies, 34(1), 27-54.

Janmaat, J. G. (2010). Classroom diversity and its relation to tolerance, trust and participation in England, Sweden and Germany. LLAKES Research Paper 4. Available at: http://www.llakes.org/ Home/llakes-research-papers.

Janmaat, J. G. (2011). Diversiteit in de klas: Kweekvijver voor verdraagzaamheid onder alle omstandigheden? Mens en Maatschappij.

Kahne, J., & Sporte, S. (2008). Developing citizens: The impact of civic learning opportunities on students' commitment of civic participation. American Educational Research Journal, 45(3). 738- 766.

Kennedy, B., Kawachi, I., & Brainerd, E. (1998). The role of social capital in the Russian mortality crisis. World Development, 26(11), 2029-2043.

Knack, S., & Keefer, P. (1997). Does social capital have an economic payoff? A cross-country investigation. The Quarterly Journal of Economics, CXI1, 1251-1288.

Kymlicka, W. (2002). Contemporary political philosophy: An introduction. Oxford: Oxford University Press.

Langton, K. P., & Jennings, M. K. (1968). Political socialisation in the high school civic curriculum in the United States. American Political Science Review, 62, 852-867.

LaPorta, R., Lopez de Silanes, F., Shleifer, A., & Vishny, R. (1997). Trust in large organizations. American Economic Review, 87, 333-338.

Lichterman, P. (1996). The search for political community: American activists reinventing commitment. Cambridge: Cambridge University Press.

Muller, E. N., & Seligson, M. A. (1994). Civic culture and democracy: The question of causal relationships. The American Political Science Review. 88(3), 635-652.

Niemi, R., & Junn, J. (1998). Civic education: What makes students learn. Yale: Yale University Press.

Pettigrew, T. F., & Tropp, L. R. (2006). A meta-analytic test of inter-group contact theory. Journal of Personality and Social Psychology. 90(5), 751-783.

Peri, P. (1999). Education and prejudice against immigrants. In L. Hagendoorn & S. Nekuee

(Eds.), Education and racism: A cross-national inventory of positive effects of education on racial tolerance (pp.21-32). Aldershot: Ashgate.

Putnam, R. (1993). Making democracy work: Civic traditions in modern Italy. Princeton, NJ: Princeton University Press.

Putnam, R. (2000). Bowling alone: The collapse and revival of American community. New York: Simon and Schuster.

Ray, J. J. (1983). Racial attitudes and the contact hypothesis. The Journal of Social Psychology. 119, 3- 10.

Rice, T. W., & Feldman, J. L. (1997). Civic culture and democracy from Europe to America. The Journal of Politics. 59(4) , 1143-1172.

Schmitter, P. C., & Karl, T. L. (1991). What democracy is ... and is not. Journal of Democracy. 2, 75-88.

Sigelman, L., Bledsoe, T., Welch, S., & Combs, M. W. (1996). Making contact? Black-white social interaction in an urban setting. American Journal of Sociology. 101, 1306-1332.

Torney-Purta, J. (2002). Patterns in the civic knowledge, engagement, and attitudes of European adolescents: The IEA civic education study. European Journal of Education. 37(2), 129-141.

Verba, S., Schlozman, K., & Brady, H. (1995). Voice and equality: Civic voluntarism in American Politics. London, Harvard University Press.

6장.

Campbell, A. & Gurin, G., & Miller, W. E. (1954). The voter decides. Evanston, IL: Row, Peterson and Company.

Dalton, R. (1980). The pathways of parental socialization. American Politics Quarterly. 10, 139-157.

De Grip, A., Hoevenberg, J., & Willems, E. (1997). Atypical employment in the European Union. International Labour Review, 136(1). 49-71.

Gaiser, W., & de Rijke, J. (2006). Gesellschaftliche und politische Beteiligung. In M. Gille et al. (Eds.) , Jugendliche und junge Erwachsene in Deutschland. Lebensverbaltnisse, Werte und gesellschaftliche Beteiligung 12- bis 29-Jähriger (pp.213-276). Wiesbaden: VS.

Gille, M. (2000). Werte, Rollenbilder und soziale Orientierung. In: M. Gille & W. Kruger (Eds.) , Unzufriedene Demokraten. Politische Orientierungen der 16- bis 29jdhngen im vereinigten Deutschland (pp. 143-203) Opladen: Leske+Budrich.

Gille, M. (2006). Werte, Geschlechtsrollenorientierung und Lebensentwurfe. In M. Gille et al. (Eds.) , Jugendliche und junge Erwachsene in Deutschland Lebensverhciltnisse, Werte und gesellschaftliche Beteiligung 12-bis 29-Jähriger (pp.131-212). Wiesbaden: Westdeutscher Verlag.

Gille, M., Kleinert, C. & Ott, S. (1995). Lebensverhaltnisse. In U. Hoffmann-Lange (Eds.), Jugend und Demokratie in Deutschland (pp. 23-83). Opladen: Leske + Budrich.

Gille, M., Kriiger, W., & de Rijke, J. (2000). Politische Orientierungen. In M. Gille & W. Kriiger (Eds.), Unzufriedene Demokraten. Politische Orientierungen der 16- bis 29-jährigen im vereinten Deutschland (pp.205-266). Opladen: Leske+ Budrich.

Greiffenhagen, S. (2002). Politische Sozialisation. In M. Greiffenhagen & S. Greiffenhagen (Eds.), Handwörterbuch zur politischen Kultur in der Bundesrepublik Deutschland (pp. 408-418). Wiesbaden: Westdeutscher Verlag.

Ingrisch, M. (1997). Politisches Wissen, politisches Interesse und politische Handlungsbereitschaft bei Jugendlichen aits den alten und neuen Bundesldndern: Eine Studie zum Einjluss von Medien und anderen Sozialisationshedingungen. Regensburg: Roderer.

Lazarsfeld, P. F., Berelson, B., & Gaudet, H. (1944). The people's choice. How the voter makes up his mind in a presidential campaign. New York: Columbia University Press.

Reinhardt, S. (2005). Politikdidaktik-Praxishandhuch für die Sekundarstufe I und II. Berlin: Cornelsen.

Schneider, H. (1995). Politische Partizipation-Zwischen Krise und Wandel. In U. Hoffmann-Lange (Ed.), Jugend und Demokratie in Deutschland (pp. 275-335). Opladen: Leske+Budrich.

Schmid, C. (2004). Politisches Interesse von Jugendlichen: Eine Längsschnittuntersuchun zum Einfluss von Eltern, Gleichaltrigen, Massenmedien und Schulunterricht. Wiesbaden: Deutscher Universitäts-Verlag.

Schneekloth, U. (2010). Jugend und Politik: Aktuelle Entwicklungstrends und Perspektiven. In Shell Deutschland (Ed.), Jugend 2010 (pp. 129-164). Frankfurt am Main: Fischer.

7장.

Adelson, Joseph (1971). The political imagination of the young adolescent. Daedalus. 100, 1013-1050.

Barber, Benjamin (1984). Strong democracy. Participatory politics for a new age. Berkeley/Los Angeles/London: University of California Press.

Behrmann, Giinter C., Grammes, Tilman, & Reinhardt, Sibylle (2004). Politik: Kern-Curriculum Sozialwissenschaften in der gymnasialen Oberstute. [Core Curriculuin for Social Studies in High School Education] In Heinz-Helmar Tenorth (Ed.), Kerncurriculum Oberstufe 11: Biologic, Chemie, Physik - Geschichte, Politik (pp.322-406). Weinheim u.a.: Beltz.

Bohnsack, Ralf (2010). Documentary method and group discussions. In Ralf Bohnsack, Nicole Pfaff, & Vivian Weller (Eds.) , Qualitative analysis and documentary method (pp. 99-124). Opladen/Farmington Hills, MI: Barbara Budrich Publishers.

Davies, Peter (2009). Improving the quality of students arguments through "assessment for learning? Journal of Social Science Education. 8(2), 94-104.

Dewey, John (1966). Democracy and education. An introduction to the philosophy of education. New York: Macmillan.

GPJE(Gesellschaft für Politikdidaktik und politische Jugend-und Erwachsenenbildung) (Eds.) (2004). Nationale Bildungsstandards Jur den Fachunterricht in der politischen Bildung an Schulen [National educational standards for civic education in schools]. Schwalbach/Ts.: Wochenschau.

Hahn, Carole L. (2010). Comparative civic education research. What we know and what we need to know. Citizenship Teaching and Learning, 6(1), 5-23.

Hess, Diana, & Ganzler, Louis (2007). Patriotism and ideological diversity in the classroom. In Joel Westheimer (Ed.), Pledging allegiance: The politics of patriotism in America's schools (pp.131-138). New York: Teachers College Press.

Kelly-Woessner, April, & Woessner, Matthew (2008). Conflict in the classroom. Considering the effects of partisan difference on political education. Journal of Political Science Education. 4(3), 265-285.

Kitschelt, Herbert (2003). Diversification and reconfiguration of party systems in postindustrial democracies. Bonn: Friedrich-Ebert-Stiftung, http://library.fes.de/pdf-flles/id/02608.pdf.

Kohlberg, Lawrence (1981). The philosophy of moral development. Moral stages and the idea of justice. San Francisco: Harper & Row.

Mannheim, Karl (1936). Ideology and utopia. An introduction to the sociology of knowledge. London: Routledge & Kegan Paul.

Miller, Max (1987). Argumentation and cognition. In M. Hickmann (Ed.), Social and functional approaches to language and thought (pp.225-250). New York: Academic Press.

National Council for the Social Studies (1992). A vision of powerful teaching and learning in the social studies: Building social understanding and civic efficacy, http://www.socialstudies.org/positions/powerful.

National Council for the Social Studies (NCSS) (2010). National curriculum standards for social studies: A framework for teaching, learning and assessment. Silver Spring, MD: NCSS, www.socialstudies.org.

Niemi, Nancy S., & Niemi, Richard G. (2007). Partisanship, participation, and political trust as taught (or not) in high school history and government classes. Theory and Research in Social Education. 55(1), 32-61.

Nussbaum, E. Michael (2002). Scaffolding argumentation in the social studies classroom. The Social Studies, 93, 79-83.

Nyhan, Brendan, & Reiflcr, Jason (2010). When corrections fail: The persistence of political misperceptions. Political Behavior, 32, 303-330.

Petrik, Andreas (2007). Von den Schwierigkeiten, ein politischer Mensch zu werden. Konzept und Praxis einer genetischen Politikdidaktik [On the difficulties of becoming a political human being. Conception and practice of a genetic approach in civic education], Opladen/ Farmington Hills: Barbara Budrich Publishers.

Petrik, Andreas (2010a). Ein politikdidaktisches Kompetenz-Stmkturmodell. Vorschlag zur Aufhebung falscher Polarisierungen unter besonderer Berücksichtigung der Urteilskompetenz. [A model of competencies for civic education. Proposal to overcome unnecessary frontlines focussing on critical judgment abilities]. In Ingo Juchler (Ed.), Kompetenzen in der politischen Bildung. Schriftenreihe der Gesellschaft für Politikdidaktik und politische Jugend-und Erwachsenenbildung (pp.143-158). Schwalbach/Ts.: Wochenschau.

Petrik, Andreas (2010b). Two kinds of political awakening in the Civic Education classroom. A comparative argumentation analysis of the "constitutional debates" of two "Found-a-village" projects with 8th graders. Journal of Social Science Education, 3, 52-67. http:// www.jsse.org/2010/ 2010-3/petrik-jsse-3-2010.

Petrik, Andreas (2010c). Core concept "political compass." How Kitschelt's model of liberal, socialist, libertarian and conservative orientations can fill the ideology gap in civic education. Journal of Social Science Education. 4, http://www.jsse.org/2010/2010-4/ petrik-jsse-4-2010.

Petrik, Andreas (2011). Politisierungstypen im Lehrstiick Dorfgrundung/Eine Bildungsgangstudie zur Entwicklung der Urteils-und Konfliktlosungskompetenz im Politikunterricht [Politicization types within the "Found-a-village project"]. In Horst Bayrhuber et al. (Eds.), Empirische Fundierung in den Fachdidaktiken. Fachdidaktische Forschungen [Empirical foundation of subject matter didactics], Vol. 1 (pp.159-184). Münster: Waxmann.

Rorty, Richard (1989). Contingency, irony, and solidarity. Cambridge: Cambridge University Press.

Senesh, Lawrence (1966). Organizing a curriculum around social science concepts. In Irving Morissett (Ed.), Concepts and structure in the new Social science curricula (pp. 21-38). New York.

Torney-Purta, Judith, Schwille, John, & Amadeo. Jo-Ann (Eds.) (1999). Civic education across countries. Twenty-four national case studies from the IEA Civic Education Project. Amsterdam: International Association for the Evaluation of Educational Achievement.

Torney-Purta, J., Lehman, R., Oswald, H., & Schulz, W. (2001). Citizenship and education in twenty-eight countries: Civic knowledge and engagement at age fourteen. Amsterdam: International Association for the Evaluation of Educational Achievement.

Wagenschein, Martin (1991). Verstehenlehren: Genetisch-Sokratisch-exemplarisch [Teaching comprehension: Genetically-Socratically-exemplarily]. Weinheim, Basel: Beltz.

Weinert, Franz E. (2001). Competencies and key competencies: Educational perspective. In Neil

J. Smelser & Paul B. Baltes (Eds.), International encyclopedia of the social and behavioral sciences. Vol. 4 (pp.2433-2436). Amsterdam: Elsevier.

Welzel, Christian, & Inglehart, Ronald (2009). Political culture, mass beliefs, and value change. In: Christian W. Haerpfer (Ed.), Democratization (pp. 126-144). Oxford: University Press.

Westbury, Ian, Hopmann, Stefan, & Riquarts, Kurt (Eds.) (2000). Teaching as a reflective practice. The German didaktik tradition. New Jersey: Lawrence Erlbaum Associates.

8장.

Behnnann, Giinter C., Grammes, Tilman, & Reinhardt, Sibylle (2004). Politik: Kerncurriculum Sozialwisscnschaftcn in der gymnasialen Oberstufe. In Heinz-Elmar Tenorth (Ed.), Kerncurriculum Oberstufe II-Biologic, Chemie, Physik, Geschichte, Politik (pp. 322-406). Weinheim/Basel: Beltz.

Detjen, Joachim (2000). Die Demokratiekompetenz der Biirger. Herausforderung für die politische Bildung. Aus Politik und Zeitgeschichte. 25 , 11-20.

Fend, Helmut (1991). Identitätsentwicklung in der Adoleszenz. Entwicklungspsychologie der Adoleszenz in der Moderne, Vol. 11. Bem/Stuttgart/Toronto: Huber.

Henkenborg, Peter, Krieger, Anett, Pinseler, Jan, & Behrens, Rico (2008). Politische Bildung in Ostdeutschland. Wiesbaden: Verlag für Sozialwissenschaften.

Kotters-Konig, Catrin (2002). 1 landlungsoricntierung und Kontroversität im Sozialkundeunterricht. In Heinz-Hermann Krüger et al. (Eds.), Jugend und Demokratie - Politische Bildung auf dem Prüfstand. Eine quantitative und qualitative Studie aus Sachsen-Anhalt (pp. 115-144). Opladen: Leske+Budrich.

Krappidel, Adrienne, & Bohm-Kasper, Oliver (2006). Weder rechts noch politisch interessiert? Politische und rechte Einstellungen von Jugendlichen in Sachsen-Anhalt und Nordrhein-Westfalen. In Werner Helsper et al. (Eds.) , Unpolitische Jugend? Eine Studie zum Verhdltnis von Schule, Anerkennung und Politik (pp. 53-52). Wiesbaden: VS Verlag für Sozialwissenschaften.

Krüiger, lleinz-Hermann, Reinhardt, Sibylle, Kolters-Konig, Catrin, Pfaff, Nicolle, Schmidt, Ralf, Krappidel, Adrienne, & Tillmann, Frank (2002). Jugend und Demokratie-Politische Bildung auf dem Prüfstand. Eine quantitative und qualitative Studie aus Sachsen-Anhalt. Opladen: Lcskc+Budrich.

Reinhardt, Sibylle, & Tillmann, Frank (2002). Politische Orientierungen, Beteiligungsformen und Wertorientierungen. In Heinz-Hermann Krüger el al. (Eds.), Jugend und Demokralie-Politische Bildung auf dem Prüfstand. Eine quantitative und qualitative Studie aus Sachsen-Anhalt (pp. 43-74). Opladen: Leske+Budrich.

Reinhardt, Sibylle (2005/2009). Politik-Didaktik. Praxishandbuch für die Sekundarstufe I und

11 (3rd ed.). Berlin: Cornelsen Scriptor.

Reinhardt, Sibylle (2006). Die Demokratie-Kompetenz der Konfliktfähigkeit- lasst sie sich messen? In Axel Rudiger & Eva-Maria Seng (Eds.), Dimensionen der Politik: Aufkleirung-Utopie-Demokratie. Festschrift für Richard Saage zum 65. Geburtstag (pp. 501-520). Berlin: Duncker & Humblot.

Reinhardt, Sibylle (2010a). Die domanenspezifische Kompetenz "Konfliktfähigkeit" - Begründungen und Operationalisierungen. In Ingo Juchler (Ed.), Kompetenzen in der politischen Bildung (pp.125- 141). Schwalbach/Ts.: Wochenschau Verlag.

Reinhardt, Sibylle (2010b). Was leistet Demokralic-Lemen für die politische Bildung? Gibt es empirische Indizien zum Transfer von Partizipation im Nahraum auf Demokratie-Kompetenz im Staat? Ende einer Illusion und neue Fragen. In Dirk Lange & Gerhard Himmelmann (Eds.), Demokratiedidaktik. Impulse für die politische Bildung (pp. 125-141). Wiesbaden: VS Verlag für Sozialwissenschaften.

Wehling, Hans-Georg (1977). Konsens a la Beutelsbach? In Siegfried Schiele & Herbert Schneider (Eds.), Das Konsensprohlem in der politischen Bildung (pp. 173-184). Stuttgart: Klett.

Wehling, Hans-Georg (1987). Zehn Jahre Beutelsbacher Konsens-Eine Nachlese. In: Siegfried Schiele & Herbert Schneider (Eds.), Konsens und Dissens in der politischen Bildung (pp. 198-204). Stuttgart: Metzler.

방상.

Allenspach, I., & Ziegler, B. (forthcoming). Einleitung. Wissenschaftliche Tagungen zu politische Bildung: Ein kurzer Abriss. In D. Allenspach & B. Ziegler (Eds.), Forschungstrends in der politischen Bildung. Beiträge zur Tagung "Politische Bildung empirisch 2010" (pp.7-13). Glarus/Chur: Ruegger.

Bundesministerium für Bildung und Forschung (Ed.)(2003). Zur Entwicklung nationaler Bildungsstandards. Eine Expertise. Bonn: Bundesministerium.

Biedermann, H., Oser, F., & Quesel, C. (Eds.) (2007). Vom Gelingen und Scheitern Politischcr Bildung. Studien und Entwürfe. Zurich: Ruegger.

Biedermann, H., & Reichenbach, R. (2009). Die empirische Erforschung der politischen Bildung und das Konzept der politischen Urteilskompetenz. Zeitschrift für Pedagogik, 6, 872-885.

Biedermann, H., Oser, F., Konstantinidou, L., & Widorski, D. (Eds.) (2010). Staatshiirgerinnen und Staatshiirger von morgen: Zur Wirksamkeit politischer Bildung in der Schweiz. Ein Vergleich mil 37 anderen Leindern. Freiburg: Universitätsverlag. http://www.unifr.ch/pedg/iccs/bericht 1 .pdf.

Criblez, L. (2009). Fachdidaktik in der Schweiz: von der normativen Lehrdisziplin zur empirischen Untcrrichtsforschung? In J. Hodel & B. Ziegler (Eds.), Forschungswerkstatt Geschichtsdidaktik 07. Beiträge zur Tagung geschichtsdidaktik empirisch 07 (pp.21-37). Bern: hep.

Criblez, L. (2010). Harmonisierung im Bildungswesen — Bildungspolitik zwischen nationalen Reform-aspirationen und ioderalistischen Autonomicanspruchen. In A. Auer (Ed.), Herausforderung HannoS. Bildungspolitik, Föderalismus und Demokratie auf dem Priifstein (pp. 1-21). Zürich/Basel/Genf: Schulthess.

Furrer , M. (2004). Die Nation im Schulbuch zwischen Überhöhung und Verdrängung. Leitbilder der Schweizer Nationalgeschichte in Schweizer Gesch ichtslehrmitteln der Nachkriegszeit und Gegenwart. Hannover: Hahnsche Buchhandlung.

Geschaftsstelle (Ed.) (2010). Geschaftsstelle der deutschsprachigen EDK-Regionen, Grundlagen für den Lehrplan 21, verahschiedet von der Plenarversanunlung der deutschsprachigen EDK-Regionen am 18. Marz 2010. www.lehrplan.ch/sites/defeult/files/Grundlagenbericht.pdf.

Geschäftsstelle (Ed.) (2011). Geschäftsstelle der D-EDK. Grobstruktur Lehrplan 21, verahschiedet von der DeutschschweizerErziehungsdirektoren-Konferenz an der Plenarversammlung vom 28. Oktoherlcils Arheitspapier zur Veröffentlichung freigegehen. http://www.lehrplan.ch/sites/defiault/files/grobstruktur_lp21.pdf.

Gollob, R. et al. (2007). Politik und Demokratie-Leben und lernen. Bern: schulverlag.

GPJE (2004). Anforderunen an nationale Bildungsstandards für den Fachunterricht in der Politischen Bildung an Schulen. Ein Entwurf. Schwalbach. www.gpje.dc/media/bildungsstandards.pdf.

Kiihberger, Ch., & Sedmak, C. (Eds.) (2009). Europdische Geschiehtskilltur- Europaische Geschichtspolitik. Vom Erfinden, Entdecken, Erarheiten der Bedeutung von Erinnerung fiir das Versteindnis und Selbstverstdndnis Europas. Innsbruck/Wien: Studienverlag.

Migration in Europa (2008). A us Politik und Zeitgeschichte (APuZ), pp.35-36. http://www.bpb.de/publikationen/JPGHDB,0,Migration_in_Europa.html.

Moser, H., Kost, F., & Holdener, W. (1978). Zur Geschichte der politischen Bildung in der Schweiz. Stuttgart: Metzler. (Politische Bildung im europaischen Ausland)

Oser, F., & Biedermann, H. (Eds.) (2003): Jugend ohne Politik. Ergebnisse der IEA Studie zu politischem Wissen, Demokratieverstdndnis und gesellschaftlichem Engagement von Jugendlichen in der Sch weiz im Vergleich mit 27 anderen Lei nd ern, Zurich: Ruegger.

Qucsel, C., & Oser, F. (Eds.) (2007). Die Mühen der Freiheit. Probleme und Chancen der Partizipation von Kindern und Jugendlichen. Zurich: Ruegger.

Rychen, Dominique S., & Salganik, Laura H. (Eds.) (2003). Defining and selecting key competencies. Theoretical and conceptual foundations. Gottingen: Hogrefe & Huber.

Sander, W. (2011): Kompetenzorientierung in Schule und politischer Bildung-Eine kritische

Zwischenbilanz. In Autorengruppe Fachdidaktik, Konzepte der politischen Bildung, Eine Streitschrift (pp.9-25). Reihe Politik und Bildung 64.

Ziegler, B. (201 la). Politische und okonomische Bildung im Lehrplan 21. In D. Kübler & Ph. Koch (Eds.), Finanzkrise und Demokratie. Herausforderung für Politik, Recht und Bildung. Schriften zur Demokratieforschung Band 2 (pp. 93-105). Zurich: Schulthess.

Ziegler, B. (201 lb). Welche politische Bildung wollen wir? Die Arbeiten zur Integration von politischer Bildung im Lehrplan 21. vpod-Bildungspolitik. 170, 4-6.

Ziegler, B. (2011, forthcoming). L'education a la citoyennete au sein d'une "Education au Developpement Durable+" dans le "Lehrplan 21" (Plan d'Etudes 21) pour la Suisse alemannique. Revue HEP 2011.

Ziegler, B. (2012, forthcoming). Politische Bildung im Deutschschweizer Lehrplan (Lehrplan 21). In D. Allenspach & B. Ziegler (Eds.), Forschungstrends in der politischen Bildung. Beiträge zur Tagung ' Politische Bildung empirisch 2010" (pp.29-48). Glarus/Chur: Ruegger.

Ziegler, B. et al. (2009). Grundsatzpapier der "Echogruppe" politische Bildung, vom 9. Mai 2009. www.politischebildung.ch (31.10.2011).

10장.

Abs, H. J. (2008). Critical incidents in citizenship learning. Paper presented at the ECER 2008 Conference at the University of Gothenburg.

Abs, H. J. (Ed.) (2009). Introducing quality assurance in education for democratic citizenship. Comparative study of 10 countries. Strasbourg (Council of Europe Publishing).

Bennett, M. J. (1993). Towards ethnorelativism: A developmental model of intercultural sensitivity. In: M. R. Paige (Ed.), Education for the intercultural experience (pp. 21-71). Yarmouth, MN: Intercultural Press.

Berry, J. W., & Sam, D. L. (1997). Acculturation and adaption. In J. W. Berry ct al. (Eds.), Handbook of cross-cultural psychology. Vol. 3. Social behaviour and applications (pp.291-366). Boston: Allyn and Bacon.

Birzda, C. (Ed.) (2004). All-European study on education for democratic citizenship policies. Strasbourg: Council of Europe.

Brewer, M. B. (2000). Research design and issues of validity. In H. T. Reis & C. M. Judd (Eds.), Handbook of research methods in social and personality psychology (pp. 3-16). Cambridge: Cambridge University Press

Butterfield, L. D., Borgen, W. A., Amundson, N. E., & Maglio, A.-S. T. (2005). Fifty years of the critical incident technique: 1954-2004 and beyond. Qualitative Research. 5(4), 475-497.

Chell, E. (2004). Critical incident technique. In C. Cassel & G. Symon (Eds.), Essential guide to qualitative methods in organizational research (pp. 45-60). London/Thousand Oaks: Sage.

Cogan, J. J. , Morris, P., & Print, M. (2002). Civic education in the Asia-Pacific region: Case studies across six societies. New York/London: RoutledgeFalmer.

DESI-Konsortium presided by Eckhard Klieme (Ed.) (2008). DESI-Sammelband II: Die Oualitdt des Deutsch-und Englischunterrichts in der Sekundarstufe [DESI-anthology II: Quality of the German and English language teaching in secondary education]. Weinheim: Beltz.

Eckensberger, L., Abs, H. J., & Breit, H. (2009). Dimensions of citizenship. Working paper. In J. Scheerens (Ed.), Informal learning of active citizenship at school. An international comparative study in seven European countries (pp. 36-49). Lifelong Learning Book Series, Vol. 14. Dordrecht: Springer.

Edelstein, W., Eikel, A., de Haan, G., & Himmelmann, G. (2007). Qualitatsrahmen Demokratie-pedagogik Heft 2: Demokratische Handlungskompetenz [Quality framework padagogy of democracy, Issue 2: Democratic agency]. Weinheim: Belz.

Eis , A. (2010). Europdische Bürgerschaftsbildung. Die Neukonstruktuion der Bürgerrolle im Europäischen Mehrebenensystem [European citizenship education. Re-constructing the role of citizens within the European multilevel system]. Schwalbach: Wochenschau Verlag.

Eurydice (2005). Citizenship education at schools in Europe. Brussels: European Commission.

Eurydice (in preparation). Citizenship education at schools in Europe. 2nd edition. Brussels: European Commission.

Flanagan, J. C. (1954). The critical incident technique. Psychological Bulletin, 51 , 327-358.

Gobel, K. (2007). Entwicklung eines Verfahrens zur Erfassung von interkultureller Kompetenz im Projekt DESI [Development of an assessment technique for intercultural competence in the DESI project]. In J. Schattschneider (Ed.), Domeinenspezifische Diagnostik (pp. 21-36). Schwalbach: Wochenschau Verlag.

Hammer, M. R., & Bennett, M. J. (1998). The intercultural development inventory manual. Portland, OR: Intercultural Communication Institute.

Hess, D. (2004). Controversies about controversial issues in democratic education. Political Science and Politics, 257-261.

Hess, D. (2009). Controversy in the classroom: The democratic power of discussion. New York: Routledge.

Hesse, H.-G., & Gobel, K. (2007). Interkulturelle Kompetenz [Intercultural competence]. In B. Beck & E. Klieme (Eds.), Sprachliche Kompetenzen- Konzepte und Messung [Linguistic competencies: Concepts and assessment] (pp.256-272). Weinheim: Beltz.

Hesse, H.-G., Gobel, K., & Jude, N. (2008). Interkulturelle Kompetenz im Kontext des Englischen [Intercultural competence in the setting of the English language]. In DESI-Konsortium presided by Eckhard Klieme (Ed.), DESl-Sammelband 11: Die Qualitdt des

Deutsch-und Englischunternchts in der Sekundarstufe [DESI-anthology 11: Quality of the German and English language teaching in secondary education] (pp.180-190). Weinheim: Beltz.

Hoskins, B. (2006). Draft framework on indicators for Active Citizenship. Ispra: CRELL.

Hoskins, B., & Mascherini, E. (2009). Measuring active citizenship through the development of a composite indicator. Social Indicator Research, 90(3), 459-488. DOI 10.1007/sl 1205-008-9271-2.

Hoskins, B., Villalba, E., Van Nijlen, D., & Barber, C. (2008). Measuring civic competence in Europe: A composite indicator based on IEA civic education study 1999 far 14 years old in school. CRELL Research Paper, EUR 23210. European Commission: Luxembourg.

Hoskins, B., Villalba, E., & Saisana, M. (2011). The civic competence composite indicator CCC-2. Ispra: CRELL.

Johnson, L., & Morris, P. (2010). Towards a framework for critical citizenship education. Curriculum Journal , 2/(1), 77-96.

Kohlberg, L. (Ed.) (1981). The philosophy of moral development. Moral stages and the idea of justice. San Francisco: Harper & Row.

Kohlberg, L. (Ed.) (1984). The psychology of moral development. The nature and validity of moral stages. San Francisco: Harper & Row.

Kohlberg, L., & Candee, D. (1984). The relationship of moral judgment lo moral action. In Lawrence Kohlberg (Ed.), The psychology of moral development. The nature and validity of moral stages (=Essays on moral development 2) (pp.498-581). San Francisco: Harper & Row.

Leenders, H., Veugelers, W., & De Kat, E. (2008) Teachers' views on citizenship education in secondary education in the Netherlands. Cambridge Journal of Education. 38(2), 155-170.

Nohl, A. M. (2006). Konzepte interkultureller Pedagogik. Eine systematische Einführüng [Concepts of intercultural pedagogy. A systematic introduction]. Bad Heilbrunn: Klinkhardt.

Petrik, A. (2012). Learning "how society is and might and should be arranged." In M. Print & D. Lange (Eds.), Civic education and competences for engaging citizens in democracies. Rotterdam: Sense Publishers (this volume).

Print, M. (2012). Conceptualizing competences for democratic citizenship: A Delphi Report. In M. Print & D. Lange (Eds.), Civic education and competences for engaging citizens in democracies. Rotterdam: Sense Publishers (this volume).

Pyka, T. (2010). Citizenship education in upper secondary schools. Research Project Report for the Bachelor Degree at Sciences Po Paris.

Reinhardt, S. (2012). Teaching for democratic learning. In M. Print & I. Lange (Eds.), Civic education and competences for engaging citizens in democracies. Rotterdam: Sense Publishers (this volume).

Scheerens, J. (Ed.) (2009). The development of active citizenship on the basis of informal learning at school. Dordrecht: Springer.

Schmid, S., & Thomas, A. (2003). Beruflich in Großfibritannien. Trainingsprogramm für Manager, Fach- und Führungskräfte [Being in Great Britain for their job: Training programme for managers, specialists and executives]. Göttingen: Vandehoeck & Rupprecht.

Schulz, W., Fraillon, J., Ainley, J., Losito, B., & Kerr, D. (2008). International civic and citizenship education study. Assessment framework. Amsterdam: IEA.

Schulz, W., Ainley, J., Fraillon, J., Kerr, D., & Losito, B. (=ICCS 2010) (2010). ICCS 2009 International report: Civic knowledge, attitudes, and engagement among lower secondary school students in 38 countries. Amsterdam: IEA.

Thomas, A. (1996). Analyse der Handlungswirksamkeit von Kulturstandards [Analysis of the action efficiency of cultural standards]. In A. Thomas (Ed.), Psychologie Interkulturellen Ilandelns (pp. 107-135). Gottingen: Hogrefe.

Veugelers, W. (2007). Creating critical-democratic citizenship education: empowering humanity and democracy in Dutch education. Compare 37(1), 105-119.

WeiBeno, G., Detjen, J., Juchler, I., Massing, P., & Richter, D. (2010). Konzepte der Politik-Ein Kompetenzmodell [Concepts of politics — A competency model]. Bonn: bpb.

Westheimer, J., & Kahne, J. (2004). Educating the "good" citizen: Political choices and pedagogical goals. PS: Political Science & Politics, 37(2), 241-247.

11장.

Abs, H. J., & Veldhuis, R. (2006). Indicators on active citizenship for democracy — The social, cultural, and economic domain. Paper for the CRELL-Network on Active Citizenship for Democracy, European Commission's Joint Research Centre. Ispra, Italy.

Audigier, F. (2000). Basic concepts and core competencies for education for democratic citizenship. Strasbourg: Council of Europe.

Australian Curriculum, Assessment and Reporting Authority (2012). Civics and citizenship draft shape paper, http://www.acara.edu.au/curriculum/civics_and_citizenship_1.html.

Creswell, J (2007) Qualitative Inquiry^ and Research Design. 2nd ed. London: Sage.

Crick, B (Chair) (1998) Education for Citizenship and the Teaching of democracy in Schools. London: QCA.

Crick, B (2002) Democracy. Oxford, UK: Oxford University Press

Dalkey, Norman C. (1969): The Delphi Method: An Experimental Study of Group Opinion, prepared for United States Air Force Project Rand, Santa Monica.

Dalkey, Norman C. and Helmer, Olaf: An Experimental Application of The Delphi- Method To

The Use Of Experts, Management Science, 9. Jg. (1963) S. 458-467.

Dalton, R (2004). Democratic challenges, democratic choices: The erosion of political support in advanced industrial democracies. Oxford, UK: Oxford University Press.

Dalton, R. (2008). The good citizen: How a younger generation is reshaping American politics. Washington: CQ press.

Dewey, J. (1916) Democracy and education. New York: Free Press

Eurydice (2005) Citizenship education at school in Europe. Brussels: Eurydice.

Franklin, M. (2004). Voter turnout and the dynamics of electoral competition in established democracies since 1945. Cambridge, UK: Cambridge University Press.

Fratczak-Rudnicka, B., & Torney-Purta, J. (2003). Competencies for civic and political life in a democracy. In D. Rychen, L. Salganik, & L. McLaughlin (Eds.), Contributions to the Second DeSeCo Symposium. Neuchâtel: Swiss Federal Statistical Office.

Galston, W. (2004). Civic education and political participation. PS: Political Science and Politics, 263- 266.

Hader, Michael, & Hader, Sabine (1995). Delphi und Kognitionspsychologie: Ein Zugang zur theoretischen Fundierung der Delphi-Methode.: Z UMA-Nachrichten, 37, 12.

Hoskins, B (2006) Active citizenship for democracy. Ispra: CRELL.

Hoskins, B., Villalba, E., Van Nijlen, D., & Barber, C. (2008). Measuring civic competence in Europe: A composite indicator based on IEA civic education study 1999 for 14 years old in school. CRELL research paper, EUR 23210. Ispra: European Commission.

Hoskins, B., & Deakin-Crick, R. (2010). Competences for learning to learn and active citizenship: Different currencies or two sides of the same coin? European Journal of Education. 45(1), Part II.

Hoskins, B., Barber, C., Van Nijlen, D., & Villalba, E. (2011). Comparing civic competence among European youth: Composite and domain-specific indicators using IEA civic education study data. Comparative Education Review, 55, 1. http://www.jstor.org/pss/1 0.1086/656620.

Johnson, L., & Morris, P. (2010). Towards a framework for critical citizenship education. Curriculum Journal, 2/(1), 77-96.

Linstone, H. A., & Turoff, M. (Eds.) (1975). The Delphi method-Techniques and applications. Reading: Addison-Wesley.

Norris, P. (2002). Democratic Phoenix: Reinventing political activism. Cambridge, UK: Cambridge University Press.

Patrick, J. (1999). Education for constructive engagement of citizens in democratic civil society. In C. Bahmueller & J. Patrick (Eds.), Principles and practices of education for democratic citizenship. Bloomington, IN: ERIC Clearinghouse.

Print, M. (2007). Citizenship education and youth participation in democracy. British Journal of

Educational Studies, 55(3), 3245-345.
Print, M., Saha, L., & Edwards, K. (Eds.) (2007). Youth participation in democracy. Rotterdam: Sense Publishers.
Print, M., & Milner, H. (Eds.) (2009). Civic education and youth political participation. Rotterdam: Sense Publishers.
Putnam, R. (2000). Bowling alone: The collapse and revival of American community. New York: Simon & Schuster.
Regioplan (2005). Indicators for monitoring active citizen ship and citizenship education. Amsterdam: Regioplan.
Rowe, G., & Wright, G. (1999). The Delphi technique as a forecasting tool: Issues and analysis. International Journal of Forecasting. 75(4), 353-375.
Saha, L., & Print, M. (2010). Student school elections and political engagement: A cradle of democracy? International Journal of Educational Research. 49(1), 22-32.
Van Doth, Jan W. (2007). Norms of citizenship. In Russell J. Dalton & Hans-Dieter Klingemann (Eds.), The Oxford handbook of political behavior (pp. 402-417). Oxford, Oxford University Press.
Veldhuis, R. (1997). Education for democratic citizenship: Dimensions of citizenship, core competencies and international activities. Strasbourg: Council of Europe.
Wattenberg, M. (2007). Is voting for young people? New York: Longman.
Wechsler, Wolfgang (1978). Delphi-Methode, Gestaltung und Potential für betriehliche Prognose-prozesse. Schriftenreihe Wirtschaftswissenschaftliche Forschung und Entwicklung. München.
Westheimer, J., & Kahne, J. (2004). What kind of citizen? The politics of educating tor democracy. American Educational Research Journal, 4(2). 237-269.
Woudenberg, F. (1991). An evaluation of Delphi. Technological Forecasting and Social Change, 40, 131-150.